PARA APRENDER DIREITO

Direito Civil

Lauro R. Escobar Jr.

Dados Internacionais de Catalogação na Publicação (CIP)
Câmara Brasileira do Livro, SP, Brasil

Escobar Junior, Lauro Ribeiro
Direito Civil / Lauro R. Escobar Jr.
São Paulo: Barros, Fischer & Associados, 2005.
(Para aprender Direito; 2)

Bibliografia.
ISBN 85-88749-74-2

1. Direito Civil 2. Direito Civil – Brasil
I. Título. II. Série

05-5441 CDU – 347 (81)

Índice para catálogo sistemático:
1. Brasil: Direito Civil 347 (81)

PARA APRENDER **DIREITO**

Direito Civil

Lauro R. Escobar Jr.

Barros, Fischer & Associados

Barros, Fischer & Associados

Editores
Flávio Barros Pinto
Ricardo A. Fischer

PARA APRENDER **DIREITO**

Direito Civil

Direito Civil faz parte da coleção *Para aprender Direito*, editada pela Barros, Fischer & Associados, em parceria com o Exord – Instituto de Extensão em Direito.

Conselho editorial
Aline Fardin
Andréa Depintor
Flávio Barros Pinto
Marcos Antonio Oliveira Fernandes

Coordenação
Andréa Barros

Projeto gráfico
Maurício Cioffi

Capa e ilustrações
Tide Hellmeister

Edição, preparação e revisão
Márcia Menin

Editoração eletrônica
DeAaZê Comunicação

5ª edição – Agosto de 2007

Endereços
Barros, Fischer & Associados Ltda.
Rua Ulpiano, 86
Lapa, São Paulo
CEP 05050-020
Tel./fax: 0 (xx) 11 3675-0508

Exord
Avenida Paulista, 171, 1º andar
Tel.: 0 (xx) 11 3372-2500
www.exord.com.br
exord@exord.com.br

Distribuição e vendas
Bafisa, tel.: 0 (xx) 11 3675-0508
www.bafisa.com.br
bafisa@uol.com.br

Impressão e acabamento
RR Donnelley Moore

Sobre o autor:
Lauro R. Escobar Jr. é juiz de Direito do Juízo Militar do Tribunal de Justiça Militar de São Paulo e professor em diversos cursos jurídicos, especialmente do Exord. Autor de várias obras sobre Direito Civil, Direito Penal Militar e Direito Processual Penal Militar, é formado pela Pontifícia Universidade Católica de São Paulo, instituição na qual também cursou pós-graduação.

SUMÁRIO

APRESENTAÇÃO

O Direito, analisado no conjunto dos conhecimentos humanos, pode ser dividido em dois grandes ramos: o do Direito Público e o do Direito Privado. O **Direito Civil** está situado no campo do Direito Privado. Composto por normas dispositivas em que predominam os interesses de ordem particular, compete-lhe **regular as relações dos indivíduos entre si** e contém preceitos que dizem respeito ao estado das pessoas, suas relações familiares, patrimoniais, obrigacionais, sucessórias, etc.

Este livro foi elaborado para dar ao leitor uma visão geral do Direito Civil, de maneira objetiva, de acordo com o atual Código Civil, abrangendo toda a legislação em vigor e a doutrina mais moderna, especialmente nas obras da professora Maria Helena Diniz, mestra no curso de graduação da Pontifícia Universidade Católica, à qual rendo profundo respeito e admiração e que foi a principal fonte de inspiração e incentivo deste trabalho.

Por utilizar uma linguagem simples e direta, pode ser usado por quem deseja se atualizar em pouco tempo ou, mesmo não tendo formação jurídica, conhecer a matéria. No entanto, foi estruturado como material de apoio para concursos públicos, sobretudo para alunos que desejam prestar o exame da Ordem dos Advogados do Brasil, enfatizando o que mais se tem exigido nos últimos exames.

Acreditando ser este trabalho uma importante ferramenta para o conhecimento e o aprimoramento nos estudos, desejo a todos votos de pleno êxito.

Lauro Ribeiro Escobar Jr.

1 Noções Gerais de Direito

Direito: conceito e classificação

A palavra "direito" deriva do latim *directum* e designa o que é reto, o que está de acordo com a lei (os romanos usavam o termo *ius*, do verbo *iubere*, mandar, ordenar, ou *iustum*, aquilo é justo). O vocábulo pode ser empregado com significações diversas. Observe que o título desta coleção, *Para Aprender Direito*, fornece um duplo sentido para "Direito". Em sentido técnico, "Direito é o conjunto das normas gerais e positivas, que regulam a vida social" (Radbruch, Gustav, *Introducción a la Filosofia del Derecho*).

O Direito pode ser dividido em:

- **Direito objetivo** – É a norma; de acordo com ela devem agir os indivíduos. São preceitos imperativos dirigidos aos membros de uma sociedade. Tais preceitos, como regra, vêm acompanhados de uma sanção (que é a conseqüência negativa pela inobservância da norma).
- **Direito subjetivo** – É faculdade, ou o conjunto de prerrogativas que os membros da sociedade têm dentro do ordenamento; quando se diz que alguém tem direito a algo, está-se referindo a um direito subjetivo, a uma faculdade que possui. Logicamente, os direitos subjetivos encontram proteção na norma, no direito objetivo. Há juristas que negam a existência do direito subjetivo (Kelsen e Duguit).

Pode-se realizar outra classificação: **direito natural** e **direito positivo**. Direito positivo é o conjunto de normas jurídicas vigentes em determinado lugar, em determinada época; é a lei. No entanto, há normas que não são criadas por nós, sendo chamadas de direito natural, que é composto pelo conjunto de regras imutáveis e necessárias, capazes de conduzir o homem a sua perfeição. Já o **jusnaturalismo** é a corrente de pensamento que reúne todas as idéias que surgiram, no correr da história, em torno do direito natural.

O Direito deve ser visto como um todo. Todas as suas normas, princípios e instituições têm de inter-relacionar-se de forma harmônica, compondo um só sistema. Contudo, situado no conjunto dos conhecimentos humanos, e para fins didáticos, é possível dividir o direito positivo. Essa divisão em ramos serve apenas para orientar o estudioso, até porque cada matéria do Direito mantém relações e conexões com as demais. Dessa forma, o Direito pode ser dividido em dois ramos:

- **Direito Público** – Segundo Washington de Barros Monteiro (*Curso de Direito Civil*), destina-se a **disciplinar os interesses gerais da coletividade**. Regula a organização do Estado em si mesmo e em suas relações com os particulares e com outros Estados soberanos e é composto predominantemente por **normas de ordem pública, cogentes, impositivas**, de aplicação obrigatória. Formam o Direito Público: o Direito Constitucional, o Direito Administrativo, o Direito Processual (ou Judiciário) e o Direito Penal. A estes podem ser adicionados, ainda, o Direito Internacional e o Direito Eclesiástico (ou Canônico).
- **Direito Privado** – Disciplina as **relações dos indivíduos entre si**. Composto por **normas de caráter privado, dispositivas, em que predominam os interesses de ordem particular**, é formado pelo Direito Civil e pelo Direito Comercial (segundo alguns autores, também pelo Direito do Trabalho).

Direito Civil: conceito, divisão e conteúdo

O conceito de **Direito Civil** é herança do Direito romano. O *Ius Civile* significava Direito da Cidade de Roma e era aplicado a todos os **cidadãos** romanos independentes, não havendo distinção entre os diversos ramos do Direito. Assim, o Direito Penal, o Direito Processual, o Direito Administrativo, o Direito Comercial, etc. eram chamados de Direito Civil. O Direito Civil, para os romanos, era como o Direito brasileiro para nós.

Atualmente, o Direito Civil é o ramo do Direito Privado destinado a reger as relações familiares, patrimoniais e obrigacionais que se formam entre os indivíduos encarados como tais, ou seja, como membros da sociedade (Serpa Lopes, *Curso de Direito Civil*). Sua lei fundamental é o Código Civil (Lei 10.406/02), que se desdobra em Parte Geral e Parte Especial.

Parte Geral

Apresenta normas concernentes às pessoas físicas e jurídicas (arts. 1.º a 69), ao domicílio (arts. 70 a 78), aos bens (arts. 79 a 103) e aos fatos jurídicos – disposições preliminares; negócio jurídico; atos jurídicos lícitos; atos ilícitos; prescrição e decadência; e prova (arts. 104 a 232).

Parte Especial

Apresenta normas atinentes ao **Direito das Obrigações** (poder de constituir relações obrigacionais para a consecução de fins econômicos ou civis – contratos, declaração unilateral de vontade e atos ilícitos – arts. 233 a 965), ao **Direito de Empresa** (regendo o empresário, a sociedade, o estabelecimento – arts. 966 a 1.195), ao **Direito das Coisas** (posse, propriedades, direitos reais sobre coisas alheias, de gozo, de garantia e de aquisição – arts. 1.196 a 1.510), ao **Direito de Família** (casamento, relações entre cônjuges, parentesco e proteção aos menores e incapazes – arts. 1.511 a 1.783) e ao **Direito das Sucessões** (normas sobre a transferência de bens por força de herança e sobre inventário e partilha – arts. 1.784 a 2.027). Contém, ainda, um Livro Complementar (disposições finais e transitórias – arts. 2.028 a 2.046).

Lei de Introdução ao Código Civil

O Decreto-lei 4.657/42, também chamado de Lei de Introdução ao Código Civil (LICC), é um **conjunto de normas sobre normas**, isso porque disciplina as próprias normas jurídicas, prescrevendo-lhes a maneira de aplicação e entendimento, predeterminando as fontes e indicando-lhes as dimensões espaço-temporais (Batalha, Wilson de Campos Souza, *Lei de Introdução ao Código Civil*). Logo, essa "lei" ultrapassa o âmbito do Direito Civil, atingindo tanto o Direito Privado quanto o Público. Contém, portanto, **normas de sobredireito**, tratando-se, na verdade, de um **código de normas**. É considerada uma lei de introdução às leis por conter princípios gerais sobre as normas sem qualquer discriminação, indicando como aplicá-las, determinando vigência, eficácia, interpretação e integração (Diniz, Maria Helena, *Curso de Direito Civil brasileiro*). Traça, ainda, regras de direito internacional privado, conforme tratados e convenções assinados pelo Brasil. Continua em vigor, a despeito do novo Código Civil.

A Lei de Introdução ao Código Civil (LICC) é aplicável a toda ordenação jurídica, salvo o que a legislação específica regular de forma diversa.

Fontes do Direito

"Fontes do Direito" é uma expressão figurada, constituindo, em sentido técnico, o meio pelo qual se estabelecem as normas jurídicas. As mais importantes são:

Fontes não-formais (indiretas ou mediatas)

Não geram, por si sós, a regra jurídica, mas contribuem para que esta seja elaborada. São compostas pela doutrina e pela jurisprudência.

DOUTRINA - É a interpretação da lei feita pelos estudiosos da matéria. Forma-se doutrina por meio dos pareceres dos jurisconsultos, dos ensinamentos dos professores, das opiniões dos tratadistas e dos trabalhos forenses.

JURISPRUDÊNCIA - É a interpretação da lei feita pelos juízes em suas decisões. Como fonte do Direito, pode-se dizer que a jurisprudência é o conjunto uniforme e constante das decisões judiciais sobre casos semelhantes. Uma decisão individualizada não constitui jurisprudência; é necessário que se repita e não haja variações de fundo.

Fontes formais (diretas ou imediatas)

São formadas pela lei, pela analogia, pelos costumes e pelos princípios gerais de Direito. Por si sós, geram a regra jurídica. **A lei é a principal fonte do Direito.** As demais são acessórias.

COSTUME - É a reiteração constante de uma conduta, na convicção de esta ser obrigatória. No Direito antigo, o costume desfrutava de larga projeção, em razão da escassa função legislativa e do número limitado de leis escritas.

No entanto, ainda hoje, nos países de Direito costumeiro (consuetudinário), como na Inglaterra, exerce importante papel como fonte do Direito. No Direito moderno, de modo geral, foi perdendo paulatinamente sua importância. Em relação à lei, pode ser classificado:

a) **Segundo a lei (*secundum legem*)** – Quando a lei se reporta expressamente aos costumes e reconhece sua obrigatoriedade. Por exemplo: "O locatário é obrigado a pagar pontualmente o aluguel nos prazos ajustados e, em falta do ajuste, **segundo o costume do lugar**" (art. 569, II, CC).
b) **Na falta da lei (*praeter legem*)** – Tem caráter supletivo; a lei deixa lacunas, que são preenchidas pelo costume.
c) **Contra a lei (*contra legem*)** – Quando contraria o que dispõe a lei. Pode ocorrer em dois casos: no desuso da lei (esta passa a ser letra morta) ou quando o costume cria nova regra contrária à lei.

Os costumes **segundo a lei** e na **falta da lei** são aceitos pacificamente por todos. Já o costume **contra a lei** tem gerado muitas discussões; a corrente majoritária não o aceita.

LEI

A lei pode ser definida de vários modos. Aqui se prefere conceituá-la como "a norma imposta pelo Estado e tornada obrigatória na sua observância, assumindo forma coativa. [...] A norma jurídica é um imperativo autorizante" (Diniz, Maria Helena, *Conceito de norma jurídica como problema de essência*).

Nas sociedades modernas, a lei é indiscutivelmente a mais importante das fontes da ordem jurídica. "Ninguém será obrigado a fazer ou deixar de fazer alguma coisa senão em virtude de lei", prescreve o artigo 5.º, inciso II, da Constituição Federal. E o artigo 4.º da Lei de Introdução ao Código Civil determina que somente quando a lei for omissa é que se aplicarão as demais formas de expressão de Direito.

Classificação - As leis podem ser classificadas, segundo a melhor doutrina, da seguinte forma:

a) **Quanto à obrigatoriedade:**
   - **Cogentes** – De ordem pública, impositivas, de aplicação obrigatória, não podem ser ignoradas pela vontade dos interessados.
   - **Dispositivas** – De ordem particular, permitem às partes estipular o que quiserem.

b) **Quanto à natureza:**
   - **Substantivas (ou materiais)** – Tratam do direito material; regulam relações concretas; estabelecem direitos e deveres e os requisitos para seu exercício (ex.: Código Civil, Código Penal, Código Comercial, etc.).
   - **Adjetivas (ou formais ou processuais)** – Traçam os meios para a realização do direito (ex.: Código de Processo Civil, Código de Processo Penal, etc.).

c) **Quanto à hierarquia:**
   - **Constitucionais** – Fazem parte da Constituição; é a lei máxima de nosso país.
   - **Emendas à Constituição** – Nossa Constituição permite sua reforma por meio de emendas, que são leis que modificam parcialmente a Constituição. A proposta deve ser discutida e votada em cada Casa do Congresso, em dois turnos cada uma. Considera-se aprovada se obtiver em todas as votações três quintos dos votos dos respectivos membros.

- **Complementares** – Matérias especiais, estipuladas na própria Constituição, para melhor regulamentar determinado assunto; possuem *quorum* especial para aprovação (maioria absoluta – metade mais um dos votos das duas Casas do Congresso).
- **Ordinárias** – Leis comuns, elaboradas pelo Poder Legislativo (Congresso Nacional – Federal; Assembléia Legislativa – Estadual; Câmara dos Vereadores – Municipal). A aprovação se dá por maioria simples ou relativa, abrangendo apenas os presentes à votação.
- **Delegadas** – Elaboradas com autorização expressa do Legislativo. Podem ser internas (o encargo é atribuído a uma comissão do próprio Poder Legislativo) ou externas (atribui-se ao chefe do Executivo a elaboração da lei).
- **Medidas provisórias** – Têm a mesma posição hierárquica das leis ordinárias. São normas com força de lei, baixadas pelo presidente da República em caso de **relevância e urgência**. Devem ser submetidas de imediato ao Congresso Nacional. Perdem sua eficácia, desde a edição, se não forem convertidas em lei ordinária no prazo de 60 dias da publicação, prorrogável uma única vez, por igual prazo (veja artigo 62 da Constituição Federal).
- **Decretos legislativos** – São normas promulgadas pelo Poder Legislativo sobre assuntos de sua competência (ex.: autorização de referendo ou convocação de plebiscito).
- **Resoluções** – São normas expedidas pelo Poder Legislativo, destinadas a regular matéria de sua competência, de caráter administrativo ou político.

Vigência - Toda norma jurídica tem âmbito temporal, espacial, material e pessoal, dentro dos quais ela tem vigência ou validade. É o que se chama de "limites ao campo de aplicação das normas jurídicas".

1. Vigência das leis no tempo

Como todos os fenômenos culturais, as leis nascem, modificam-se e morrem. A lei é levada ao conhecimento de todos por meio de sua publicação no *Diário Oficial*. Orientando a aplicação das leis, há dois princípios informadores da eficácia:

a) **Princípio da obrigatoriedade das leis** – Uma vez em vigor, a lei é obrigatória para todos os seus destinatários, sem qualquer distinção. Publicada a lei, ninguém se escusa de cumpri-la alegando que não a conhece (art. 3.º, LICC). Tal dispositivo visa a garantir a eficácia da ordem jurídica, que ficaria comprometida se fosse admitida a alegação de ignorância de lei em vigor. O erro de direito (alegação de desconhecimento da lei) só pode ser invocado em raríssimas ocasiões e quando não houver o objetivo de furtar-se o agente ao cumprimento da lei.

b) **Princípio da continuidade das leis** – A partir da vigência, a lei tem eficácia contínua, até que outra a revogue. O desuso não faz com que a lei perca sua eficácia.

As leis, de forma geral, passam por cinco fases: iniciativa, discussão e aprovação, sanção ou veto, promulgação e publicação. A força obrigatória de uma lei está condicionada a sua vigência, ou seja, ao dia em que realmente começa a vigorar. No Brasil, a matéria é disciplinada pela Lei de Introdução ao Código Civil, nos seguintes termos:

- "Salvo disposição contrária, a lei começa a vigorar, em todo o país, quarenta e cinco dias depois de oficialmente publicada" (art. 1.º) – Esse princípio não é absoluto, porque quase todas as leis contêm em seu texto disposição prescrevendo sua entrada em vigor na data da respectiva publicação. Quando não houver disposição da data em que a lei entrará em vigor (omissão proposital da lei), aí, sim, ela entrará em vigor em 45 dias após a publicação. O espaço compreendido entre a publicação da lei e sua entrada em vigor denomina-se ***vacatio legis***. Geralmente esse prazo é estabelecido para melhor divulgação dos textos legais. Enquanto não transcorrido esse período, a lei nova não tem força obrigatória, mesmo já publicada.
- "Nos Estados estrangeiros, a obrigatoriedade da lei brasileira, quando admitida, se inicia três meses depois de oficialmente publicada" (art. 1.º, § 1.º) – em geral, quando cuida de atribuição de embaixadores, cônsules, etc.
- "Se, antes de entrar a lei em vigor, ocorrer nova publicação de seu texto destinada à correção, o prazo deste artigo e dos parágrafos anteriores começará a correr da nova publicação" (art. 1.º, § 3.º).
- "As correções a texto de lei em vigor consideram-se lei nova, sujeita, naturalmente, aos prazos normais das demais leis" (art. 1.º, § 4.º).

O prazo de *vacatio legis* conta-se incluindo-se o dia do começo – dia da publicação – e o último dia – dia do vencimento (art. 8.º, § 1.º, Lei Complementar 95/98, modificada pela LC 107/01).

Não se destinando à **vigência temporária**, a lei terá vigor até que outra a modifique ou a revogue. De fato, algumas leis são expedidas com prazo de duração (ex.: racionamento de combustível durante uma guerra). Contudo, não se fixando um prazo, prolonga-se a obrigatoriedade até que a lei seja modificada ou revogada por outra.

Revogar é tornar sem efeito uma lei ou qualquer outra norma jurídica. A revogação pode ser:

- **total (ou ab-rogação)** – quando torna sem efeito toda a lei ou norma anterior;
- **parcial (ou derrogação)** – quando torna sem efeito uma parte da lei ou norma;
- **expressa** – quando a lei nova taxativamente declara revogada a lei anterior, dizendo expressamente o que está revogando;
- **tácita** – quando a lei posterior é incompatível com a anterior e não há disposição expressa no texto novo indicando a lei que foi revogada; geralmente utiliza-se a expressão genérica: "revogam-se as disposições contrárias".

Observação – Quando uma lei se torna incompatível com a mudança havida na Constituição, utiliza-se a denominação "não-recepção da lei pela nova ordem constitucional".

"Repristinar" significa restituir ao valor, caráter ou estado primitivo. Na ordem jurídica, repristinação é o restabelecimento da eficácia de uma lei anteriormente revogada. Preceitua o artigo 2.º, § 3.º, da Lei de Introdução ao Código Civil que a lei revogada não se restaura por ter a lei revogadora perdido a vigência, salvo disposição em contrário. Por exemplo: se a lei "A" é revogada pela lei "B" e posteriormente a lei "B" é revogada pela lei "C", não se restabelece a vigência da lei "A". No Brasil, não há repristinação ou restauração automática da lei antiga se uma lei mais nova for revogada. Só haverá repristinação se a nova lei ressalvar expressamente que a lei antiga retomará eficácia.

Podem surgir **conflitos** quando uma norma é modificada por outra e já se haviam formado relações jurídicas na vigência da lei anterior. Qual norma deve ser aplicada? Para solucionar o conflito são usados dois critérios:

a) **Disposições transitórias (ou direito intertemporal)** – A lei, para evitar eventuais futuros conflitos, **em seu próprio corpo**, geralmente ao final, pode estabelecer regras temporárias, destinadas a dirimir conflitos entre a nova lei e a antiga.
b) **Princípio da irretroatividade das leis** – Irretroativa é a lei que não se aplica às situações constituídas anteriormente. Etimologicamente, "retroatividade" quer dizer atividade para trás. Juridicamente, pode-se dizer que uma norma retroage quando ela não somente vigora a partir de sua publicação, mas, ainda, regula certas situações jurídicas que vêm do passado.

A lei é expedida para disciplinar fatos futuros, a partir de sua vigência. O passado escapa a seu império. Sua vigência estende-se, como já se acentuou, desde o início de sua obrigatoriedade até o início da obrigatoriedade de outra lei que a derrogue.

Há casos, porém, em que a lei nova retroage no passado, alcançando conseqüências jurídicas de fatos efetuados sob a égide de lei anterior. Em regra, deve prevalecer o princípio da irretroatividade; as leis não têm efeitos pretéritos; elas só valem para o futuro.

O principal argumento favorável à irretroatividade da lei é a garantia dos direitos individuais e a segurança das relações jurídicas, diante da incerteza e dos riscos de alterações futuras. O artigo 5.º, inciso XXXVI, da Constituição Federal determina "A lei não prejudicará o direito adquirido, o ato jurídico perfeito e a coisa julgada".

Por conseqüência, a **retroatividade das leis é exceção** (por exemplo, a própria Constituição Federal, em seu artigo 5.º, inciso XL, dispõe: "A lei penal não retroagirá, salvo para beneficiar o réu"). Assim, uma lei que estabelece que determinada conduta não é mais crime beneficiará todos os que por isso estiverem sendo processados.

Entrando uma norma em vigor, tem ela efeito imediato e geral, respeitando-se:

- **Ato jurídico perfeito** – É o que já se consumou, segundo a norma vigente no tempo em que se efetuou (ex.: o contrato de locação celebrado durante a vigência de uma lei não pode ser alterado somente porque a lei mudou; é necessário que seu prazo termine).
- **Direito adquirido** – É o que já se incorporou ao patrimônio e à personalidade de seu titular (ex.: pessoa que se aposenta e a lei modifica posteriormente o prazo de aposentadoria); o direito já foi conquistado, embora possa não ter sido ainda exercido.
- **Coisa julgada** – É a decisão judicial de que já não caiba mais recurso (transitou em julgado).

2. Vigência das leis no espaço

Toda lei, em princípio, tem seu campo de aplicação limitado no espaço pelas fronteiras do Estado que a promulgou. Chama-se isso **territorialidade da lei**. Esse espaço ou território, em sentido amplo, inclui as terras ou o território propriamente dito, as águas e a atmosfera territoriais.

Os Estados modernos, contudo, admitem a aplicação, em determinadas circunstâncias, de leis estrangeiras em seu território, no intuito de facilitar as relações internacionais. É essa uma conseqüência do crescente relacionamento entre pessoas da comunidade internacional. O Brasil adotou a **teoria da territorialidade**, mas de forma **moderada**, também denominada **territorialidade temperada**. Leis e sentenças estrangeiras podem ser aplicadas no Brasil observadas as seguintes regras:

- Não se aplicam leis, sentenças ou atos estrangeiros no Brasil quando ofenderem a soberania nacional, a ordem pública e os bons costumes.
- Não se cumprirá sentença estrangeira no Brasil sem *exequatur* ("cumpra-se"), ou seja, a permissão dada pelo Superior Tribunal de Justiça (art. 105, I, letra "i", CF) para que a sentença tenha efeitos.

Território nacional é a extensão geográfica ocupada por uma nação e sobre a qual o Estado exerce sua soberania. Fala-se em território **real** e **ficto**. O território **real** compreende: todo o solo ocupado pela nação, inclusive de ilhas que lhe pertencem, os rios, os lagos e os mares interiores, os golfos, as baías e os portos, a faixa de mar exterior que banha suas costas, o espaço aéreo correspondente, etc. Um exemplo de território **ficto** (ficção jurídica) são as **embaixadas**, que, estando em países estrangeiros, são consideradas território nacional.

Interpretação - Uma lei tem sempre de ser clara, hipótese em que não seria necessário qualquer trabalho interpretativo. Entretanto, quando ocorre ambigüidade em seu texto, má redação, imperfeição ou falta de técnica, deve haver a intervenção do intérprete, a fim de pesquisar o sentido que o legislador realmente quis dar ou estatuir. Trata-se da *mens legis* (ou intenção da lei). Daí surge a **hermenêutica**, que é a teoria científica da arte de interpretar, descobrir o sentido e o alcance da norma jurídica (Maximiliano, Carlos, *Hermenêutica e aplicação do Direito*).

Integração da norma jurídica - A lei procura prever e disciplinar todas as situações importantes às relações individuais e sociais. Contudo, muitas vezes, o legislador não consegue prever todas as situações que uma norma pode criar, e um juiz não pode eximir-se de julgar um caso alegando lacuna ou obscuridade da lei. Esgotados, sem resultados, os critérios interpretativos, cumpre ao aplicador da lei suprir a lacuna encontrada recorrendo à analogia, aos costumes (já vistos) e aos princípios gerais do Direito. Há uma hierarquia na utilização desses critérios; a analogia figura em primeiro lugar.

- **Analogia** – Consiste em aplicar, a hipótese não prevista especialmente em lei, dispositivo relativo a caso **semelhante**. Por exemplo: ao caso "X" aplica-se a regra jurídica "Y"; no caso "Z", parecido com o caso "X", a lei é omissa; assim, é permitida a aplicação da regra "Y" por analogia.
- **Princípios gerais do Direito** – Na verdade, são regras que se encontram na consciência dos povos e são universalmente aceitas, mesmo que não

sejam escritas. Possuem caráter genérico e orientam a compreensão do sistema jurídico (ex.: "dar a César o que é de César"; não se pode lesar o próximo; ninguém pode valer-se da própria torpeza).

- **Eqüidade** – Não é um meio de suprir a lacuna da lei, mas auxilia nessa missão. Trata-se do uso de "bom senso", isto é, adaptação razoável da lei ao caso concreto. O Direito romano definia o direito como *ars boni et aequi*, isto é, como a arte do bom e do justo, demonstrando a antiguidade desse princípio.

Antinomia - conflito entre duas normas - Antinomia é a presença de suas normas conflitantes, sem que se possa afirmar qual delas deverá ser aplicada a um caso concreto. Obriga o juiz, para solucioná-la, a aplicar os critérios de preenchimento de lacunas. A antinomia pode ser:

a) **Real** (ou lacuna de colisão) – Quando não houver, na ordem jurídica, qualquer critério normativo para solucioná-la. Aplicando-se uma norma, viola-se outra. Somente se soluciona por meio da edição de uma nova norma.
b) **Aparente** – Se os critérios para a solução forem normas integrantes do ordenamento jurídico.

Critérios para a solução de antinomias aparentes - Nossa ordem jurídica prevê uma série de critérios para a solução de antinomias **aparentes** no direito interno:

- **Hierárquico** (*lex superior derogat legi inferior*) – Baseado na superioridade de uma fonte de produção jurídica sobre outra (ex.: em tese, dentro da esfera de sua competência, uma lei complementar revoga uma lei ordinária).
- **Cronológico** (*lex posterior derogat legi priori*) – Baseado no tempo em que as normas começaram a ter vigência, restringindo-se somente ao conflito de normas pertencentes ao mesmo escalão.
- **Especialidade** (*lex specialis derogat legi generali*) – Baseado na consideração da matéria normatizada, com o recurso aos meios interpretativos.

Segundo a professora Maria Helena Diniz, não há uma regra geral para a solução de conflitos, sendo o melhor caminho a adoção do princípio máximo da justiça, podendo o juiz aplicar uma das duas normas, de acordo com a sua livre convicção motivada.

Em Resumo

Noções Gerais de Direito

"**Direito** é o conjunto das normas gerais e positivas, que regulam a vida social" (Radbruch, *Introdución a la filosofia del Derecho*).

Direito objetivo – É a norma; de acordo com ela devem agir os indivíduos.

Direito subjetivo – É a faculdade; quando se diz que alguém tem direito a algo, está-se referindo a um direito subjetivo. O direito subjetivo encontra proteção na norma, no direito objetivo. Há juristas que negam a existência do direito subjetivo (Kelsen e Duguit).

Classificação do Direito

1. **Direito Público** – Constitucional, Administrativo, Penal, Processual (Penal e Civil), Tributário, Internacional, Eclesiástico, etc.
2. **Direito Privado** – Direito Civil e Comercial (controvérsia ao Direito do Trabalho – tese majoritária: Direito Privado).

Divisão do Direito Civil

1. **Parte Geral** – Normas concernentes às pessoas, bens e fatos jurídicos.
2. **Parte Especial** – Direito das Obrigações, Direito de Empresa, Direito das Coisas, Direito de Família, Direito das Sucessões, disposições finais e transitórias.

Fontes do Direito

1. **Indiretas ou não-formais**
   - **Doutrina** – Interpretação da lei feita pelos estudiosos da matéria.
   - **Jurisprudência** – Conjunto uniforme e constante das decisões judiciais sobre casos semelhantes.
2. **Diretas ou formais**
   - **Lei** – Norma imposta pelo Estado e tornada obrigatória em sua observância. "Ninguém será obrigado a fazer ou deixar de fazer alguma coisa senão em virtude de lei" (art. 5.º, II, CF).
   - **Costume** – Reiteração constante de uma conduta, na convicção de esta ser obrigatória. Espécies:
     a) **segundo a lei** – admitido;
     b) **na falta da lei** – admitido;
     c) **contra a lei** – inadmissível (corrente majoritária).

Vigência das leis

1. **No tempo**
   a) **Início da vigência**
   - **Regra geral:** 45 dias após a publicação (*vacatio legis*).
   - **Prática:** na data da publicação ou em outra data que a própria lei determinar.

   b) **Término da vigência**
   - Lei temporária.
   - Revogação (expressa ou tácita):
     – ab-rogação – total;
     – derrogação – parcial.

   c) **Irretroatividade** (não atinge situações passadas) é a regra. Admite-se a retroatividade, respeitando-se: direito adquirido, ato jurídico perfeito e coisa julgada.
2. **No espaço**
   - Territorialidade (regra) e extraterritorialidade.
   - Território nacional – real e ficto (embaixadas, navios e aeronaves).

Interpretação das leis

a) quanto às fontes (autêntica, doutrinária ou jurisprudencial);
b) quanto aos meios (gramatical, histórica ou teleológica);
c) quanto aos resultados (declarativa, extensiva ou restritiva).

Integração da norma jurídica

Analogia, costumes e princípios gerais do Direito.

Antinomia – conflito entre duas normas jurídicas

a) Real
b) Aparente – critérios para solução:
- hierárquico;
- cronológico;
- aparente.

2

SUJEITOS DE DIREITOS: AS PESSOAS

Introdução

A palavra "pessoa" origina-se do latim *persona*, máscara que era utilizada pelos atores para melhor ressoar a voz. Hoje, pessoa é todo **ente físico ou jurídico** (coletivo ou moral), suscetível de direitos e obrigações. É sinônimo de **sujeito de direitos**.

- **Pessoa física** (natural) = **ente físico** = todo ser humano.
- **Pessoa jurídica = ente moral**.
  - **Direito Público** – União, Estados, Distrito Federal, Territórios, Municípios, autarquias e demais entidades de caráter público criadas por lei (ex.: fundações públicas).
  - **Direito Privado** – Sociedades simples (civis), sociedades empresariais (comerciais), associações, partidos políticos, fundações particulares e organizações religiosas.

Pessoa física (natural)

A todo direito deve corresponder um sujeito que lhe detém a titularidade. O direito é constituído em razão do homem. O artigo 1.º do Código Civil prevê: "Toda pessoa é capaz de direitos e deveres na ordem civil".

Noções básicas

CAPACIDADE - É a aptidão para ser sujeito de direitos e obrigações e exercer os atos da vida civil por si e por outrem (ou medida jurídica da personalidade).

PERSONALIDADE - É o conjunto de capacidades (aptidões) referentes a uma pessoa. No Brasil, a personalidade jurídica inicia-se com o **nascimen-**

to com vida (teoria da natalidade), ainda que por poucos momentos. Se nascer com vida, ainda que por um instante, adquire a personalidade.

NASCITURO - É o que está por nascer. É o ente que foi gerado ou concebido, mas ainda não nasceu. Não tem personalidade jurídica, pois ainda não é pessoa do ponto de vista jurídico. Pode-se dizer que na vida intrauterina o nascituro tem personalidade jurídica formal, em relação aos direitos personalíssimos e aos da personalidade. No entanto, somente terá personalidade jurídica material com o nascimento com vida, alcançando os direitos patrimoniais.

Apesar de não ter personalidade jurídica, a **lei põe a salvo os direitos do nascituro desde a concepção**. Ele tem expectativa de direito (ex.: direito à vida, à filiação, à assistência pré-natal, a ser contemplado por doação, etc.). É titular de direito eventual (ex.: pai morre deixando mulher grávida; não se abre inventário até que nasça a criança – o nascituro tem direito ao resguardo à herança). Os direitos assegurados ao nascituro estão em estado potencial, sob **condição suspensiva**: só terão eficácia se nascer com vida.

Ante o avanço da medicina, com técnicas de fertilização *in vitro* e congelamento de embriões, foi editada a Lei 8.974/95, que proíbe e considera crime a manipulação genética de células humanas, a intervenção em material genético humano, salvo para tratamento de defeitos genéticos e produção, armazenamento e manipulação de embriões humanos destinados a servir de material biológico disponível.

Direitos da personalidade

Adquirindo a **personalidade** (que consiste no conjunto de caracteres próprios da pessoa, sendo a aptidão para adquirir direitos e contrair obrigações), o ser humano obtém o direito de defender o que lhe é próprio, como sua **integridade física** (vida, alimentos, o próprio corpo – vivo ou morto –, etc.), **intelectual** (liberdade de pensamento, autoria científica, artística e intelectual), **moral** (honra, segredo pessoal ou profissional, identidade pessoal, religiosa, familiar, social, etc.). Os direitos da personalidade (art. 11, CC) são absolutos, intransmissíveis, indisponíveis, irrenunciáveis, imprescritíveis e inexpropriáveis.

Individualização da pessoa natural

A identificação da pessoa natural se dá por **nome** (reconhecimento da pessoa na sociedade), **estado** (posição na sociedade política) e **domicílio** (lugar da atividade social).

NOME - É o sinal exterior pelo qual se designa e se reconhece a pessoa na família e na sociedade. Trata-se de direito inalienável e imprescritível, essencial para o exercício de direitos e cumprimento das obrigações (Monteiro, Washington de Barros, *Curso de Direito Civil*). Também é conferido às pessoas jurídicas e protegido juridicamente. São elementos constitutivos do nome:

- **Prenome** – Próprio da pessoa, pode ser simples (ex.: João, José, Rodrigo, Laura, Aparecida) ou composto (ex.: José Carlos, Antônio Pedro, Ana Maria).
- **Patronímico** (ou **nome de família**, ou **apelido de família**, ou **sobrenome**) – Identifica a procedência da pessoa, indicando sua filiação ou estirpe; pode ser simples (ex.: Silva, Souza, Lobo) ou composto (ex.: Alcântara Machado, Lins e Silva).
- **Agnome** – Sinal distintivo entre pessoas da mesma família, que se acrescenta ao nome completo (ex.: Júnior, Filho, Neto, Sobrinho).

Observação *– Há outros elementos facultativos, como o cognome (apelido ou epíteto), pseudônimo ou codinome (para o exercício de uma atividade específica – cantor, ator, autor, etc.) e axiônimo (que representam títulos de nobreza, eclesiásticos ou acadêmicos – duque, bispo, mestre, doutor, etc.).*

Em regra, o nome é imutável. No entanto, o princípio da inalterabilidade do nome sofre exceções em casos justificados (mais rigorosos em relação ao prenome e mais elásticos em relação ao sobrenome). A lei e a jurisprudência admitem a retificação ou alteração de qualquer dos elementos. A propósito, a Lei n.º 9.708/98 alterou a Lei de Registros Públicos (Lei 6.015/73), prescrevendo: "Art. 58: O prenome será definitivo, admitindo-se, todavia, a sua substituição por apelidos públicos notórios". Também o parágrafo único deste artigo estabelece uma outra possibilidade: "A substituição do prenome será ainda admitida em razão de fundada coação ou ameaça decorrente da colaboração comn a apuração de crime, por determinação, em sentença, de juiz competente, ouvido o Ministério Público". Outros exemplos:

- Expuser seu portador ao ridículo ou situações vexatórias – o artigo 55, parágrafo único da Lei de Registros Públicos determina que, em princípio, os nomes exóticos ou ridículos não podem ser registrados; o oficial do Registro Público pode se recusar a registrar. Mas, se porventura forem registrados e isso incomodar a pessoa, poderá ser alterado.

- Houver erro gráfico evidente (ex.: Nerson, Osvardo, etc.). Havia previsão expressa na LRP quanto a essa possiblidade. Atualmente, apesar de não haver previsão legal expressa, a possibilidade de alteração é aceita.
- Homônimos, causando embaraços comerciais – Pode-se adicionar mais um prenome ou o patronímico materno.
- Uso prolongado e constante de um nome diverso do que figura no registro, inclusive adicionando apelido ou alcunha (ex.: Luiz Inácio **Lula** da Silva, Maria da Graça **Xuxa** Meneghel).
- União estável – A lei permite que a companheira adote o patronímico do companheiro, se houver concordância deste.
- Primeiro ano após a maioridade – A lei permite a alteração, independentemente de justificação, desde que não prejudique o patronímico (art. 56, LRP).
- Casamento (atualmente, o artigo 1.565, § 1.º, do Código Civil permite que **qualquer dos nubentes** acrescente ao seu o sobrenome do outro), adoção, reconhecimento de filho, legitimação, divórcio, separação judicial, serviço de proteção de vítimas, etc.

ESTADO CIVIL

Segundo Clóvis Beviláqua (*Código Civil comentado*), é o modo particular de existir. Pode ser encarado sob três aspectos:

- **Individual ou físico** – Refere-se à idade (maior ou menor), sexo, saúde mental e física, etc.
- **Familiar** – Indica a situação na família:
  - quanto ao matrimônio: solteiro, casado, viúvo, separado ou divorciado;
  - quanto ao parentesco consangüíneo: pai, mãe, filho, avô, irmão, primo, tio, etc.;
  - quanto à afinidade: sogro, sogra, genro, nora, cunhado, etc.
- **Político** – Relaciona-se à posição da pessoa dentro de um país: nacional (nato ou naturalizado), estrangeiro, apátrida (*heimatlos*).

O estado civil é a soma de qualificações da pessoa. É uno e indivisível, pois ninguém pode ser simultaneamente casado e solteiro, maior e menor, etc. Regula-se por normas de **ordem pública**.

Por ser um reflexo da personalidade, não pode ser objeto de comércio; é um direito indisponível, imprescritível e irrenunciável (Gomes, Orlando, *Introdução ao Direito Civil*, e Serpa Lopes, *Curso de Direito Civil*). As ações tendentes a afirmar, obter ou negar determinado estado são chamadas **ações de estado** (ex.: investigação de paternidade, divórcio), também personalíssimas.

DOMICÍLIO

O conceito de **domicílio** surge da necessidade legal de as pessoas ficarem em determinado ponto do território nacional. É, em regra, no foro de seu domicílio que o réu é procurado para ser citado.

Cumpre fazer a seguinte distinção, segundo a lição de Maria Helena Diniz, em *Curso de Direito Civil brasileiro*, de grande importância para o Processo Civil:

- **Habitação** – É o local em que a pessoa permanece, acidentalmente, **sem ânimo de ficar** (ex.: alugar uma casa de praia por um mês).
- **Residência** – É o lugar que o indivíduo habita **com a intenção de permanecer**, mesmo que dele se ausente temporariamente; é uma **situação de fato**.
- **Domicílio** – É a sede da pessoa, tanto física como jurídica, onde se presume sua presença para efeitos de direito e onde ela exerce ou pratica, habitualmente, seus atos e negócios jurídicos. É o lugar no qual a pessoa estabelece sua residência com **ânimo definitivo de permanecer** (*animus manendi*); é um **conceito jurídico**.

Existem algumas **regras** para se estabelecer o domicílio das pessoas naturais.

- **Regra básica** – O domicílio da pessoa natural é o lugar onde ela estabelece residência com ânimo definitivo (art. 70, CC). É também domicílio da pessoa natural, quanto às relações concernentes à profissão, o lugar onde esta é exercida (art. 72, CC). Portanto, o domicílio possui um elemento **objetivo** – fixação da pessoa em determinado lugar – e outro **subjetivo** – intenção (*animus manendi*) de aí se fixar com ânimo definitivo.
- **Pessoa com várias residências, onde alternadamente viva** – O domicílio é qualquer delas (pluralidade domiciliar).
- **Pessoa sem residência habitual, sem ponto central de negócios** – É o caso, por exemplo, de circenses e ciganos. O domicílio é o lugar onde for encontrada.

As **espécies de domicílio** dividem-se em:

1. **Voluntário** – Escolhido livremente pela própria vontade do indivíduo (**geral**) ou estabelecido conforme interesses das partes em um contrato (**especial**).
2. **Legal** ou **necessário** – A lei determina o domicílio em razão da condição ou situação de certas pessoas. Assim:
   - **incapazes** *(sobre incapacidade, veja mais adiante)* – domicílio de seus representantes (pais, tutores ou curadores);

- **servidor público** – domicílio no lugar onde exerce permanentemente sua função;
- **militar em serviço ativo** – lugar onde servir; apenas o militar da ativa possui domicílio necessário;
- **preso** – lugar onde cumpre a decisão condenatória;
- **oficiais e tripulantes da marinha mercante (marítimo)** – marinha mercante é a que se ocupa do transporte de passageiros e mercadorias; o domicílio legal é o lugar onde estiver **matriculado** o navio (navio nacional é o registrado na capitania do porto do domicílio de seu proprietário);
- o **agente diplomático** do Brasil que, citado no estrangeiro, alegar extraterritorialidade, sem indicar seu domicílio no país, poderá ser demandado no Distrito Federal ou em seu último domicílio.

3. **Domicílio contratual ou foro de eleição** – É o domicílio eleito pelas partes contratantes para o exercício e cumprimento dos direitos e obrigações. É o chamado **domicílio voluntário especial**.

A lei prevê como condições para que se opere a **mudança do domicílio**:

a) transferência da residência para local diverso;
b) ânimo definitivo de fixar a residência, constituindo novo domicílio.

Fim da personalidade natural

A personalidade da pessoa natural acaba com a morte. Verificada a morte de uma pessoa, desaparecem, como regra, os direitos e as obrigações de natureza personalíssima, sejam patrimoniais ou não. Os direitos não personalíssimos (em especial os de natureza patrimonial) são transmitidos aos seus sucessores. Em sentido genérico, pode-se dizer que há três espécies de morte: real (ou física), civil e presumida.

MORTE REAL - A personalidade termina com a **morte física** (real), deixando de ser sujeito de direitos e obrigações. A morte real se dá com o óbito comprovado da pessoa natural, com ou sem o corpo. A prova da morte se faz com o atestado de óbito ou pela justificação em caso de catástrofe e não localização do corpo.

Se um avião explode matando todos os passageiros, há o óbito comprovado de todos; entretanto, provavelmente não serão encontrados alguns corpos. Mesmo assim, houve morte real (ex.: Ulisses Guimarães foi declarado morto na Comarca de Ubatuba, de acordo com o artigo 88 da Lei de Registros Públicos: "Poderão os juízes togados admitir justificação para o assento de óbito de pessoas desaparecidas em naufrágio, inundação, incêndio, terremoto ou qualquer outra catástrofe, quando estiver provada a sua presença no local do desastre e não for possível encontrar-se o cadáver para exame"). Somente a morte real extingue a personalidade, com ou sem o corpo.

MORTE CIVIL - Atualmente, no Brasil, pode-se dizer que não existe mais a **morte civil**, que era a perda da capacidade civil em vida, geralmente para pessoas condenadas criminalmente (também em relação aos escravos). Em nosso Direito positivo há resquícios de morte civil, como nos casos de exclusão de herança por indignidade do filho, "como se ele morto fosse" (art. 1.816, CC).

MORTE PRESUMIDA - Além da morte real, existe também em nosso Direito a **morte presumida**, que ocorre quando a pessoa é declarada ausente. **Ausência** é o desaparecimento de uma pessoa de seu domicílio, que não dá notícias por longo período de tempo nem deixa procurador para administrar seus bens (art. 22, CC). Os **efeitos** da morte presumida são patrimoniais e alguns pessoais. A ausência só pode ser reconhecida por meio de um processo judicial composto de três fases: a) curadoria de ausentes (ou de administração provisória); b) sucessão provisória; c) sucessão definitiva.

Ausente uma pessoa, qualquer interessado em sua sucessão (e até o Ministério Público) poderá requerer ao juiz a declaração de ausência e a nomeação de um curador. Durante um ano (de dois em dois meses) devem-se expedir editais convocando o ausente para retomar a posse de seus haveres. Com sua volta, opera-se a cessação da curatela, o mesmo ocorrendo se houver notícia de seu óbito comprovado.

Se o ausente não comparecer no prazo, poderá ser requerida e aberta a **sucessão provisória** e o início do processo de inventário e partilha dos bens. Nessa ocasião, a ausência passa a ser presumida. Feita a partilha, seus herdeiros (provisórios e condicionais) administrarão os bens, prestando caução, ou seja, dando garantia de que os bens serão restituídos no caso de o ausente aparecer.

Após dez anos do trânsito em julgado da sentença de abertura da sucessão provisória sem que o ausente apareça (ou cinco anos depois das últimas notícias do ausente que conta com mais de 80 anos), será declarada a morte presumida. Nesse momento, **converte-se a sucessão provisória em definitiva**. Os sucessores deixam de ser provisórios, adquirindo o domínio e a disposição dos bens recebidos, porém sua propriedade será resolúvel. Se o ausente retornar em até dez anos seguintes à abertura da sucessão definitiva, receberá os bens no estado em que se encontrarem e terá direito ao preço que os herdeiros tiverem recebido com sua venda. Se regressar após esse prazo (portanto, após 21 anos de processo), não terá direito a nada.

Observação *– O artigo 1.571, § 1.º, do Código Civil prevê que a presunção de morte por ausência pode pôr fim ao vínculo conjugal, liberando o outro cônjuge para convolar novas núpcias.*

Em casos excepcionais, pode haver **morte presumida sem declaração de ausência** (art. 7.º, CC):

- se for extremamente provável a morte de quem estava em perigo de vida;
- se a pessoa desaparecida em campanha ou feita prisioneira não for encontrada até dois anos após a guerra.

Observação *– Na esfera da Previdência Social, após seis meses da declaração judicial de morte presumida do segurado, será concedida uma pensão provisória aos dependentes, que cessará com seu reaparecimento (art. 78, Lei 8.213/91).*

COMORIÊNCIA - É o instituto pelo qual se considera que duas ou mais pessoas morreram simultaneamente, sempre que não se puder constatar qual delas morreu antes (ex.: avião que cai matando todos os passageiros).

"Se dois ou mais indivíduos falecerem na mesma ocasião, não se podendo averiguar se algum dos comorientes precedeu aos outros, presumir-se-ão simultaneamente mortos" (art. 8.º, CC).

Aplica-se esse instituto sempre que entre os mortos houver relação de sucessão hereditária. Não há necessidade de a morte conjunta se dar no mesmo acontecimento. Se os comorientes forem herdeiros um dos outros, não haverá transferência de direitos entre eles; um não sucederá o outro. Os herdeiros dos comorientes são chamados à sucessão. Suponha-se o caso de mortes simultâneas de cônjuges, sem descendentes e sem ascendentes, mas com irmãos. Pelo instituto da comoriência, a herança de ambos é dividida à razão de 50% para os herdeiros de cada cônjuge, se o regime de bens do casamento for o da comunhão universal.

EFEITOS DO FIM DA PERSONALIDADE - O fim da personalidade implica: dissolução do vínculo conjugal e matrimonial; extinção do poder familiar; extinção da obrigação de alimentos com o falecimento do credor (no caso de morte do devedor, os herdeiros deste assumirão a obrigação até as forças da herança); extinção dos contratos personalíssimos; extinção do usufruto.

Observação *– A morte não aniquila com toda a vontade do* de cujus *(expressão latina que se refere à pessoa que faleceu; na verdade, trata-se das primeiras palavras de uma expressão maior: "*de cujus successione agitur*" – de cuja sucessão se trata). Sua vontade pode sobreviver por meio de um testamento. Ao cadáver é devido respeito; militares e servidores podem ser promovidos* post mortem*; a memória do* de cujus *pode ser reabilitada; permanece o direito à imagem, à honra, aos direitos autorais, etc.*

Capacidade jurídica

CAPACIDADE - É a aptidão da pessoa para exercer direitos e assumir obrigações, ou seja, de assumir **sozinha** perante o complexo das relações jurídicas. Elemento da personalidade, pode ser classificada em:

- **de direito** ou **de gozo** – própria de todo ser humano, inerente à personalidade e que só se perde com a morte, é a capacidade para adquirir direitos e contrair obrigações. "Toda pessoa é capaz de direitos e deveres na ordem civil" (art. 1.º, CC);
- **de fato** ou **de exercício da capacidade de direito** – isto é, de exercitar por si os atos da vida civil.

Toda pessoa tem capacidade de direito, mas pode não ter capacidade de fato, caso lhe falte a plenitude da consciência e da vontade. A capacidade de direito não pode ser negada ao indivíduo, mas sim sofrer restrições quanto a seu exercício (ex.: o alienado mental, por ser pessoa, tem capacidade de direito, podendo receber uma doação; porém não tem capacidade de fato, não podendo vender o bem que recebeu).

Quem tem as duas espécies de capacidade tem capacidade plena. Quem só tem a de direito tem capacidade limitada.

INCAPACIDADE - A **legitimação** consiste em saber se uma pessoa tem (ou não) capacidade para exercer **pessoalmente** seus direitos. Cerceiam a legitimação a saúde física e mental, a idade e o estado. A falta de legitimação não retira a capacidade e se supre pelos institutos:

- **da representação** – para os absolutamente incapazes;
- **da assistência** – para os relativamente incapazes.

Assim, **incapacidade** é a restrição legal ao exercício dos atos da vida civil. Pode ser absoluta ou relativa e deve ser encarada de forma restritiva, pois a capacidade é a regra e a incapacidade a exceção (Diniz, Maria Helena, *Curso de Direito Civil Brasileiro*).

Considerada a legitimação, as pessoas podem ser absolutamente incapazes ou relativamente incapazes.

Absolutamente incapazes - A incapacidade absoluta se verifica quando há proibição total do exercício do direito do incapaz, acarretando, em caso de violação, a nulidade do ato jurídico (art. 166, I, CC). Os absolutamente incapazes possuem direitos, porém não podem exercê-los pessoalmente, devendo ser representados. São absolutamente incapazes (art. 3.º, CC):

a) **Os menores de 16 anos** (**critério etário**) – Devem ser representados por seus pais ou, na falta deles, por tutores. São chamados também de **menores impúberes**.
b) **Os que, por enfermidade ou deficiência mental, não tiverem o necessário discernimento para a prática dos atos da vida civil** – São os indivíduos que, por motivo de ordem patológica ou acidental, congênita ou adquirida, não estão em condições de reger sua pessoa ou administrar seus bens. Incluem-se pessoas que têm desequilíbrio mental (ex.: demência, paranóia, psicopatia). Para que seja declarada a incapacidade absoluta nesse caso, é necessário um **processo de interdição**.
c) **Os que, mesmo por causa transitória, não puderem exprimir sua vontade** – É uma expressão abrangente, que alarga as hipóteses de incapacidade absoluta. Inclui o surdo-mudo que não pode manifestar sua vontade. Se puder exprimir sua vontade, pode ser considerado relativamente capaz ou até plenamente capaz, dependendo do grau de sua expressão, embora impedido de praticar atos que dependam de audição (ex.: testemunha em testamento). Inclui, também, pessoas que perderam a memória, embora de forma transitória, pessoas em estado de coma, etc.

Observações *– 1. O Código Civil* ***não estende a incapacidade****: ao* ***cego*** *(que somente terá restrição aos atos que dependem da visão, como testemunha ocular, testemunha em testamentos, etc.; além disso, não poderá fazer testamento por outra forma que não seja a pública), ao* ***analfabeto*** *e à* ***pessoa com idade avançada****.*
2. Também ***não é considerado incapaz o ausente****, declarado tal por sentença (como era anteriormente). Não há incapacidade por ausência, mas necessidade jurídica de proteger os interesses e os bens do desaparecido.*

Relativamente incapazes - A incapacidade relativa diz respeito àqueles que podem praticar por si os atos da vida civil, desde que **assistidos**. O efeito da violação dessa norma é gerar a **anulabilidade do ato jurídico**, dependendo da iniciativa do lesado. Há hipóteses em que o ato, mesmo sendo praticado sem assistência, pode ser ratificado ou convalidado pelo representante legal posteriormente. São relativamente incapazes:

a) **Os maiores de 16 anos e menores de 18 anos** – Sua pouca experiência e insuficiente desenvolvimento intelectual não possibilitam a plena participação na vida civil. São também chamados de **menores púberes**. Os menores entre 16 e 18 anos somente poderão praticar certos atos mediante **assistência** de seus representantes, sob pena de anulação. No entanto, há atos que o relativamente incapaz pode praticar **mesmo sem assistência**: casar, necessitando apenas de autorização; fazer testamento; servir como testemunha em atos jurídicos, inclusive em testamento; requerer registro de seu nascimento; comerciar, com autorização; ser eleitor; ser mandatário *ad negotia*, etc.

Observação *– O menor entre 16 e 18 anos não pode, para eximir-se de uma obrigação, invocar sua idade se dolosamente a ocultou quando inquirido pela outra parte ou se, no ato de obrigar-se, espontaneamente se declarou maior (art. 180, CC).*

b) **Os ébrios habituais, os viciados em tóxicos e os que, por deficiência mental, tenham o discernimento reduzido** – Alargam-se os casos de incapacidade relativa decorrente de causa permanente ou transitória. Deve haver processo de interdição, no qual, averiguando-se que a pessoa se encontra em situação tal que a impede de exprimir totalmente sua vontade, pode-se declarar a incapacidade absoluta.
c) **Os excepcionais, sem desenvolvimento mental completo** – Abrangem os mentalmente fracos, os surdos-mudos e os portadores de anomalia psíquica que apresentem sinais de desenvolvimento mental incompleto. Também haverá regular processo de interdição.
d) **Os pródigos** – São os que dilapidam, dissipam seus bens ou seu patrimônio, fazendo gastos excessivos e anormais. Trata-se de um desvio de personalidade e não de alienação mental. Devem ser **interditados** e, em seguida, nomeia-se um **curador** para cuidar de seus bens. Ficam privados, exclusivamente, dos atos que possam comprometer seu patrimônio.

Observações *– 1. Quanto aos índios, a finalidade da lei é protegê-los, bem como seus bens. O Código Civil não os considera incapazes, devendo a questão ser regida por lei especial (art. 4.º, parágrafo único, CC; Lei 6.001/73 – Estatuto do Índio).2. Nossa lei* ***não inclui*** *entre os incapazes os* ***falidos*** *(impondo apenas restrições no âmbito mercantil) e os* ***condenados criminalmente*** *(no entanto, podem sofrer restrições* *em relação ao direito de investidura em função pública, ao poder familiar, à tutela, à curatela, etc.).*

A lei prevê várias medidas para **defesa dos interesses dos incapazes**. Entre elas:

- podem recuperar dívidas de jogo que voluntariamente pagaram (art. 814, CC);
- partilha em que há incapazes não pode ser convencionada amigavelmente (art. 2.015, CC);
- não corre prescrição contra os absolutamente incapazes (art. 198, I, CC);
- mútuo (empréstimo de bem fungível) feito a um menor não pode ser reavido, exceto nas hipóteses do artigo 589 do Código Civil;
- beneficiam-se dos institutos da representação e assistência, dependendo da graduação da incapacidade. Serão representados ou assistidos por seus pais (poder familiar), tutores ou curadores. Por meio da representação ou assistência, supre-se eventual incapacidade, e os negócios jurídicos realizam-se regularmente.

A **tutela** é um instituto de caráter assistencial que tem por finalidade **substituir** o poder familiar. Protege o **menor** (impúbere ou púbere) não emancipado e seus bens, se seus pais falecerem ou forem suspensos ou destituídos do poder familiar, dando-lhes representação **ou** assistência no plano jurídico. Pode ser oriunda de provimento voluntário, de forma testamentária, ou em decorrência da lei.

A **curatela** é um encargo (*munus*) público previsto em lei dado para pessoas **maiores**, mas que por si sós não estão em condições de realizar os atos da vida civil pessoalmente, em geral em razão de enfermidade ou deficiência mental. O curador deve reger e defender a pessoa e administrar seus bens. Decorre de nomeação pelo **juiz** em decisão prolatada em processo de interdição.

O instituto da incapacidade visa a proteger os que são portadores de deficiência jurídica apreciável. Essa forma de proteção é graduada:

- **Representação** – Para os absolutamente incapazes, que estão privados de agir juridicamente e serão representados. Por exemplo: um rapaz de 15 anos não pode vender um apartamento de sua propriedade, mas esse imóvel pode ser vendido por intermédio de seus pais, que o representarão; no ato de compra e venda, o menor nem precisa comparecer.
- **Assistência** – Para os relativamente incapazes, que já podem atuar na vida civil, praticando alguns atos sozinhos e outros apenas com autorização. Por exemplo: um rapaz de 17 anos já pode vender seu apartamento, mas não

fazê-lo sozinho, necessitando de autorização dos pais; no ato de compra e venda, ele comparece e assina os documentos, juntamente com seus pais.

Se houver conflito de interesses entre o incapaz e seu representante legal, o juiz deve nomear um curador especial para proteger o incapaz.

CAPACIDADE PLENA - A incapacidade termina, em regra, ao desaparecerem as causas que a determinaram. Assim, nos casos de loucura, toxicomania, etc., cessando a enfermidade que a determinou, extingue-se também a incapacidade (Beviláqua, Clóvis, *Código Civil comentado*).

Em relação à menoridade, a incapacidade acaba quando o menor **completa 18 anos**. Dessa forma, torna-se apto a exercer **pessoalmente** todos os atos da vida civil sem necessidade de ser assistido por seus pais.

Observação *– Não se deve confundir capacidade civil com imputabilidade (responsabilidade) penal, que também se dá aos 18 anos.*

Emancipação - É a aquisição da capacidade plena **antes** dos 18 anos, habilitando o indivíduo para todos os atos da vida civil. **Irrevogável e definitiva**, a emancipação é adquirida (art. 5.º, CC):

- **Por concessão dos pais ou de um deles na falta do outro** (**emancipação parental**) – Nesse caso, não é necessária a homologação do juiz. Deve ser concedida por **instrumento público** e registrada no Cartório de Registro Civil das Pessoas Naturais. O menor deve ter, no mínimo, 16 anos completos.
- **Por sentença do juiz** – Em duas hipóteses:
  a) quando um dos pais não concordar com a emancipação, contrariando a vontade do outro;
  b) quando o menor estiver sob tutela. Evita-se a emancipação destinada para livrar o tutor do encargo. A emancipação é feita pelo juiz se o menor tiver 16 anos, ouvido o tutor, depois de verificada a conveniência para o bem do menor.
- **Pelo casamento** – A idade nupcial do homem e da mulher é de 16 anos (art. 1.511, CC; exige-se **autorização** de ambos os pais, enquanto não atingida a maioridade). O divórcio, a viuvez e a anulação do casamento não implicam o retorno à incapacidade. No entanto, o **casamento nulo** faz com que se retorne à situação de incapaz (se o ato foi nulo, a pessoa nunca foi emancipada, posto que não produz efeitos e é retroativo), salvo se contraído de boa-fé (nesse caso, a pessoa é considerada emancipada).
- **Por exercício de emprego público** – Deve ser efetivo; excluem-se, portanto, os diaristas, os contratados e os nomeados para cargos em comissão.

- **Por colação de grau em curso de ensino superior.**
- **Por estabelecimento civil ou comercial ou pela existência de relação de emprego com economias próprias** – É necessário ter, no mínimo, 16 anos.

Pessoa jurídica

Pessoas jurídicas (ou morais, coletivas, abstratas, fictícias, etc.) são entes resultantes da criação da lei. **Não têm realidade física**, mas sim realidade ideal (realidade das instituições), sendo dotadas de direitos e obrigações. Têm **direito à personalidade** (identificação, liberdade, boa reputação, etc.), **direitos reais** (podem ser proprietárias, usufrutuárias, etc.), **direitos industriais** (art. 5.º, XXIX, CF), **direitos obrigacionais** (comprar, vender, alugar, contratar, etc.) e até **direitos sucessórios** (podem adquirir bens *causa mortis*). São pressupostos de sua existência: a) vontade humana criadora (*affecito societatis*); b) obediência a requisitos legais para sua formação; c) licitude de sua finalidade.

A pessoa jurídica pode ser conceituada como "a unidade de pessoas naturais ou de patrimônios, que visa à consecução de certos fins, reconhecida pela ordem jurídica como sujeito de direitos e obrigações" (Cunha Gonçalves, Luiz da, *Tratado de Direito Civil*).

Representação

A pessoa jurídica deve ser representada por uma pessoa física (ou natural) ativa e passivamente, exteriorizando sua vontade nos atos judiciais ou extrajudiciais. Em regra, essa pessoa é indicada nos estatutos. Em sua omissão, será representada por seus diretores.

Classificação quanto às funções e à capacidade

Segundo o artigo 40 do Código Civil, as pessoas jurídicas são classificadas em pessoas jurídicas de Direito Público e pessoas jurídicas de Direito Privado.

PESSOAS JURÍDICAS DE DIREITO PÚBLICO - Dividem-se em pessoas jurídicas de Direito Público externo e interno.

Direito Público externo - Regulamentadas pelo Direito Internacional, abrangem outros países soberanos (Estados estrangeiros), Santa Sé e organismos internacionais, como a Organização das Nações Unidas (ONU), a Organização dos Estados Americanos (OEA), etc.

Direito Público interno - O Estado é a pessoa jurídica de Direito Público interno por excelência, a nação politicamente organizada. Subdivide-se em:

a) **Administração direta** (art. 41, I a III, CC) – União, Estados membros, Distrito Federal, Territórios e Municípios legalmente constituídos.
b) **Administração indireta** (art. 41, IV e V, CC) – Órgãos descentralizados, criados por lei, com personalidade jurídica própria para o exercício de atividade de interesse público. Abrangem:
   • **Autarquias** – De natureza meramente administrativa, são criadas por lei e destinadas à realização de obras e serviços públicos (ex.: Banco Central, Universidade de São Paulo, Instituto Nacional do Seguro Social).
   • **Associações públicas** – A Lei 11.107/05 regulou os **consórcios públicos**, cumprindo o disposto no artigo 241 da Constituição Federal. A lei optou por atribuir personalidade jurídica aos consórcios públicos, sendo que ela se configura como uma associação, podendo ser de direito público **ou** de direito privado. Quando criado com personalidade de direito público, o consórcio público se apresenta como associação pública.
• **Fundações públicas** – Constituem um acervo de bens, que recebe personalidade para a realização de fins específicos.

PESSOAS JURÍDICAS DE DIREITO PRIVADO - Instituídas por iniciativa de particulares, dividem-se em: fundações, partidos políticos, organizações religiosas (Lei 10.825/03), associações e sociedades (civis e mercantis).

Fundações particulares - O termo "fundação" deriva do latim *fundatio*, ação ou efeito de fundar. As fundações particulares são **universalidades de bens personificados**, em atenção ao fim que lhes dá unidade. O objetivo é imutável. O próprio instituidor poderá administrar a fundação (forma direta) ou encarregar outrem para esse fim (forma fiduciária). De acordo com o artigo 62, parágrafo único, do Código Civil, terão sempre fins culturais, religiosos, assistenciais ou morais.

Para sua criação, que se dá por meio de escritura pública ou testamento, pressupõem-se: dotação de bens livres; especificação dos fins; previsão do modo de administrá-las; elaboração de estatutos com base em seus objetivos e submetidos à apreciação do Ministério Público, que os fiscalizará.

Nascimento – As fundações surgem com o registro de seus estatutos no Registro Civil de Pessoas Jurídicas.

Características – Seus bens são inalienáveis e impenhoráveis, exceto com autorização judicial, consultando-se o Ministério Público; os estatutos são suas leis básicas; os administradores devem prestar contas ao Ministério Público; não existem sócios.

Supervisão – São supervisionadas pelo Ministério Público, por meio da curadoria das fundações, devendo zelar por sua constituição e funcionamento.

Término – As fundações terminam se: forem nocivas; for impossível sua manutenção; vencer o prazo de sua existência. Uma vez extinta a fundação, o destino de seu patrimônio obedecerá aos estatutos; caso estes sejam omissos, destinar-se-á a outras fundações de fins semelhantes.

Partidos políticos - De acordo com o artigo 17, § 2.º, da Constituição Federal, os partidos políticos são considerados como de Direito Privado, tendo natureza de associação civil. Os estatutos devem ser registrados no cartório competente do Registro Civil de Pessoas Jurídicas da Capital Federal e Tribunal Superior Eleitoral (cf. Lei 9.096/95).

Organizações religiosas - A Lei 10.825/03 garante a todas as igrejas o direito a um estatuto próprio, sendo pessoas jurídicas de Direito Privado. É livre a criação, a organização, a estrutura interna e o funcionamento das organizações religiosas, sendo vedado ao poder público negar-lhes reconhecimento ou o registro dos atos constitutivos e necessários ao seu funcionamento.

Associações - São as associações civis, religiosas, pias, morais, científicas ou literárias e as de utilidade pública. Plena é a liberdade de associação para fins lícitos (art. 5.º, XVII, CF). Há casos em que pode ser exigida autorização governamental. A associação deve ser registrada. Com o registro, passa a ter aptidões para ser sujeito de direitos e obrigações e capacidade patrimonial, adquirindo vida própria, que não se confunde com seus membros.

Sociedades - As sociedades se distinguem de acordo com a finalidade lucrativa:

- **Sociedades empresárias (comerciais)** – Têm finalidade lucrativa mediante exercício de atividade mercantil (ex.: compra e venda mercantil).
- **Sociedades simples (civis)** – Têm fim econômico (lucro) mediante exercício de atividade não mercantil. Em regra, são constituídas por profissionais de uma mesma área (ex.: escritório de advocacia, sociedade imobiliária). As cooperativas também constituem sociedades simples.

Para saber se uma sociedade é empresária ou simples, basta considerar seu **objeto**, a natureza de suas operações habituais. Se tiver por objeto **atos de comércio** (exercício de atividade econômica organizada para a produção ou circulação de bens ou serviços), será empresária, qualquer que seja a forma por ela adotada. Caso contrário, será simples, exceto se adotar a forma de sociedade anônima, que, por força de lei, será sempre empresária (Diniz, Maria Helena, *Curso de Direito Civil brasileiro*).

A **empresa pública** e a **sociedade de economia mista**, apesar de terem capital público, são dotadas de personalidade jurídica de **Direito Privado**. São regidas pelas normas empresariais e trabalhistas (art. 173, § 19, CF), mas com as cautelas do Direito Público (ex.: licitação).

Diferença entre Associação e Sociedade

Associação – Quando não há fim lucrativo (ou de divisão de resultados), embora tenha patrimônio, formado por contribuição de seus membros para a obtenção de fins culturais, esportivos, religiosos, etc.

Sociedade – Quando tem fim econômico ou lucrativo, que deve ser repartido entre os sócios.

Início da existência legal

Enquanto a pessoa natural surge com um fato biológico (o nascimento com vida), a pessoa jurídica tem seu início, em regra, com um ato jurídico.

Pessoas jurídicas de Direito Público – Iniciam-se em razão de fatos históricos, de criação constitucional, de lei especial e de tratados.

Pessoas jurídicas de Direito Privado – O fato que lhes dá origem é a vontade humana. Há duas fases:

1. **Ato constitutivo** – A pessoa jurídica se constitui, por escrito, por ato jurídico unilateral *inter vivos* ou *causa mortis* (fundações) ou por ato jurídico bilateral ou plurilateral (sociedades e associações). São imprescindíveis: agente capaz, objeto lícito e forma prescrita em lei. Algumas sociedades civis dependem de prévia autorização do governo (ex.: estabelecimentos de seguro, universidades, sociedades estrangeiras, bolsa de valores).
2. **Registro público** – Para que a pessoa jurídica exista legalmente, é necessário inscrever os contratos, estatutos ou compromissos em seu registro peculiar. Além disso, quaisquer alterações supervenientes deverão ser averbadas.

DOMICÍLIO - A pessoa jurídica também tem domicílio (art. 75, CC), que é sua sede jurídica, onde os credores podem demandar o cumprimento das obrigações.

- **União** – Aforará as causas na capital do Estado ou Território em que tiver domicílio a outra parte e será demandada, à escolha do autor, no Distrito Federal ou na capital do Estado em que se deu o ato que deu origem à demanda ou em que se situe o bem (art. 109, §§ 1.º a 4.º, CF).
- **Estados e Territórios** – As respectivas capitais.
- **Municípios** – O lugar onde funciona a administração municipal.
- **Demais pessoas jurídicas** – O lugar onde funcionam as respectivas diretorias e administrações ou onde elegerem domicílio especial em seus estatutos. Admite-se a **pluralidade de domicílios** dessas pessoas jurídicas, desde que tenham diversos estabelecimentos (ex.: agências, escritórios de representação, etc. – art. 75, § 1.º, CC).

Término

A existência da pessoa jurídica (sociedades e associações) termina:

- pela dissolução deliberada de seus membros (extinção convencional), por unanimidade e mediante distrato. É ressalvado o direito de terceiros e da minoria. Se a minoria desejar a continuidade da sociedade, impossível será sua dissolução amigável, a menos que o contrato contenha cláusula que preveja a extinção por maioria simples. No entanto, se a minoria tentar extinguir, não conseguirá;
- por morte de seus membros (extinção natural);
- quando a lei determinar;
- em virtude de ato do governo – extinção administrativa (ex.: o DL 9.085/46 prevê a dissolução das sociedades perniciosas; o DL 314/67 reprime as organizações de tipo militar sem autorização legal);
- pelo decurso do prazo, se constituída por prazo determinado;
- pela falta de pluralidade de sócios, se a sociedade simples não for reconstituída no prazo de 180 dias;
- por dissolução judicial.

Grupos despersonalizados

Nem todo grupo que objetiva um fim é dotado de personalidade jurídica. Grupos com essa característica constituem um conjunto de direitos e obrigações, de pessoas e bens, sem personalidade jurídica, mas com **capacidade processual**, dentre eles:

- **Sociedades irregulares e de fato (não personificadas)** – Não foram registradas.
- **Massa falida** – É uma instituição criada por lei para exercer os direitos do falido e para agir contra ele. Não é sujeito de direitos, não podendo contrair obrigações; o administrador judicial a representa ativa e passivamente.

- **Espólio** – É o conjunto de direitos e obrigações do *de cujus*, ou seja, uma simples massa patrimonial deixada pelo autor da herança. Não é pessoa jurídica, não tendo nenhuma personalidade. O inventariante prestará compromisso legal e irá representar ativa e passivamente em juízo ou fora dele, os interesses do espólio.

Desconsideração da pessoa jurídica

A pessoa jurídica é capaz de direitos e obrigações, **independentemente de seus membros**, com os quais não tem vínculo, sem qualquer ligação com a vontade individual das pessoas físicas que a compõem. Os componentes apenas responderão por débitos **dentro dos limites do capital social**, ficando a salvo o patrimônio individual.

Segundo Maria Helena Diniz (*Curso de Direito Civil brasileiro*), em razão dessa exclusão de responsabilidade dos sócios, a pessoa jurídica, por vezes, se desvia de seus princípios e fins, cometendo fraudes e desonestidades, provocando reação na doutrina e jurisprudência. Visando a coibir tais abusos, surgiu a figura da **despersonalização ou desconsideração da pessoa jurídica ou penetração na pessoa física** (*disregard of the legal entity*). Com isso, alcançam-se pessoas e bens que se escondem dentro de uma pessoa jurídica para fins ilícitos ou abusivos.

Tal instituto permite ao juiz não mais considerar os efeitos da personificação da sociedade para atingir e vincular responsabilidades dos sócios, com o intuito de impedir a consumação de fraudes e abusos cometidos, desde que causem prejuízos e danos a terceiros. Dessa forma, os bens particulares dos sócios podem responder pelos danos causados a terceiros. Nosso atual Código Civil acolheu tal princípio, prescrevendo:

> Art. 50 – Em caso de abuso da personalidade jurídica caracterizado pelo desvio de finalidade, ou pela confusão patrimonial, pode o juiz decidir, a requerimento da parte, ou do Ministério Público, quando lhe couber intervir no processo, que os efeitos de certas e determinadas obrigações sejam estendidas aos bens particulares dos administradores ou sócios da pessoa jurídica.

Também o Código de Defesa do Consumidor prevê tal instituto em seu artigo 28, § 5.º.

Como se trata de medida excepcional, tem-se entendido que a desconsideração da personalidade jurídica (ou superação episódica da personalidade jurídica) somente pode atingir os bens da pessoa que incorreu na prática do ato irregular, após a observância dos parâmetros exigidos pela lei.

Subsiste ainda, o princípio da autonomia subjetiva da pessoa jurídica, distinta da pessoa de seus sócios, mas tal distinção é afastada nas hipóteses previstas na lei (Maria Helena Diniz, *Curso de Direito Civil Brasileiro*). Não se retirou a personalidade jurídica, mas apenas a desconsidera em determinadas situações. Como evolução da desconsideração da personalidade jurídica, tem-se adotado a teoria da sucessão de empresas, pela qual, nos casos em que ficar patente a ocorrência de fraude, poderá o magistrado estender as responsabilidades de uma empresa para outra – denominadas empresa sucedida e sucessora, respectivamente.

Em Resumo

Sujeitos de Direitos: as Pessoas

Pessoa natural (física)

1. **Conceito** – Ser humano considerado como sujeito de obrigações e direitos. Toda pessoa é capaz de direitos e deveres na ordem civil (art. 1.º, CC).

2. **Personalidade** – Conjunto de capacidades da pessoa – direitos de personalidade (arts. 11 a 21, CC).
   a) Início: nascimento com vida – resguardo dos direitos do nascituro.
   b) Individualização:
   - Nome – Reconhecimento da pessoa na sociedade.
   - Estado – Posição na sociedade.
   - Domicílio – Lugar da atividade social (arts. 70 a 78, CC); domicílio necessário (art. 76, CC).

   c) Fim:
   - Morte real – Extingue.
   - Morte civil – Não mais existe – resquícios = deserdação.
   - Morte presumida – Efeitos patrimoniais e alguns pessoais.
   - Ausência – Sucessão provisória e definitiva (arts. 22 a 39, CC).

   d) Comoriência: presunção de morte simultânea de duas ou mais pessoas (art. 8.º, CC).

3. **Capacidade**
   - **de direito**: própria de todo ser humano;
   - **de fato**: exercício dos direitos.

Absolutamente incapazes
- **a)** menores de 16 anos;
- **b)** pessoas com enfermidade ou deficiência mental sem discernimento;
- **c)** pessoas que, mesmo por causa transitória, não puderem exprimir a vontade.

Relativamente incapazes
- **a)** maiores de 16 e menores de 18 anos;
- **b)** ébrios habituais, viciados em tóxico e os que por deficiência mental tenham discernimento reduzido;
- **c)** excepcionais sem desenvolvimento completo;
- **d)** pródigos.

Índios – Legislação especial.

Os absolutamente incapazes são representados e os relativamente são assistidos por seus representantes legais.

Capacidade plena: maiores de 18 anos e emancipados

4. **Emancipação** – Concessão dos pais, sentença do juiz, casamento, emprego público efetivo, colação de grau e estabelecimento civil ou comercial com economias próprias (art. 5.º e parágrafo único, CC).

Pessoa jurídica (moral ou **coletiva)** – arts. 40 a 69, CC – A lei empresta-lhe personalidade, capacitando-a para ser sujeito de direitos e obrigações.

Classificação

1. **Direito Público**

a) Externo
- Outros países
- Santa Sé
- Organismos internacionais (ONU, OEA)

b) Interno
- Administração direta
  - União
  - Estados membros
  - Distrito Federal
  - Territórios
  - Municípios
- Administração indireta
  - Autarquias
  - Associações públicas
  - Fundações públicas

2. **Direito Privado**

a) Espécies
- fundações particulares;
- partidos políticos;
- organizações religiosas;
- associações (sem fins econômicos);
- sociedades simples ou empresárias (a diferença está no objeto): nome coletivo, comandita simples, conta de participação, sociedade limitada, sociedade anônima (sempre empresária) e comandita por ações. Incluem-se as empresas públicas e as sociedades de economia mista.

b) Início
- ato constitutivo;
- registro público.

c) Domicílio
- diretoria e administração (art. 75, CC);
- foro de eleição: escolhido no contrato.

d) Término: dissolução, lei, prazo, falta de pluralidade, judicial.

e) Grupos despersonalizados: sociedades de fato ou irregulares, massa falida, espólio, etc.

Responsabilidade
- Público (regra): responsabilidade objetiva.
- Privado (regra): responsabilidade subjetiva.

Desconsideração da pessoa jurídica (*disregard of the legal entity*) – Atinge e vincula responsabilidades dos sócios, com o intuito de impedir abusos e a consumação de fraudes (art. 50, CC).

3

Objeto do Direito: os Bens

Conceito de bens

Alguns autores conceituam **coisa** como tudo o que pode satisfazer uma necessidade do homem. Já **bem** designa a coisa material útil ao homem quando economicamente valorável e suscetível de apropriação. Dessa forma, **coisa** seria gênero (tudo que existe na natureza) e **bem**, espécie (que proporciona ao homem uma utilidade, sendo suscetível de apropriação). Os bens são coisas, porém nem todas as coisas são bens. Outros autores fornecem conceitos completamente inversos de bem e coisa.

Certo é que o Código Civil anterior não fazia a distinção entre bem e coisa, usando-os como sinônimos. O Código atual utiliza apenas o termo **bem**.

Do ponto de vista do Direito, "**bens** são valores materiais ou imateriais que podem ser objeto de uma relação de direito" (Monteiro, Washington de Barros, *Curso de Direito Civil*).

Toda relação jurídica entre dois sujeitos tem por objeto um bem, sobre o qual recaem direitos e obrigações. Embora nosso Código Civil não faça distinção, é importante a classificação doutrinária dos bens em:

- **Corpóreos**, **materiais** ou **tangíveis** – Possuem existência física; são os percebidos pelos sentidos (ex.: imóveis, jóias, carro, dinheiro).
- **Incorpóreos**, **imateriais** ou **intangíveis** – Têm existência abstrata e não podem ser percebidos pelos sentidos (ex.: propriedade literária, o direito do autor, a propriedade industrial – marcas e patentes –, fundo de comércio).

Na prática, os bens corpóreos são objeto de contrato de compra e venda e os bens incorpóreos, de contrato de cessão (transferência a outrem), mas ambos integram o patrimônio de uma pessoa. Os bens incorpóreos diferem também dos corpóreos porque **não** podem ser objeto de usucapião.

Classificação legal dos bens

De acordo com o Código Civil, os bens podem ser divididos em diferentes classes, visando a facilitar o estudo, aproximando os que apresentam um elemento comum.

Bens considerados em si mesmos

BENS IMÓVEIS OU MÓVEIS (*Arts. 79 a 81, CC*)

Imóveis – São aqueles que não podem ser removidos ou transportados de um lugar para outro sem sua destruição (Beviláqua, Clóvis, *Código Civil comentado*). São divididos em:

a) **Por natureza** – O solo e tudo quanto se lhe incorporar naturalmente (árvores, frutos pendentes), mais adjacências (espaço aéreo, subsolo). Ressalte-se que a propriedade do solo abrange o espaço aéreo e o subsolo. O dono do solo será, também, o dono do subsolo, para construção de passagens, garagens subterrâneas, porões, adegas, etc. No entanto, essa regra pode sofrer algumas limitações. Pelo artigo 176 da Constituição Federal, os **recursos minerais e hídricos** constituirão propriedade distinta da do solo, para efeito de exploração ou aproveitamento, ficando sob o domínio da União. A pesquisa e a lavra de recursos minerais e o aproveitamento dos potenciais somente poderão ser efetuados mediante autorização ou concessão da União. Todavia, a própria Constituição garante ao dono do solo a participação nos resultados da lavra.

b) **Por acessão física, industrial ou artificial** ("acessão" quer dizer aumento, acréscimo de uma coisa a outra) – Tudo quanto o homem incorporar permanentemente ao solo, não podendo removê-lo sem destruição, modificação ou dano (ex.: sementes plantadas, edifícios, construções – pontes, viadutos). Não perdem o caráter de imóvel:
   - edificações que, separadas do solo, mas conservando sua unidade, forem removidas para outro local;
   - materiais provisoriamente separados de um prédio, para nele se reempregarem.

c) **Por acessão intelectual** – Aqueles que foram utilizados intencionalmente para exploração industrial, aformoseamento e comodidade. Constituem os bens móveis que foram imobilizados pelo proprietário. Trata-se de uma ficção jurídica (ex.: máquinas, tratores, veículos, animais). O novo Código Civil não acolhe mais essa divisão, seguindo a doutrina moderna sobre o tema, preferindo qualificar como **pertença** a coisa que deve ser colocada a serviço do imóvel e não da pessoa (o tema será mais bem analisado adiante). Podem ocorrer na hipoteca, que abrange os bens móveis dentro de um imóvel (ex.: hipotecar uma fazenda juntamente com os bois). A imobilização não é definitiva nesse caso; o bem poderá voltar a ser móvel, por mera declaração de vontade.

d) Por disposição legal – Para que possam receber melhor proteção jurídica, são considerados bens imóveis:
- os direitos reais sobre os imóveis (ex.: propriedade, usufruto, uso, habitação, servidão, enfiteuse);
- o penhor agrícola e as ações que o asseguram;
- o direito a sucessão aberta, ainda que a herança seja formada apenas por bens móveis. É considerada aberta a sucessão no instante da morte do *de cujus*; a partir daí, os herdeiros poderão ceder seus direitos hereditários, considerados como imóveis;
- as jazidas e as quedas-d'água com aproveitamento para energia hidráulica, consideradas bens distintos do solo onde se encontram (arts. 20, IX, e 176, CF).

Móveis – São aqueles que podem ser removidos ou transportados de um lugar para outro, por força própria ou estranha, sem alteração da substância ou da destinação econômico-social (Beviláqua, Clóvis, *op. cit.*). Classificam-se em:

a) Por natureza – Coisas corpóreas que se podem transportar sem dano, por força própria (**móveis semoventes** – bois, cavalos, carneiros, animais em geral) ou por força alheia (**móveis propriamente ditos** – carros, cadeiras, livros, jóias, etc.). Os materiais de construção, enquanto não forem nela empregados, são bens móveis.

b) Por antecipação – A vontade humana mobiliza bens imóveis segundo a finalidade econômica (ex.: árvores, frutos, pedras e metais aderentes ao imóvel são imóveis; separados para fins humanos, tornam-se móveis).

c) Por determinação legal – Direitos reais sobre bens móveis e as ações correspondentes (ex.: propriedade, usufruto). São eles:
- direitos e obrigações e as ações respectivas;
- energia elétrica ou qualquer outra que tenha valor econômico (prevista também no artigo 155, § 3.º, Código Penal), assim como gás canalizado;

- direitos autorais;
- propriedade industrial – direitos oriundos do poder de criação e invenção (patentes de invenção, marcas de indústria);
- quotas e ações de sociedades.

Observação *– Os* ***navios*** *e* ***aeronaves*** *são bens móveis* sui generis. *Apesar de móveis (podem ser transportados de um local para outro), são tratados pela lei como imóveis, necessitando de* ***registro especial*** *e admitindo* ***hipoteca****. O navio tem nome e o avião, marca. Ambos possuem nacionalidade. Podem ter projeção territorial no mar e no ar (território ficto). Alguns autores os consideram* quase pessoa jurídica, *por se constituírem em um centro de relações e interesses, como se fossem sujeitos de direitos, embora não tenham personalidade jurídica.*

Conseqüências práticas:

- **Forma de aquisição**
  - **Imóveis** – Registro ou transcrição do título da escritura pública no Cartório de Registro de Imóveis.
  - **Móveis** – Tradição (entrega do bem), usucapião, achado de tesouro, ocupação (assenhoramento do bem: caça, pesca, invenção), etc.
- **Necessidade de outorga**
  - **Imóveis** – Não podem ser alienados, hipotecados, etc. por **pessoa casada** sem a **outorga** (anuência) do outro cônjuge, exceto na separação absoluta de bens. A outorga pode ser **marital** – marido concede à mulher – ou **uxória** – mulher concede ao homem (*uxor* = mulher casada).
  - **Móveis** – Não necessitam de outorga. Assim, a mulher pode vender seu carro, jóias, ações de uma sociedade anônima sem autorização do marido.
- **Prazos de usucapião** – Os prazos para aquisição de propriedade imóvel por usucapião são, em regra, maiores *(veja, no capítulo 8, o tópico "Propriedade imóvel", p. 191)*.
- **Direitos reais** – Regra: para imóveis, hipoteca; para móveis, penhor.

BENS INFUNGÍVEIS OU FUNGÍVEIS (*Art. 85, CC*)

Infungíveis – Não podem ser substituídos por outros do mesmo gênero, qualidade e quantidade. São bens personalizados, individualizados (ex.: imóveis, carros, um quadro famoso).

Fungíveis – Podem ser substituídos por outros do mesmo gênero, qualidade e quantidade (ex.: uma saca de arroz, uma resma de papel, dinheiro).

Todos os **bens imóveis** são personalizados (possuem registro), daí serem todos **infungíveis**.

Já os **bens móveis** são, em regra, bens **fungíveis**, mas podem também ser infungíveis (ex.: o cavalo de corrida Furacão ou o cavalo de passeio Sossego, quadro pintado por Renoir, os veículos automotores – pois possuem número de chassi, de motor, etc. que os personalizam).

A fungibilidade pode ser da natureza ou da vontade das partes. Uma moeda ou um selo são bens fungíveis. Podem, no entanto, se tornar infungíveis para um colecionador. Uma cesta de frutas é fungível, mas pode se tornar infungível se emprestada para ornamento (*comodatum ad pompam vel ostentationes*).

A **obrigação de fazer** pode ser **infungível** (ex.: contrato de "Z", pintor famoso, para pintar um quadro; a atuação de "Z" é personalíssima – no caso de recusa, revolve-se em perdas e danos) ou **fungível** (pode ser realizada por qualquer pessoa; ex.: engraxar sapato, pintar uma parede).

Conseqüências práticas:

- O **mútuo** é um contrato que se refere ao empréstimo apenas de coisas fungíveis; o **comodato**, um contrato de empréstimo gratuito de coisas infungíveis; e a **locação**, um empréstimo oneroso de bens infungíveis.
- O credor de coisa infungível não pode ser obrigado a receber outra coisa, ainda que mais valiosa (art. 313, CC).
- A compensação efetua-se entre dívidas líquidas, vencidas e de coisas fungíveis entre si.

Esses temas serão abordados no capítulo 5, "Direito das Obrigações".

BENS CONSUMÍVEIS OU INCONSUMÍVEIS (*Art. 86, CC*)

Consumíveis – São bens móveis cujo uso importa na destruição imediata da própria coisa. Admitem apenas um uso (ex.: cigarro, giz, dinheiro, gasolina, gêneros alimentícios). Há bens que são consumíveis conforme a destinação. Os livros (a princípio inconsumíveis) expostos em uma livraria são consumíveis, pois a destinação é a venda.

Inconsumíveis – São os que proporcionam **reiterados usos**, permitindo que se retire toda a sua utilidade, sem atingir sua integridade (ex.: vestido, sapato, automóvel, casa).

Quando alguém empresta algo (ex.: frutas) para uma exibição, devendo restituir o objeto, o bem permanece inconsumível até sua devolução (*ad pompam vel ostentationem*). A consumptibilidade não decorre da natureza do bem, mas da destinação econômico-jurídica.

Não se deve confundir **fungibilidade** com **consumptibilidade**. Um bem pode ser consumível e ao mesmo tempo infungível (ex.: partitura de um compositor famoso colocada à venda), assim como inconsumível e fungível (ex.: uma picareta).

BENS DIVISÍVEIS OU INDIVISÍVEIS (*Arts. 87 e 88, CC*)

Divisíveis – São os que podem se partir em porções reais e distintas, formando cada qual um todo perfeito (ex.: papel, quantidade de arroz, milho). Se uma saca de arroz for dividida, cada parte conservará as qualidades do produto.

Indivisíveis – São os que não podem ser partidos em porções, pois deixariam de formar um todo perfeito (ex.: uma jóia, um anel, uma régua, um par de óculos).

A **indivisibilidade** pode ser por:

- **natureza**, como um cavalo vivo, um quadro, etc.;
- **determinação legal**, como servidões prediais, módulo rural, lotes urbanos, hipoteca, etc.;
- **vontade das partes** – o bem era divisível e se tornou indivisível por contrato.

As **obrigações** podem ser **divisíveis** ou **indivisíveis** segundo a natureza das respectivas prestações. O condômino de coisa divisível poderá alienar sua parcela a quem quiser; se o bem for indivisível, não poderá vendê-lo a estranho se o outro comunheiro o quiser (direito de preferência). Se o bem for divisível, na extinção de condomínio, cada comunheiro receberá seu quinhão; se indivisível, ante a recusa dos condôminos de adjudicá-lo a um só deles (indenizando os demais), o bem será vendido e o preço repartido entre eles.

BENS SINGULARES OU COLETIVOS (*Arts. 89 a 91, CC*)

Singulares – São os bens que, embora reunidos, se consideram de *per si*, independentemente dos demais (ex.: um cavalo, uma casa, um carro, uma jóia), ou seja, em sua individualidade. Os bens singulares podem ser **simples**, cujas partes formam um todo homogêneo (ex.: pedra, cavalo, folha de papel), ou **compostos**, que têm suas partes ligadas artificialmente pelo homem (ex.: materiais de construção em uma casa, navio).

Coletivos (ou universais) – Encerram-se agregados em um todo. São os constituídos por vários bens singulares, considerados em seu conjunto, formando um todo único. As **universalidades**, segundo Maria Helena Diniz (*Curso de Direito Civil brasileiro*), podem apresentar-se como:

- **Universalidade de fato** – Conjunto de bens singulares, corpóreos e **homogêneos**, ligados entre si pela vontade humana. Por exemplo: alcatéia (lobos), cáfila (camelos), biblioteca (livros), pinacoteca (quadros), hemeroteca (jornais e revistas), panapaná (borboletas), etc. Acrescenta o Código Civil que esses bens devem ser pertinentes à mesma pessoa e ter **destinação unitária**.
- **Universalidade de direito** – Conjunto de bens singulares, corpóreos e **heterogêneos** ou até incorpóreos, a que a norma jurídica, com o intuito de produzir certos efeitos, dá unidade. Por exemplo: patrimônio (conjunto de relações da pessoa incluindo posse, direitos reais, obrigações e ações correspondentes), espólio (a herança, o patrimônio – direitos e deveres – deixado pelo falecido que se transmite aos herdeiros), estabelecimento comercial, massa falida, etc.

Nas coisas coletivas, se houver o desaparecimento de todos os indivíduos, menos um, ter-se-á a extinção da coletividade, mas não o direito sobre o que sobrou.

Bens reciprocamente considerados (*Arts. 92 a 97, CC*)

PRINCIPAIS - São os bens que existem por si, abstrata ou concretamente, independentemente de outros (ex.: o solo, um crédito, uma jóia). Exercem função e finalidade de forma independente de outra coisa.

ACESSÓRIOS - São os bens cuja existência pressupõe a de um principal (ex.: uma árvore em relação ao solo, um prédio em relação ao solo, a cláusula penal, os juros, os frutos).

Em regra, o bem acessório segue o principal (salvo disposição especial em contrário). Por essa razão, quem for o proprietário do principal será também do acessório; a natureza do principal será a do acessório. Trata-se do princípio da gravitação jurídica (um bem atrai o outro para a sua órbita, comunicando-lhe seu próprio regime jurídico). Isso também se aplica aos contratos: se o contrato principal for nulo, nula também será a fiança, que é cláusula acessória. O credor que tem direito de receber uma coisa pode reclamar seus acessórios. São bens acessórios:

Frutos – Utilidades que a coisa produz periodicamente; nascem e renascem da coisa e sua percepção mantém intacta a substância do bem que as gera (Beviláqua, Clóvis, *op. cit.*). Os frutos podem ser classificados em:

- **naturais** – própria força orgânica da coisa (ex.: frutas, animais, ovos);
- **industriais** – engenho humano (ex.: produção de uma fábrica);
- **civis** (ex.: juros, aluguéis, dividendos).

Além disso, podem ser: **pendendes** (ligados à coisa que os produziu), **percebidos** (já separados), **estantes** (armazenados em depósito), **percipiendos** (deveriam ser, mas não foram percebidos) e **consumidos** (já não existem mais).

Produtos – Utilidades que se extraem da coisa, alteram a substância desta, com a diminuição da quantidade até seu esgotamento, porque não se reproduzem (ex.: pedras de uma pedreira, minerais de uma jazida – carvão mineral –, lençol petrolífero).

Pertenças – Bens que, não constituindo partes integrantes, se destinam, de modo duradouro, ao uso, ao serviço ou ao aformoseamento de outro (ex.: moldura de um quadro, acessórios de um carro). "Pertença" vem do latim *pertinere* (pertencer, fazer parte de). É acessório, depende economicamente de outra coisa. É necessário para caracterizar: vínculo intencional (material ou ideal), duradouro, estabelecido por quem faz uso da coisa e colocado a serviço da utilidade do principal. Segundo a regra do artigo 94 do Código Civil, os negócios jurídicos que dizem respeito ao bem principal não abrangem as pertenças, salvo se o contrário resultar da lei ou da vontade das partes. Portanto, em relação às pertenças, nem sempre se pode usar o adágio de que "o acessório segue o principal". Assim, quando se tratar de negócio que envolva transferência de propriedade, é conveniente que as partes se manifestem expressamente sobre os acessórios, evitando situações dúbias (ex.: quando vende um carro, o vendedor deve mencionar se o equipamento de som está incluso no negócio).

Acessões (de modo implícito) – Referem-se ao aumento do valor ou do volume da propriedade em razão de forças externas, fatos eventuais ou fortuitos (ex.: formação de ilhas, aluvião, avulsão, abandono de álveo, construções de obras e plantações). Não são indenizáveis.

Benfeitorias – Obras ou despesas que se fazem em um bem móvel **ou** imóvel, para conservá-lo, melhorá-lo ou embelezá-lo. Dividem-se em:

- **Necessárias** – Têm por fim conservar ou evitar que o bem se deteriore (ex.: reforços em alicerces, restauração de assoalhos, reforma de telhados, substituição de vigamento podre, desinfecção de pomar).
- **Úteis** – Aumentam ou facilitam o uso da coisa (ex.: garagem, edículas, instalação de aparelho hidráulico moderno).
- **Voluptuárias** – São as de mero embelezamento, recreio ou deleite, não aumentando o uso da coisa (ex.: uma pintura artística, ajardinamento, piscina, churrasqueira).

Relevância jurídica da distinção das benfeitorias – Na posse, o possuidor de boa-fé tem direito à indenização das benfeitorias necessárias e úteis. Caso não indenizadas, cabe direito de retenção pelo valor destas. Quanto às voluptuárias, não lhe serão indenizadas, mas pode levantá-las, sem detrimento da coisa. Ao possuidor de má-fé serão ressarcidas somente as benfeitorias necessárias. No entanto, a Lei 8.245/91 (sobre locações), em seu artigo 35, permite que o locatário renuncie a tais benefícios.

Deixam de ser bens acessórios e passam a ser principais os seguintes bens:

- a pintura em relação à tela;
- a escultura em relação à matéria-prima;
- a escritura ou qualquer trabalho gráfico em relação à matéria-prima.

Bens considerados em relação ao titular do domínio

Tal classificação refere-se aos sujeitos a que **pertencem** os bens.

BENS PARTICULARES - São os que pertencem às pessoas físicas ou pessoas jurídicas de direito privado.

RES NULLIUS - São coisas de ninguém, coisas sem dono (ex.: animais selvagens em liberdade, pérolas no fundo do mar, peixes no mar, conchas na praia, tesouros, as coisas abandonadas – *res derelictae*). Os bens imóveis nunca serão *res nullius*.

BENS PÚBLICOS (*RES PUBLICAE*) - São os que pertencem a uma entidade de Direito Público interno: União, Estados, Distrito Federal, Territórios, Municípios, autarquias, etc.

Observação – *Atualmente os autores referem-se também aos **bens difusos**, sendo seu exemplo típico o meio ambiente, protegido pelo artigo 225 da Constituição Federal. Essa proteção visa a assegurar a sadia qualidade de vida dos cidadãos (cf. Piva, Rui Carvalho,* Bem ambiental*).*

Classificação - Os bens públicos são classificados em (art. 99, CC):

a) **Bens de uso comum do povo** – Destinam-se à utilização do público em geral; podem ser usados sem restrições por todos, sem necessidade de permissão especial (ex.: praças, jardins, ruas, estradas, mares, rios, praias). Não perdem a característica de uso comum se o Estado regulamentar seu uso ou torná-lo oneroso (ex.: pedágio nas rodovias).

b) **Bens de uso especial** – São os imóveis (edifícios ou terrenos) utilizados pelo próprio Poder Público para a execução de serviço público (ex.: prédios onde funcionam tribunais, escolas públicas, secretarias, ministérios). Têm **destinação especial** (*afetação*).

c) **Dominicais** (ou **dominiais** – *dominus* = relativo ao domínio, senhorio) – São os bens que constituem o patrimônio disponível da pessoa jurídica de Direito Público. Abrangem bens móveis e imóveis, como, por exemplo:
   - **Terrenos de marinha** (e acrescidos) – São os terrenos banhados por mar, lagoas e rios (públicos) onde se faça sentir a influência das marés. Estão compreendidos na faixa de 33 metros para dentro da terra medidos à linha de preamar média. Pertencem à União.
   - **Mar territorial** – Compreende a faixa de 12 milhas marítimas, de propriedade da União. Há, ainda, a **zona econômica exclusiva** (12-200 milhas), onde o Brasil tem direitos de soberania exclusivos, para fins de exploração econômica, preservação ambiental e pesquisa científica.
   - **Terras devolutas** – São terras que, embora não destinadas a um uso público específico, ainda se encontram sob domínio público. São terras não aproveitadas. Em regra, pertencem aos Estados, que podem passá-las para os Municípios; serão da União se indispensáveis à segurança nacional.
   - **Outros bens considerados dominicais** – Estradas de ferro, títulos da dívida pública, ilhas formadas em mares territoriais e rios públicos navegáveis, quedas-d'água, jazidas e minérios, terras indígenas, sítios arqueológicos, etc.

Os bens públicos de uso comum do povo e os de uso especial são bens do domínio público do Estado. Os dominicais são do domínio privado do Estado. Os bens públicos dominicais podem, por determinação legal, ser convertidos em bens públicos de uso comum ou especial.

Características - Segundo Helly Lopes Meirelles (*Direito Administrativo brasileiro*), são características dos bens públicos:

- **Inalienabilidade** – Os bens públicos não podem ser vendidos, doados ou trocados, desde que destinados ao **uso comum do povo ou ao uso especial**, ou seja, enquanto tiverem **afetação pública** (art. 100, CC). Os bens públicos dominicais podem ser alienados, observadas as exigências legais (ex.: uma praça pública não poderá ser vendida enquanto tiver esta destinação – uso comum do povo). Caso contrário, o Município poderá, por lei, alienar o terreno, desde que o faça em hasta pública **ou** por meio de concorrência administrativa.

- **Impenhorabilidade** – Impede que o bem passe do devedor ao credor por força de execução judicial (adjudicação ou arrematação). Também não pode recair hipoteca.
- **Imprescritibilidade (usucapião)** – A Constituição Federal proíbe a aquisição, por usucapião, de bens públicos.
- **Conversão** – Os bens públicos dominicais podem ser convertidos em bens de uso comum ou especial. **Afetação** é o ato pelo qual um bem passa da categoria de bem do domínio privado do Estado para a categoria de bem do domínio público.

Coisas fora do comércio

Em sentido técnico, **comércio** é a possibilidade de compra e venda, doação, ou seja, liberdade de circulação.

Os bens que se acham no comércio podem ser alienados e adquiridos livremente. Os que estão fora não podem ser transferidos de um acervo patrimonial a outro.

São considerados fora do comércio os bens:

- **insuscetíveis de apropriação** – aqueles de uso inexaurível (ex.: ar, luz solar, água do alto-mar); são chamados de **coisas comuns**;
- **personalíssimos** (ex.: vida, honra, liberdade, nome);
- **legalmente inalienáveis** – aqueles que, apesar de suscetíveis de apropriação, preleciona Maria Helena Diniz (*Curso de Direito Civil brasileiro*), têm sua comercialidade excluída pela lei para atender a interesses econômico-sociais, defesa social e proteção de certas pessoas. Alguns exemplos:
  - bens públicos (uso comum do povo e uso especial – art. 100, CC);
  - bens das fundações (arts. 62 a 69, CC);
  - terras ocupadas pelos índios (art. 231, § 4.º, CF);
  - bens de menores (art. 1.691, CC);
  - terreno onde foi construído um edifício de condomínio por andares, enquanto persistir o regime condominial (art. 1.331, § 2.º);
  - bens de família;
  - bens gravados com cláusula de inalienabilidade.

Bem de família (*Arts. 1.711 a 1.722, CC*)

CONCEITO - **Bem de família** é um instituto do Direito Civil pelo qual se vincula o destino de um prédio para ser domicílio ou residência de sua família; originou-se no Direito americano (*homestead*). O governo da então República do Texas, com o objetivo de fixar famílias em suas vastas regiões, promulgou um ato em 1839 garantindo a cada cidadão determinada área de terra, isenta de penhora. No Brasil, podem os **cônjuges ou entidade familiar** (famílias legítimas ou uniões estáveis entre homem e mulher), mediante escritura pública ou testamento, destinar parte de seu patrimônio (desde que **não ultrapasse um terço do patrimônio líquido**) para instituir o bem de família. É necessário que seja **imóvel residencial** (rural ou urbano, com seus acessórios), não havendo limite de valor. Admite-se que também sejam gravados valores mobiliários, cuja renda será aplicada na conservação do imóvel e no sustento da família.

CONSEQÜÊNCIAS - Com a instituição do bem, o prédio se torna **inalienável**, **impenhorável** e **isento** de execuções por **dívidas posteriores** à instituição, **salvo** as que provierem de:

- tributos relativos ao prédio (ex.: IPTU);
- despesas de condomínio.

Para se constituir um bem de família, são necessários escritura pública e registro no Cartório de Registro de Imóveis, além de publicação na imprensa local, para ciência de terceiros. A condição para que se faça essa instituição é que inexistam ônus sobre o imóvel, bem como dívidas anteriores. É nula a instituição se for feita com fraude contra credores.

A instituição se mantém até que ambos os cônjuges faleçam. Se restarem filhos menores de 18 anos, mesmo falecendo os pais, perdura até que todos os filhos atinjam a maioridade. Falecendo um dos consortes, o imóvel não entrará em inventário nem será partilhado enquanto viver o outro. Se este também falecer, deve-se esperar a maioridade de todos os filhos. O prédio entrará em inventário para ser partilhado apenas quando a cláusula for eliminada.

A dissolução da sociedade conjugal não extingue o bem de família.

Bem de Família	
Código Civil	**Lei 8.009/90**
1. Ato voluntário. Reserva de um terço do patrimônio.	1. Constituição imediata. Residência da família.
2. Depende de registro em cartório.	2. Depende de prova para sua aplicação.
3. Acarreta inalienabilidade e impenhorabilidade.	3. Acarreta somente impenhorabilidade.
4. Exceções: condomínio e dívidas tributárias que recaem sobre o bem.	4. Exceções previstas no artigo 3.º.

ALIENAÇÃO - Somente haverá a alienação do bem de família instituído quando houver anuência dos dois consortes **e** de seus filhos, quando houver; havendo filhos, o juiz designará um curador especial e consultará o Ministério Público. A cláusula poderá ser levantada apenas por **mandado judicial** (mandado de liberação), justificado o **motivo relevante**. O bem que foi solenemente instituído pela família como domicílio desta não pode ter outro destino. Se houver menores impúberes, a cláusula não poderá ser eliminada, salvo no caso de **sub-rogação** (substituição da coisa; transferência das qualidades de uma coisa para outra) em outro imóvel para a moradia da família.

IMPENHORABILIDADE - Pela Lei 8.009/90, que dispõe sobre a impenhorabilidade do bem de família, este passou a ser o imóvel residencial (rural ou urbano) próprio do casal ou da entidade familiar, **independentemente** de inscrição no Cartório de Registro de Imóveis. Caso a pessoa não tenha imóvel próprio (ex.: locação), a impenhorabilidade recai sobre os bens móveis quitados que guarneçam a residência e que sejam da propriedade do locatário, o que se estende aos equipamentos de uso profissional. Se o casal ou entidade familiar possuir vários imóveis, a impenhorabilidade recairá sobre o de **menor valor** (salvo se outro tiver sido registrado).

É importante **não confundir** bem de família (voluntário o instituído – arts. 1.711 e 1.722, CC) com impenhorabilidade do único imóvel do casal (legal ou automático – Lei 8.009/90). No primeiro caso, trata-se de afetação de bem imóvel para certa finalidade, tornando-o impenhorável (**exceto** por **impostos** do próprio imóvel e **condomínio**), inalienável e insuscetível de ser inventariado ou partilhado; no segundo, de mera impenhorabilidade, não tornan do o imóvel inalienável nem isento de inventário e partilha.

Exceções - Os bens de que trata a Lei 8.009/90 **não responderão por dívidas** civis, mercantis, fiscais, trabalhistas, etc., **salvo** se o processo de execução for movido em razão de: crédito de trabalhadores da própria residência; hipoteca; financiamento; cobrança de impostos devidos em função do imóvel; condomínio; pensão alimentícia; bem adquirido com produto de crime; fiança em locação.

Bens gravados com cláusula de inalienabilidade

São aqueles que se tornam inalienáveis pela vontade humana, por meio de uma cláusula **temporária** ou **vitalícia**, nos casos previstos em lei, por ato *inter vivos* (ex.: doação) ou *causa mortis* (ex.: pai, percebendo que seu filho vai dilapidar o patrimônio, faz testamento, com essa cláusula especial, a fim de que os bens não saiam do patrimônio do filho, protegendo esses bens do próprio filho, impedindo que os atos de irresponsabilidade ou má administração possam levá-lo à insolvência). O artigo 1.911 do Código Civil determina que "a cláusula de inalienabilidade, imposta aos bens por ato de liberalidade, implica impenhorabilidade e incomunicabilidade". Atualmente essa cláusula tem valor restrito, pois o testador deverá declinar expressamente a justa causa para essa sua decisão (art. 1.848, CC).

Em Resumo

Objeto do Direito: os Bens

Conceito – São as coisas (materiais ou imateriais) enquanto economicamente valoráveis, satisfazendo a necessidade humana.

Classificação legal

1. **Bens considerados em si mesmos** (arts. 79 a 91, CC)
   a) **Imóveis** – Não podem ser removidos ou transportados de um lugar para outro, sem sua destruição. **Móveis** – Podem ser transportados de um lugar para outro, por força própria (semoventes) ou estranha, sem alteração de sua substância.
   b) **Infungíveis** – Não podem ser substituídos por outros do mesmo gênero, qualidade e quantidade. **Fungíveis** – Podem ser substituídos por outros do mesmo gênero, qualidade e quantidade.
   c) **Inconsumíveis** – Proporcionam reiterados usos, permitindo que se retire toda a sua utilidade, sem atingir sua integridade. **Consumíveis** – São bens móveis cujo uso importa na destruição imediata da própria coisa. Admitem apenas um uso.
   d) **Divisíveis** – Podem ser partidos em porções reais e distintas, formando cada qual um todo perfeito. **Indivisíveis** – Não podem ser partidos em porções, pois deixariam de formar um todo perfeito.
   e) **Singulares** – São os que, embora reunidos, se consideram de *per si*, independentemente dos demais. **Coletivos** (ou **universais**) – São as coisas que se encerram agregadas em um todo.

2. **Bens reciprocamente considerados** (arts. 92 a 97, CC)
   a) **Principais**.
   b) **Acessórios** (regra: acessório segue o principal). Espécies: frutos, produtos, rendimentos e benfeitorias, que se classificam em necessárias (conservação do bem), úteis (facilitam o uso) e voluptuárias (embelezamento).

3. **Bens considerados em relação ao titular do domínio** (arts. 98 a 103, CC)
   a) **Particulares**.
   b) ***Res nullius*** – Coisas de ninguém (ex.: peixes no fundo do mar, coisas abandonadas).

c) **Públicos** – Uso comum do povo (rios, mares, estradas, ruas, etc.), uso especial (hospitais e escolas públicas, secretarias, ministérios, etc.) e dominicais (patrimônio disponível das pessoas de Direito Público: terras devolutas e terrenos de marinha).

Observação

Os bens públicos de uso comum do povo e os de uso especial são inalienáveis, enquanto conservarem sua qualificação. Os bens públicos dominicais podem ser alienados, observadas as exigências da lei.

3. **Coisas fora do comércio**
   a) **Insuscetíveis de apropriação** – Uso inexaurível (ar, luz solar, etc.).
   b) **Personalíssimas** (vida honra, liberdade, etc.).
   c) **Legalmente inalienáveis**.

4. **Bem de família** (arts. 1.711 a 1.722, CC; Lei 8.009/90) – impenhorabilidade do único imóvel).

5. **Bens gravados com cláusula de inalienabilidade** (art. 1.911, CC).

4

Atos e Fatos Jurídicos – Negócio Jurídico

As relações jurídicas têm como fonte geradora os **fatos jurídicos**. Há sempre um fato que antecede o surgimento de um direito subjetivo. Fato é um evento, um acontecimento. Os fatos jurídicos podem ser conceituados como os acontecimentos, previstos em norma de Direito, em razão dos quais nascem, se modificam, subsistem e se extinguem as relações jurídicas (Monteiro, Washington de Barros, *Curso de Direito Civil*).

Os fatos jurídicos são classificados em: a) **fato jurídico natural** (sentido estrito): ordinário; extraordinário; b) **fato jurídico humano:** ato jurídico em sentido amplo ou voluntário (ato jurídico em sentido estrito; negócio jurídico); ato ilícito ou involuntário: civil, penal, administrativo.

Fato jurídico natural (sentido estrito)

Segundo Maria Helena Diniz (*Curso de Direito Civil brasileiro*), fato jurídico natural (ou fato jurídico *stricto sensu*) é o acontecimento independente da vontade humana que produz efeitos jurídicos, criando, modificando ou extinguindo direitos. Pode ser classificado em:

- **Ordinário** – Morte, nascimento, maioridade, decurso de tempo que juridicamente se apresente sob a forma de prazo (intervalo de dois termos), usucapião, prescrição e decadência.
- **Extraordinário** (ou **irresistível**) – Caso fortuito (causa desconhecida – ex.: explosão de uma caldeira em uma usina) ou força maior (conhece-se a causa, fato da natureza – ex.: raio que provoca incêndio). Há imprevisibilidade. Em ambos os casos, configuram-se **inevitabilidade** do evento e **ausência de culpa** pelo ocorrido.

Prescrição e decadência como fato jurídico

As obrigações jurídicas não são eternas. Fundados na necessidade de estabilidade social, da certeza do direito e de que as relações jurídicas não se prorroguem indefinidamente, surgiram os institutos da **prescrição** e da **decadência**. A prescrição e a decadência são causas extintivas decorrentes do não exercício de um direito durante determinado prazo. Inércia e decurso de prazo são seus elementos comuns (*dormientibus non succurrit jus* – o direito não socorre aos que dormem). Segundo Clóvis Beviláqua, prescrição é a perda da ação atribuída a um direito e de toda a sua capacidade defensiva, em conseqüência do não-uso dela por certo espaço de tempo.

Na vigência do Código anterior, falava-se que prescrição era a perda do direito de ação. Conceitua-se o direito de ação como "um direito subjetivo público e abstrato dirigido ao Estado e não à parte contrária". Assim, por coerência aos ensinamentos processuais, o atual Código consolidou a idéia de que a prescrição não atinge a ação propriamente dita, mas apenas a **pretensão**. Isso porque pode-se ingressar com uma ação, mesmo prescrita, e ser possível sair-se vitorioso, desde que a outra parte não alegue a prescrição.

Evitando discussões doutrinárias e indicar que não se trata de direito subjetivo público abstrato de ação, o atual Código adotou a tese da prescrição da **pretensão**. Violado um direito, nasce para seu titular uma pretensão (o prazo prescricional só se inicia no momento em que é violado o direito). Se este ficar inerte, tem como pena a **perda dessa pretensão** por via judicial. É uma sanção ao titular do direito violado (que foi negligente), não visando a proteger o lesante. Pelo princípio da *actio nata*, a prescrição extingue tanto o direito de ação como o de exceção (acepção usada como meio de defesa aplicável contra as pretensões). Segundo o artigo 190, "a exceção prescreve no mesmo prazo em que a pretensão".

Pela prescrição, perde-se o direito de ajuizar a ação, ou seja, o direito de resolver a pendência judicialmente. Todavia, o direito em si permanece incólume, só que sem proteção jurídica para solucioná-lo. Tanto assim que, se alguém pagar uma dívida prescrita, não pode pedir a devolução da quantia paga. Isso porque existia o direito de crédito, que não foi extinto pela pretensão. **O direito prescrito converte-se em obrigação natural**, isto é, **sem proteção judicial**.

O Código Civil atual apresenta uma inovação, disciplinando, **expressamente**, a decadência nos artigos 207 a 211. Com a decadência, extingue-se o próprio direito existente, de modo que nada mais resta. Se alguém paga débito abrangido pela decadência, tem direito à restituição, porque não mais existe o direito de crédito.

DISPOSIÇÕES GERAIS SOBRE PRESCRIÇÃO

Renúncia (*art. 191, CC*) – A renúncia à prescrição pode ser expressa ou tácita. Só pode ser feita **após** a consumação da prescrição (depois de decorrido o prazo). A lei não admite a renúncia prévia. Não pode, igualmente, ser feita em prejuízo de terceiro.

Alegação (*art. 193, CC*) – A prescrição pode ser alegada em qualquer fase do processo, mesmo em grau de recurso pela parte a que aproveita. Não é cabível na fase de liquidação em processo em fase de execução, nem em fase de liquidação da sentença.

Efeitos – **a)** Particulares não podem declarar imprescritível um direito. **b)** Os prazos prescricionais não podem ser alterados, reduzidos ou aumentados por particulares por acordo de vontades. **c)** Antes de consumada, é irrenunciável.

Pessoas a quem aproveita – A prescrição pode ser alegada e aproveita tanto às pessoas físicas como às jurídicas. A prescrição iniciada contra uma pessoa continua a correr contra seu sucessor (art. 196). Prescrevendo o direito principal, prescrevem os acessórios.

Declaração de ofício (*ex officio*) – Um juiz, no curso de uma ação judicial, pode reconhecer a prescrição desta ação, mesmo que a outra parte não tenha alegado, ou seja, mesmo que não tenha sido provocado para decidir a respeito? Digamos que uma eventual ação já esteja prescrita. Eu já tenho ciência deste fato e entro com esta ação mesmo assim. O juiz percebe que ocorreu a prescrição. Pode o juiz reconhecer a prescrição sem que a mesma tenha sido alegada (chamamos isso de declaração *ex officio*)? O entendimento era de que o juiz não podia suprir, de ofício, a alegação de prescrição, salvo se favorecesse a pessoa absolutamente incapaz. Era o que dispunha o artigo 194 do CC. Se a outra parte não alegasse a prescrição, o juiz estaria entendendo que houve renúnica tácita da prescrição. Portanto, não poderia reconhecê-la sem ser provocado, sem que houvesse pedido da parte contrária.

No entanto, a Lei 11.280, de fevereiro de 2006. revogou o artigo 194, ou seja, atualmente não há impedimento algum ao juiz, que poderá declarar a prescrição de uma ação, independentemente de requerimento da outra parte. E não somente na hipótese de favorecer a pessoa absolutamente incapaz, como anteriormente.

Requisitos da prescrição – **a)** Existência de ação judicial exercitável. **b)** Inércia do titular da ação (não exercício). **c)** Continuidade dessa inércia durante certo lapso de tempo. **d)** Ausência de algum fato ou ato a que a lei confira eficácia impeditiva, suspensiva ou interruptiva de curso prescricional.

Causas impeditivas, suspensivas e interruptivas – Em princípio, uma vez exigível o direito subjetivo, surge a pretensão. A partir daí, começa a correr o prazo prescricional. A lei prevê situações em que o prazo nem sequer inicia seu fluxo, ainda que já surgida a pretensão (causas impeditivas); ou que suspendem o curso da prescrição já iniciada (causas suspensivas); ou, até mesmo, fazem com que o prazo reinicie (causas interruptivas).

- **Causas impeditivas** (arts. 197, I a III, 198, I, e 199, I e II, CC) – São as circunstâncias que **impedem** que o curso prescricional se inicie. Assim, não corre prescrição: a) entre os cônjuges na constância da sociedade conjugal; se o casamento se der após o prazo ter-se iniciado, é caso de suspensão; b) entre ascendentes e descendentes durante o poder familiar; c) entre tutelados ou curatelados e seus tutores ou curadores durante a tutela ou curatela; d) contra os absolutamente incapazes; e) pendendo condição suspensiva *(veja "Elementos acidentais", na p. 76)*; f) não estando vencido o prazo; g) quando a ação se originar de fato que deva ser apurado no juízo criminal, não correrá a prescrição antes da respectiva sentença definitiva (art. 200, CC).
- **Causas suspensivas** (arts. 198, II e III, e 199, III, CC) – São as circunstâncias que **paralisam** temporariamente o curso prescricional. Superado o fato, a prescrição continua a correr, computado o prazo decorrido antes do fato. Causas que suspendem a prescrição: a) contra os ausentes do Brasil em serviço público da União, dos Estados e dos Municípios; b) contra os que estejam servindo nas Forças Armadas, em tempo de guerra; c) pendendo ação de evicção (perda da propriedade para terceiro em virtude de ato jurídico anterior e de sentença judicial); d) ocorrência de fato que torne uma pessoa capaz absolutamente incapaz (ex.: tornou-se louco após o início do prazo).

Observação – *As causas suspensivas e as impeditivas têm o mesmo regime jurídico. Apenas fazem cessar temporariamente o curso da prescrição.*

- **Causas interruptivas** (arts. 202 a 204, CC) – São as que **inutilizam** a prescrição iniciada, de modo que seu **prazo recomeça** a correr por inteiro da data do ato que a interrompeu. A interrupção depende, em regra, de um comportamento do credor, que deve mostrar interesse no exercício ou proteção do direito. A prescrição é interrompida:

- pelo despacho do juiz, mesmo incompetente, que ordenar a citação, se o interessado a promover no prazo e na forma da lei processual (art. 219, CPC: " A citação válida torna prevento o juízo, induz litispendência e faz litigiosa a coisa; e, ainda quando ordenada por juiz incompetente, constitui em mora o devedor e **interrompe a prescrição**"); assim, há certa conflitância entre o Código Civil (o despacho do juiz) e o Código de Processo Civil (a citação em si); a doutrina vem tentando harmonizar os dispositivos, prevalecendo a tese de que a interrupção se dá com a citação, porém, com efeito retroativo à data da propositura da ação, desde que obedecidos os prazos fixados na lei processual;
- por protesto judicial e cambial destinado a prevenir a responsabilidade, a prover a conservação e ressalva de direitos ou a manifestar qualquer intenção de modo formal; constitui o devedor em mora;
- pela apresentação do título de crédito em juízo de inventário ou em concurso de devedores; a habilitação do credor em inventário, na falência ou nos autos de insolvência civil é comportamento que demonstra a intenção de interromper a prescrição;
- por qualquer ato judicial que constitua em mora o devedor (ex.: interpelação judicial, notificação judicial, ação pauliana);
- por qualquer ato inequívoco, ainda que extrajudicial, que importe reconhecimento do direito do devedor (ex.: pagamento de uma parcela do débito, pedido de prorrogação de prazo).

***Observação** – A **interrupção da prescrição** no Direito Civil só poderá se dar **uma vez** (art. 202, CC).*

A prescrição pode ser interrompida ou suspensa: a) pelo próprio titular do direito em via de prescrição; b) por quem legalmente o represente; c) por terceiro que tenha legítimo interesse (credores, herdeiros).

São reflexos da interrupção da prescrição: a) a interrupção da prescrição por um credor não aproveita aos outros, a não ser que sejam solidários; b) a interrupção efetuada contra um co-devedor não prejudica aos demais devedores, a não ser que estes sejam solidários; c) a interrupção da prescrição contra o principal devedor interrompe também o prazo prescricional contra o fiador.

Prazos - O prazo da prescrição é o espaço de tempo que decorre entre seus termos inicial e final. O Código Civil optou por um critério simplificado de dez anos para o prazo prescricional geral, tanto para as ações pessoais como para as reais, salvo quando a lei não lhe tenha fixado prazo menor (art. 205, CC).

O **prazo ordinário** (ou **comum**) é de dez anos em ações pessoais ou reais, alusivas ao patrimônio do titular da pretensão; os **prazos especiais** são mais exíguos, para possibilitar o exercício de certos direitos (art. 206, §§ 1.º a 5.º, CC).

Destacam-se como mais importantes:

- dois anos quanto à pretensão para haver prestações alimentares, a partir da data em que se vencerem;
- três anos quanto à pretensão de reparação civil;
- três anos quanto à pretensão para haver o pagamento de título de crédito, a contar do vencimento (ressalvadas as disposições de lei especial).

Ações imprescritíveis - A prescritibilidade é a regra; a imprescritibilidade, a exceção. São **imprescritíveis** as ações que versem sobre:

- os direitos da personalidade, como a vida, a honra, o nome, a liberdade, a intimidade, a própria imagem, as obras literárias, artísticas ou científicas, etc.;
- o estado da pessoa, como filiação, condição conjugal, cidadania, etc. (ex.: o filho nascido fora de um casamento pode mover ação de investigação de paternidade a qualquer momento; não há prescrição para isso);
- o direito de família no que concerne à questão inerente à pensão alimentícia, vida conjugal, regime de bens, etc.;
- ações referentes a bens públicos de qualquer natureza.

DISPOSIÇÕES GERAIS SOBRE DECADÊNCIA

Objeto - O objeto da decadência é o direito que, por determinação legal ou por vontade humana (unilateral ou bilateral), está subordinado à condição de exercício em certo espaço de tempo, sob pena de caducidade. Exercido o direito, afasta-se a decadência, uma vez que esta se dá quando o direito não é exercido.

Argüição - A decadência pode ser argüida em qualquer estado da causa e em qualquer instância. O juiz deve decretá-la, mesmo sem provocação das partes (*ex officio*), no momento em que a detectar. É irrenunciável (*ex vi legis*). Há um interesse social em ver extinto o direito pelo seu não exercício no prazo previsto em lei. Tem-se entendido que, em que pese a revogação do artigo 194 do Código Civil, o juiz não pode reconhecer a decadência de ofício se a mesma for estipulada convencionalmente, isto porque foram os próprios contratantes (e não a lei) que estabeleceram o prazo decadencial para o exercício do direito (art. 211, CC).

Espécies - A decadência pode ser: a) **legal** (quando o prazo estiver previsto na lei); ou, b) **convencional** (quando sua previsão decorrer de uma cláusula pactuada pelas partes em um contrato – ex.: prazo para o exercício do direito de arrependimento previsto em um contrato). Lembre-se que é nula a renúncia à decadência legal, pois é matéria de ordem pública (art. 209, CC).

Efeitos - O efeito da decadência é a **extinção do direito** em decorrência de inércia de seu titular para seu exercício, extinguindo-se, indiretamente, a ação.

O prazo decadencial corre contra todos. Nem mesmo aquelas pessoas contra as quais não corre a prescrição ficam livres de seu efeito, salvo no caso do artigo 198 do Código Civil, pois o prazo **não corre contra absolutamente incapazes**.

A decadência, em regra, não se suspende nem se interrompe e só é impedida pelo **efetivo** exercício do direito, dentro do lapso de tempo prefixado.

Os relativamente incapazes e as pessoas jurídicas têm ação contra seus assistentes ou representantes legais que derem causa à decadência ou não a alegarem oportunamente.

Prazos - Atualmente, os prazos prescricionais estão discriminados no artigo 206 do Código Civil. Logo, todos os demais prazos estabelecidos pelo Código são decadenciais. Exemplos:

- três dias para o exercício do direito de preempção (preferência) de coisa móvel, inexistindo prazo estipulado, contados da data em que o comprador tiver notificado o vendedor (art. 516);
- 30 dias, contados da tradição da coisa, para o exercício do direito de propor a ação em que o comprador pretende o abatimento do preço de bem móvel recebido com vício redibitório ou rescindir o contrato e reaver o preço pago, mais perdas e danos (art. 445) – ação estimatória;
- 90 dias para o consumidor obter o abatimento do preço de bem imóvel recebido com vício;
- 120 dias para a impetração de mandado de segurança;
- 180 dias para o condômino a quem não se deu conhecimento da venda haver para si a parte vendida a estranhos, depositando o valor corres-

Diferenças entre Prescrição e Decadência	
Prescrição	**Decadência**
É a perda do direito da pretensão (ação), pela inércia de seu titular.	*É a perda do próprio direito.*
1. Extingue apenas pretensão (ação). Não interfere no direito material.	1. Extingue o direito, atingindo, indiretamente, a ação.
2. Prazo estabelecido apenas pela lei.	2. Prazo estabelecido pela lei ou vontade das partes.
3. Atualmente pode ser declarada de ofício pelo juiz, mesmo nas ações patrimoniais. O art. 194 do CC foi revogado.	3. Na decadência decorrente de prazo legal, o juiz deve declará-la de ofício, independentemente de argüição.
4. A parte pode não alegá-la. É renunciável somente após a consumação. A renúnica pode ser explícita ou tácita, mas nunca em prejuízo de terceiro.	4. A decadência decorrente de prazo legal não pode ser renunciada pelas partes, nem antes nem depois de consumada.
5. Não corre contra determinadas pessoas (arts. 197 e 198, CC). Ex.: cônjuges, poder familiar, tutela, curatela, absolutamente incapazes.	5. Corre contra todos, em regra. Exceção: não corre contra os absolutamente incapazes.
6. Pode ser suspensa, interrompida ou impedida pelas causas previstas na lei.	6. Não se admite suspensão ou interrupção em favor daqueles contra os quais não corre prescrição. Só pode ser obstada sua consumação pelo exercício efetivo do direito ou da ação.
7. Prazo geral: 10 anos (art. 205, CC). Prazos especiais: 1, 2, 3, 4 e 5 anos (art. 206, CC).	7. Não há regra geral para os prazos. Podem ser de dias, meses e anos, previstos em dispositivos esparsos pelo Código.

pondente ao preço; para o direito de preferência, se a coisa for móvel, reavendo o vendedor o bem para si (art. 513, parágrafo único); para a anulação de casamento do menor quando não autorizado por seu representante legal, contados do dia em que cessou a incapacidade se a iniciativa for do incapaz, a partir do casamento se a proposta for do representante legal ou da morte do incapaz se a atitude for tomada por seus herdeiros necessários (art. 1.555, *caput* e § 1.º); para a anulação de casamento do incapaz de consentir, contados da data da celebração (art. 1.560, I); para a invalidação de casamento do menor de 16 anos, contados para o menor do dia em que perfez essa idade e para seus representantes legais da data do matrimônio (art. 1.560, § 2.º);

- um ano e um dia após a conclusão da obra para o proprietário exigir que se desfaça janela, sacada, terraço ou goteira sobre seu prédio (art. 1.302);
- dois anos para anular negócio jurídico, quando a lei não tiver estipulado prazo, contados da data da conclusão do ato (art. 179); para exercer o direito de preferência se a coisa for imóvel (art. 513, parágrafo único); para anular casamento se incompetente a autoridade celebrante (art. 1.560, II); para pleitear anulação de ato praticado pelo consorte sem a outorga do outro, contados do término da sociedade conjugal (art. 1.649).
- três anos para o vendedor de coisa imóvel recobrá-la, se reservou a si tal direito, mediante devolução do preço e reembolso das despesas do comprador (art. 505); para o exercício do direito de intentar ação de anulação de casamento, contados da data da celebração, em razão de erro essencial sobre a pessoa do outro cônjuge (art. 1.560, III).

Fato jurídico humano

Fatos jurídicos humanos são os acontecimentos que dependem da vontade humana, abrangendo tanto os atos lícitos como os ilícitos.

Dividem-se em:

- **Ato jurídico em sentido amplo** (ou **voluntário**) – Pode ser classificado em: a) **ato jurídico em sentido estrito (ou meramente lícitos)**, se objetivar a mera realização da vontade do agente (perdão, reconhecimento de filho, confissão, etc.); a vontade é importante para a realização do ato, mas não o é quanto à produção dos efeitos, que decorre de lei; b) **negócio jurídico**, se procura criar normas para regular interesses das partes, harmonizando vontades que, na aparência, parecem antagônicas (testamento, contrato, adoção, etc.) e que se subordinam às disposições comuns.
- **Ato ilícito** (ou **involuntário**) – É o ato que acarreta conseqüências jurídicas alheias à vontade do agente. O ato ilícito não é ato jurídico, pois este tem de ser lícito.

Ato jurídico em sentido estrito

O ato jurídico em sentido estrito gera conseqüências jurídicas previstas em lei, independentemente da vontade das partes interessadas, não havendo regulamentação da autonomia privada (cf. Diniz, Maria Helena, *Teoria Geral do Direito Civil*, v. I). Por exemplo: uma pessoa teve um filho fora do casamento. O pai quer apenas reconhecer o filho, mas, com o reconhecimento, surgem efeitos legais, **obrigatórios**, mesmo que não desejados pelo agente, como direito ao nome, poder familiar, obrigação de prestar alimentos, direitos sucessórios, etc. Assim, reconhecido um filho, os efeitos decorrentes do ato não dependem da vontade da pessoa que fez o reconhecimento, mas da lei.

Outros exemplos: ocupação *(veja, no capítulo 8, o tópico "Propriedade imóvel", p. 191)*; derrelição (abandono); fixação e transferência de domicílio; descoberta de tesouro; intimação, interpelação, notificação, confissão, etc.

Negócio jurídico

Negócio jurídico é uma espécie do gênero ato jurídico em sentido amplo. É toda ação humana, de **autonomia privada**, com a qual o particular regula por si os próprios interesses; há uma composição de interesses. É ato destinado à produção de efeitos jurídicos, desejados pelo agente e tutelados pela lei.

Distinção entre Ato Jurídico em Sentido Estrito e Negócio Jurídico

Não se deve confundir negócio jurídico com ato jurídico em sentido estrito. Este não é exercício de autonomia privada. Logo, o interesse objetivado não pode ser regulado pelo particular e sua satisfação se concretiza no modo determinado pela lei. Já no negócio jurídico, o fim procurado pelas partes baseia-se na autonomia da vontade privada. O negócio leva em consideração o fim procurado pela parte ou partes e a esse fim a ordem jurídica adapta os efeitos.

OBJETO - O negócio jurídico típico é o **contrato**. Em um contrato, as partes contratantes acordam que devem conduzir-se de determinado modo, uma em face da outra (ex.: contrato de locação, de compra e venda). O negócio jurídico é o principal instrumento que as pessoas têm para realizar seus interesses.

CLASSIFICAÇÃO - Os negócios jurídicos são assim classificados:

a) **Quanto à manifestação de vontade – 1. Unilaterais**: quando a declaração de vontade emana de uma ou mais pessoas, porém na mesma direção; o ato se aperfeiçoa com uma única manifestação de vontade (ex.: renúncia, desistência, promessa de recompensa); são subdivididos em **receptícios** – a declaração tem de se tornar conhecida do destinatário para produzir efeitos (ex.: revogação de mandato) – ou **não receptícios** – o conhecimento por parte de outra pessoa não tem relevância (ex.: testamento). **2. Bilaterais**: duas manifestações de vontade, em sentido oposto, porém coincidentes sobre o objeto (ex.: contratos). **3.**

Plurilaterais – contratos que envolvem mais de duas partes (ex.: contrato de sociedade com mais de dois sócios).

b) **quanto às vantagens** – 1. **gratuitos**: só uma das partes aufere vantagem (ex.: doação simples, comodato); 2. **onerosos**: ambos os contratantes possuem ônus e vantagens recícprocas (ex.: locação, compra e venda).

c) **Quanto ao tempo em que devam produzir efeitos** – ***1. Inter vivos:*** destinados a produzir efeitos durante a vida dos interessados (ex.: locação, compra e venda). ***2. Causa mortis:*** emitidos para a criação do direito após a morte do declarante (ex.: testamento, codicilo).

d) **Quanto à subordinação – 1. Principais:** aqueles que têm existência própria e não dependem de qualquer outro (ex.: compra e venda, locação). **2. Acessórios** – aqueles cuja existência é subordinada à do contrato principal (ex.: fiança, cláusula penal).

e) **Quanto às formalidades – 1. Solenes (formais)**: obedecem a uma forma prescrita em lei para se aperfeiçoarem (ex.: casamento, testamento). **2. Não solenes (forma livre):** a lei não reclama formalidades para seu aperfeiçoamento (ex.: locação, compra e venda de móveis).

f) **Quanto às pessoas – 1. Impessoais** – Não importa quem sejam as partes. ***2. Intuitu personae*** – o ato se realiza de acordo com as qualidades especiais de uma pessoa (ex.: outorgo mandato a pessoa de minha confiança; desejo ser operado por cirurgião de minha confiança).

ELEMENTOS CONSTITUTIVOS - Alguns elementos do negócio jurídico são chamados de **essenciais**, por constituírem elementos de existência e **validade**; outros, de **acidentais**, pois são requisitos de **eficácia** do negócio.

Elementos essenciais gerais - Os requisitos de validade do negócio são: capacidade do agente (elemento subjetivo), objeto lícito e possível (elemento objetivo) e forma prescrita ou não defesa em lei (art. 104, CC).

1. Capacidade do agente

Se todo negócio jurídico pressupõe uma declaração de vontade, a **capacidade do agente** é indispensável. Os artigos 3.º e 4.º do Código Civil apresentam o rol das pessoas absoluta ou relativamente capazes.

Assim, os absolutamente incapazes são **representados** em seus interesses por seus pais, tutores ou curadores. Os relativamente incapazes (embora possam participar pessoalmente dos negócios jurídicos) deverão ser **assistidos** pelas pessoas a quem a lei determinar. O ato praticado pelo absolutamente incapaz sem representação é **nulo**; o realizado pelo relativamente incapaz sem assistência, **anulável**. As pessoas jurídicas são representadas, ativa e passivamente, judicial e extrajudicialmente, por seus órgãos (pessoas naturais que exprimem sua vontade). Trata-se de uma **representação imprópria**.

2. Objeto lícito e possível, determinado ou determinável

Para que o negócio jurídico se repute perfeito e válido, deverá versar sobre objeto lícito, conforme a lei, não sendo contrário aos bons costumes, à ordem pública e à moral. Se ilícito o objeto, nulo será o negócio jurídico (ex.: compra e venda de objeto roubado). Além disso, deve ser possível. Se o negócio implicar prestações impossíveis, também será anulado; a impossibilidade pode ser jurídica ou física (ex.: venda de herança de pessoa viva, viagem de ida e volta à Lua em duas horas). Finalmente, deve ser o mesmo determinado ou, ao menos, determinável, ou seja, deve ser previamente conhecido e individualizado ou devem existir critérios que permitam sua futura individualização (indicação do gênero e quantidade, ainda que não seja mencionada a qualidade).

3. Consentimento

A manifestação de vontade exerce papel importante no negócio jurídico, sendo um elemento básico. É necessário que essa vontade seja expontânea, livre de qualquer vício. O consentimento pode ser **expresso** (se declarado por escrito ou verbalmente, mas de maneira explícita) ou **tácito** (se resultar de um comportamento do agente que demonstre, implicitamente, sua anuência), desde que o negócio, por sua natureza ou por disposição legal, não exija forma expressa. Assim, o **silêncio** pode importar em anuência, se as circunstâncias e os usos o autorizarem e não for necessária a declaração de vontade expressa (art. 111, CC). É o que acontece com a doação pura, onde o silêncio do beneficiário é considerado como aceitação.

Outro princípio básico relativo às declarações de vontade é de que se atenderá mais à **intenção** nelas consubstanciada do que ao sentido literal da linguagem (art. 112). Além disso, os negócios jurídicos devem ser interpretados conforme a **boa-fé** e os usos do lugar de sua celebração (art. 113). Trata-se de referência à boa-fé objetiva, que representa um dever de conduta das partes, de acordo com a lealdade, honestidade, confiança, etc. Finalmente, o artigo 114 estabelece que os negócios jurídicos benéficos e a renúncia interpretam-se estritamente.

Elementos essenciais especiais - Em regra, a vontade pode manifestar-se livremente, não havendo forma especial, podendo-se recorrer à palavra falada ou escrita, ao gesto e até ao simples silêncio. "A validade da declaração de vontade não dependerá de forma especial, senão quando a lei expressamente a exigir" (art. 107, CC). Todavia, em casos determinados, para maior segurança das relações jurídicas, a lei prescreve a observância de **forma especial**. Forma especial (ou solene) é o conjunto de solenidades que a lei estabelece como requisito para a validade de determinados atos jurídicos. Tem por finalidade garantir a autenticidade do ato, facilitando sua prova e assegurando a livre manifestação de vontade das partes (ex.: casamento, pacto antenupcial, adoção, compra e venda e doações de imóveis, testamento, hipoteca, enfiteuse). A desobediência à forma prevista torna o ato **nulo**.

Elementos acidentais - Os elementos acidentais do negócio jurídico são as cláusulas que se lhe acrescentam com o objetivo de modificar uma ou algumas de suas conseqüências naturais. São assim chamados porque o ato negocial se perfaz sem eles; sua presença é dispensável para a existência do negócio. Trata-se de declarações acessórias de vontade. São elementos acidentais: a condição, o termo e o encargo (arts. 121 a 137, CC).

1. Condição – Condição é a cláusula que subordina o efeito do ato jurídico a **evento futuro e incerto** (ex.: vendo meu carro, se ganhar na loteria). Antes de se realizar a condição, o ato é ineficaz. Os requisitos para a condição são a **futuridade** e a **incerteza**. O titular de direito eventual (seja a condição suspensiva ou resolutiva) pode exercer os atos destinados à conservação do direito (ex.: requerer inventário, pedir caução).

A condição pode ser assim classificada:

a) **Quanto à possibilidade – 1. Física e juridicamente possível:** pode ser realizada conforme as leis físico-naturais e as normas jurídicas. 2. **Física e juridicamente impossível** – não se pode efetivar por ser contrária à natureza (ex.: eu lhe darei um carro se você filtrar toda a água do mar) ou à ordem legal (ex.: eu lhe darei um carro se você renunciar à pensão alimentícia).

b) **Quanto à licitude – 1. Lícita**: não é contrária à lei, permitida pelo Direito. **2. Ilícita:** é condenada pela norma jurídica, pela ordem pública, pela moral e pelos bons costumes (ex.: eu lhe darei uma jóia se me deixar viver em adultério – ou: se você mudar de religião, não se casar).

c) **Quanto à participação dos sujeitos – 1. Casual**: depende de força maior ou acontecimento fortuito, ao acaso (ex.: eu lhe darei um anel de brilhantes se chover amanhã). **2. Potestativa**: decorre da vontade de uma das partes. Subdivide-se em: a) **puramente potestativa** – advém de um capricho ou arbítrio do proponente; decorre da vontade absoluta de uma das partes (ex.: eu lhe darei um carro se eu levantar o braço ou se eu quiser); é proibida (art. 122); b) **meramente** (ou **simplesmente**) **potestativa** – depende da prática de algum ato do contratante e de um fator externo (ex.: eu lhe darei uma jóia se você cantar bem; eu lhe pagarei quando revender a coisa, etc.); um dos contratantes tem poder sobre a ocorrência do evento, mas não absoluto, pois depende, ainda, de fatores ligados ao outro contratante. Nesse caso, a cláusula é válida.

d) **Quanto ao modo de atuação – 1. Suspensiva:** é aquela cuja **eficácia** do ato fica suspensa até o evento futuro e incerto; protela-se, temporariamente, a eficácia do negócio (ex.: dou-lhe um carro se você ganhar a corrida). Enquanto não se verifica a condição, ela é chamada de **pendente**. A ocorrência da condição recebe o nome de **implemento**. Quando a condição não é realizada, denomina-se **frustração**. Pendente a condição, não há direito adquirido, mas uma expectativa de direito ou direito eventual (ex.: Fulano doa a Sicrano um objeto sob uma condição suspensiva e, antes do implemento desta, Sicrano vende o bem a Beltrano; a venda é nula). Com o implemento da condição, aperfeiçoa-se o ato negocial de forma **retroativa**, desde a celebração (efeito *ex tunc*), exceto nos contratos reais (que necessitam da entrega ou do registro). **2. Resolutiva:** subordina a **ineficácia** do negócio jurídico a um evento futuro e incerto. É a condição cujo implemento extingue os efeitos do ato – resolver = extinguir (ex.: deixo de lhe dar mesada se você repetir de ano). Enquanto a condição não se realizar, vigorará o negócio jurídico. Verificada a condição, extingue-se o direito (ex.: cedo-lhe esta casa para nela você residir enquanto for solteiro; isso quer dizer que no dia em que se casar perderá o direito de usar a casa).

Condições não aceitas pelo nosso Direito:

- **Não se casar** – Não pode haver essa condição; porém, é aceita em certos casos (ex.: eu lhe darei uma casa se você não se casar com Paulo, ou se você casar com Leandro, ou se você permanecer em estado de viuvez).
- **Exílio ou morada perpétua em determinado lugar** – Contudo, nada impede a condição de que vá morar em outro lugar, como no interior do Estado.
- **Religião** – Condição para mudança de religião atenta contra a liberdade de consciência assegurada pela Constituição.
- **Profissão** – Não pode haver condição para que não se exerça profissão, mas sim para que se siga determinada profissão (ex.: se você se formar em Direito, eu lhe darei meu anel de grau).

- **Aceitação ou renúncia de herança** – Deve ser pura e simples, sem condições.
- **Reconhecimento de filhos, emancipação**, etc.

Observações

- *Reputa-se* ***verificada a condição*** *cujo implemento for maliciosamente obstado pela parte a quem desfavorecer; reputa-se* ***não verificada a condição*** *maliciosamente levada a efeito por aquele a quem aproveita seu implemento.*
- ***Invalidam os negócios jurídicos*** *as condições físicas e juridicamente impossíveis, quando suspensivas (art. 123, I, CC) e as condições ilícitas ou de fazer coisa ilícita (art. 123, II, CC).*
- *Consideram-se* ***inexistentes*** *as condições impossíveis, quando resolutivas, e as de não fazer coisa impossível (art. 124, CC).*
- *É preciso que não haja interferência maliciosa de qualquer dos interessados no desfecho da situação prevista. Se um dos contratantes interferir (dolosamente) na ocorrência do evento, para que ele se realize ou não, a penalidade é de que se considere realizado o fato no sentido oposto daquele pretendido pelo agente malicioso (art. 129, CC). Por exemplo: "Dou-lhe certa importância em dinheiro se o motorista chegar até o meio-dia". Se a parte aprisiona o motorista para que ele não chegue no horário previsto, reputa-se verificada a condição, pois esta foi maliciosamente obstada pela outra parte.*

2. Termo – Termo é o dia em que começa ou extingue a eficácia do negócio jurídico, subordinando-se a **evento futuro e certo** (embora a data

Diferenças entre Condição, Termo e Encargo		
Condição suspensiva	**Termo**	**Encargo**
1. Evento futuro e incerto.	1. Evento futuro e certo.	1. Impõe um ônus.
2. Enquanto não verificada, não se adquire o direito a que o ato visa.	2. Já se adquire o direito; apenas retarda seu exercício.	2. Não suspende a aquisição ou o exercício do direito.
3. Emprego da conjunção *se*.	3. Emprego da conjunção *quando*.	3. Emprego das locuções *para que*, *a fim de que*, *com a obrigação de*, *mas*, etc.
4. Pode ser aplicada a quaisquer atos.	4. Pode ser aplicado a quaisquer atos.	4. Aplica-se a atos de liberalidade (ex.: doação, herança).

possa ser indeterminada). Pode ser classificado em: **a) Inicial ou suspensivo** (***dies a quo***) – Fixa o momento em que a eficácia do negócio deve iniciar, retardando o exercício do direito (ex.: a locação terá início dentro de dois meses). O termo inicial não suspende a aquisição do direito, que surge imediatamente, mas só se torna exercitável com a superveniência do termo (**suspende o exercício, mas não a aquisição do direito**). O exercício do direito fica suspenso até o instante em que o acontecimento futuro e certo, previsto, ocorrer. **b) Final ou resolutivo** (***dies ad quem***) – Determina a data da cessação dos efeitos do negócio, extinguindo as obrigações (ex.: a locação terá prazo de cinco anos). **c) Certo** – Estabelece uma data do calendário (ex.: a locação terá início no dia 1.º de janeiro do próximo ano). **d) Incerto** – Refere-se a um acontecimento futuro, mas de data incerta (ex.: eu lhe darei um imóvel quando falecer seu pai – o evento é futuro e certo, pois a morte é sempre certa, porém a data é incerta).

3. Encargo ou modo – Encargo ou modo é a cláusula acessória, em regra, aderente a **atos de liberalidade** *inter vivos* (doação) ou *causa mortis* (herança, legado), que impõe um ônus ou uma obrigação à pessoa contemplada pelos referidos atos (ex.: dôo um terreno à municipalidade para que nele seja edificado um hospital; dou-lhe dois terrenos desde que em um seja construída uma escola).

O artigo 136 do Código Civil dispõe que o encargo não suspende a aquisição nem o exercício do direito (ex.: aberta a sucessão, o domínio e a posse dos bens transmitem-se desde logo aos herdeiros nomeados, com a obrigação de cumprir o encargo; se este não for cumprido, a liberalidade será revogada). Se o objeto for ilícito ou impossível, é tido como não escrito (art. 137, CC).

DEFEITOS DO NEGÓCIO JURÍDICO - Defeito é todo vício que macula o ato jurídico, tornando-o passível de anulação. Pode ser **grave** (vicia o ato de forma definitiva) ou **leve** (pode ser remediado pelo interessado). Segundo Maria Helena Diniz (*Curso de Direito Civil brasileiro*), se a vontade for inexistente, o negócio jurídico existe apenas na aparência, mas não no mundo jurídico, pois será **nulo** (ex.: pessoa que vende uma casa sob o efeito de hipnose, pois esta retira a consciência e a vontade).

Se, porém, existe a vontade, mas sem a correspondência com aquela que o agente quer exteriorizar, o negócio jurídico será viciado ou deturpado, tornando-se **anulável**, se no prazo decadencial de quatro anos for movida ação de anulação. São os **vícios de consentimento** (erro, dolo e coação, lesão e estado de perigo). Há desavença entre a vontade real e a declarada.

Existem outras hipóteses em que se tem uma vontade funcionando normalmente, havendo até correspondência entre a vontade interna e a manifestação, mas ela se desvia da lei ou da boa-fé, infringindo a lei e prejudicando terceiros; também são passíveis de **anulabilidade**. São os **vícios sociais** (fraude contra credores e simulação).

Erro ou ignorância (*arts. 138 a 144, CC*) - Erro é a noção falsa que se tem de um objeto ou de uma pessoa; ocorre quando o agente pratica o ato baseando-se em falso juízo ou engano – ou seja, ninguém o induz a erro; ele o comete por conta própria. **Ignorância** é o completo desconhecimento acerca do objeto. O Código Civil **equipara** o erro à ignorância quanto aos efeitos. O erro pode ser:

a) **Essencial** ou **substancial (escusável e real)** – Quando se refere à natureza do próprio ato; recai sobre circunstâncias e aspectos principais, relevantes do negócio. Pode ser classificado em: **1. no próprio negócio** (ex.: dou como empréstimo e a pessoa recebe como doação; quero vender, mas acabo doando); **2. sobre o objeto principal da declaração de vontade** ou sobre alguma qualidade a ele essencial – *error in corpore rei* – (ex.: pensa-se em comprar ouro e compra-se liga de cobre; compro cavalo de carga pensando ser puro-sangue). **3. sobre a qualidade essencial da pessoa:** identidade do outro cônjuge sobre sua honra, boa fama, etc. (ex.: casar-se com uma pessoa e depois descobrir que se trata de criminoso procurado, viciado em tóxicos); ignorância de defeito físico irremediável ou moléstia grave, transmissível; **testamento:** por exemplo, deixo legado para "X", que salvou minha vida, e depois descubro que foi "Z" e não "X" quem o fez (o erro quanto ao fim colimado ou por falsa causa só vicia a declaração de vontade quando expresso como razão determinante); **4. erro de direito** – aquele que influenciou de modo decisivo a declaração de vontade, tendo sido o principal ou o único motivo da realização do ato negocial, sem contudo importar em recusa à aplicação da lei (art. 139, III, CC), isto é, não pode recair sobre a norma cogente, mas tão-somente sobre normas dispositivas.

b) **Acidental** – Refere-se às qualidades secundárias ou acessórias da pessoa ou do objeto. Não vicia o ato; este continua válido, produzindo efeitos, por não incidir sobre a declaração de vontade (ex.: compro um carro de número de série diferente; compro uma casa pensando que tem quatro janelas, mas só tem três; doei um relógio a uma pessoa pensando ser ela solteira, mas é casada). Também o chamado erro de cálculo (inexatidão material) não é causa de anulação do negócio, mas de retificação (art. 143, CC).

"Ninguém pode se escusar de cumprir a lei alegando que não a conhece" (princípio da obrigatoriedade – *ignorantia legis neminem escusat*).

O erro, em regra, recai sobre uma situação de fato (o contrato, o objeto, a pessoa, etc.); é o **erro de fato** sobre uma situação concreta. Já o **erro de direito** é aquele que diz respeito à **existência** de uma norma jurídica, supondo-se que a lei não existe ou que não esteja em vigor (ex.: firmar um contrato de locação com base na lei antiga, pensando que ainda está vigorando). O erro deve ser de tal forma que, caso a verdade fosse conhecida, **o ato não seria realizado**. No entanto, o contratante que se achou em erro e promove a invalidade do contrato pode ser **condenado a ressarcir os danos** que causar à outra parte por não ter procedido com a diligência necessária ao prestar seu consentimento. Só o erro substancial, essencial, escusável, real **anula** o negócio jurídico.

Erro x vício rebiditório - O vício rebiditório, como veremos mais na frente, é o defeito oculto na coisa, que a torne imprópria para o uso a que se destina ou lhe diminua o valor. Não há qualquer erro no momento da celebração do negócio; o que há é um defeito no objeto (e não na vontade do adquirente), que não foi notado, já que oculto. No erro há engano por parte do adquirente; é um vício de ordem subjetiva, pois foi a vontade que foi viciada pela falsa percepção da realidade, não havendo vício no objeto.

Dolo (*Arts. 145 a 150, CC*) - Dolo é o artifício empregado para enganar alguém. Segundo Clóvis Beviláqua, no dolo, o agente emprega **artifícios**, manobras ardilosas ou maliciosas, para levar alguém à prática de um ato que o prejudica, beneficiando o autor do dolo ou terceiros. Requer *animus decipiendi* (vontade de enganar alguém). O dolo pode ser classificado em:

a) **Dolo principal**, **essencial** ou **substancial** (***dolus causam***) – Dá causa ao negócio jurídico, sem o qual ele não se teria concluído, acarretando, então, a **anulabilidade** do negócio jurídico. É preciso que haja uma relação de causa e efeito entre a indução do erro e a prática do negócio.

b) **Dolo acidental** (***dolus incidens***) – Leva a vítima a realizar o negócio, porém em condições mais onerosas, não afetando sua declaração de vontade. O negócio teria sido praticado de qualquer forma, embora de outra maneira. **Não anula o negócio**, apenas obriga a **satisfação de perdas e danos** ou uma redução da prestação acordada.

c) **Dolo bom** (***dolus bonus***) – É um comportamento tolerado nos meios comerciais. Consiste em reticências, exageros nas boas qualidades da mercadoria ou dissimulações de defeitos. É o artifício que não tem a finalidade de prejudicar ninguém. **Não é anulável**, desde que não venha a enganar o consumidor mediante propaganda abusiva.

d) **Dolo mau** (***dolus malus***) – Consiste em manobras astuciosas para enganar alguém e lhe causar prejuízo. **É anulável.** O dolo mau pressupõe: a) prejuízo para o autor do ato; b) benefício para o autor do dolo ou terceiro.

O dolo ainda pode ser **positivo** (ou **comissivo**) – ação dolosa, artifícios positivos (ex.: falsas afirmações sobre a qualidade da coisa) – ou **negativo** – omissão dolosa, ocultação de algo que a parte contratante deveria saber (ex.: seguro de vida omitindo doença grave e vem a falecer dias depois).

Observações

- ***Dolo x erro*** *– O* ***erro*** *deriva de um equívoco da própria vítima, sem que a outra parte tenha concorrido para isso; o* ***dolo*** *é intencionalmente provocado na vítima pelo autor.*
- ***Dolo recíproco*** *– Quando ambas as partes agem com dolo, configurando-se* ***torpeza bilateral****, ocorre a neutralização do delito. Não haverá anulação (*nemo propriam turpitudinem allegans*). O ato é válido.*
- *Não se admite invocação do dolo para se anular casamento.*

Coação (*Arts. 151 a 155, CC*) - Coação é a pressão física ou moral exercida sobre alguém para obrigá-lo a praticar determinado ato. Na coação o agente sofre intimação, oferecendo-se ao paciente duas alternativas: emitir declaração de vontade que não pretendia originalmente ou não fazê-lo e sofrer as conseqüências decorrentes da concretização da ameaça. Espécies (Pereira, Caio Mário da Silva, *Instituições de Direito Civil*):

a) **Coação física** (***vis absoluta***) – É o constrangimento corporal que retira toda a capacidade de querer, implicando **ausência total de consentimento**, acarretando nulidade do ato (ex.: amarrar a vítima, segurar sua mão e fazê-la assinar o contrato).

b) **Coação moral** (***vis compulsiva***) – Atua sobre a vontade da pessoa, sem aniquilar-lhe o consentimento, pois conserva ela relativa liberdade, podendo optar entre a realização do negócio que lhe é exigido e o dano com que é ameaçada (ex.: se não assinar o contrato, vou incendiar sua casa).

São requisitos para a anulação do negócio: causa determinante do negócio jurídico – nexo causal entre o meio intimidativo e o ato realizado pela vítima; **temor justificado**, como morte, cárcere privado, desonra, mutilação; o grau de ameaça deve ser apreciado pelo juiz; **dano iminente** – suscetível de atingir a vítima, sua família, seus bens, etc.; **dano grave** – ameaça grave, indeterminada ou impossível não é capaz de anular.

Observação *– O dano pode atingir pessoa não pertencente à família da vítima, hipótese em que o juiz decidirá, com eqüidade, se houve ou não a coação. A coação exercida por terceiro, ainda que dela não tenha ciência o contratante, vicia o negócio (anulável). Se a coação exercida por terceiro for previamente conhecida pela parte a quem aproveitar, esta responderá solidariamente com aquele por todas as perdas e danos (art. 154, CC).*

Excluem a coação: ameaça do exercício normal de um direito (ex.: se você não pagar a dívida, vou protestar o título e requerer sua falência; a pessoa que casa para extinguir ação penal, por ter mantido relações sexuais com menor de 16 anos, não poderá alegar coação); simples temor reverencial – o receio de desgostar os pais ou pessoas a quem se deve respeito e obediência é incapaz de viciar o negócio.

Estado de perigo (*Art. 156, CC*) - Configura-se o estado de perigo quando alguém, premido da necessidade de salvar-se, ou a pessoa de sua família, de **grave dano conhecido pela outra parte, assume obrigação excessivamente onerosa** (art. 156, CC). A vítima não errou, não foi induzida a erro ou coagida, mas, pelas circunstâncias de um caso concreto, foi compelida a celebrar um negócio extremamente desfavorável. Tratando-se de pessoa não pertencente à família do contratante, o juiz decidirá segundo as circunstâncias.

A pessoa temerosa de grave dano moral ou material (situação equiparada ao estado de necessidade, mas que com ele não se confunde) acaba assinando contrato, mediante prestação exorbitante (ex.: pai que, tendo filho seqüestrado, vende suas jóias por valor muito inferior ao do mercado; vítima de acidente automobilístico que assume obrigação exagerada para ser salva de imediato; venda de imóvel por valor ínfimo para poder pagar cirurgia de filho – exemplos mencionados por Maria Helena Diniz em *Curso de Direito Civil brasileiro*). É necessário que a pessoa que se beneficiou com o ato saiba da situação de desespero da outra pessoa.

A sanção é a **anulação** (arts. 171, II, e 178, II, CC – prazo de quatro anos). A anulação se dá pela ofensa ao senso de justiça que deve estar presente nos contratos em razão de sua função social; a parte agiu contra o princípio de boa-fé objetiva, pois se aproveitou da situação de necessidade para tirar vantagem do negócio.

Lesão (*Art. 157, CC*) - A lesão ocorre quando uma pessoa, sob premente necessidade ou por inexperiência, se obriga a prestação manifestamente desproporcional ao valor da prestação oposta. Decorre do **abuso** praticado em situação de desigualdade, punindo "cláusula leonina" e o aproveitamento indevido na realização do contrato (ex.: pessoa está em vias de ser despejada e, premida pela necessidade de abrigar sua família e não ver seus bens deixados ao relento, acaba realizando outro contrato por valor muito acima do mercado, negócio esse que, se tivesse condição de meditar, jamais faria). Aprecia-se a desproporção das prestações segundo os valores vigentes ao tempo em que o contrato foi celebrado. Requisitos: **objetivo** – manifesta desproporção entre as prestações recíprocas; **subjetivo** – dolo de aproveitamento, de necessidade, de inexperiência alheia ou de premente necessidade, levando a pessoa a realizar negócio prejudicial.

A sanção é a **anulação** (arts. 171, II, e 178, II, CC) – prazo de quatro anos.

Não se decretará a anulação do negócio se for oferecido suplemento suficiente ou se a parte favorecida concordar com a redução do proveito (**lesão especial** ou **qualificada**).

Diferença Básica entre Estado de Perigo e Lesão

Enquanto no **estado de perigo** o contratante, entre as conseqüências do **grave dano** que o ameaça e o pagamento de uma quantia exorbitante, opta pelo último (com a intenção de minimizar ou sanar o mal), na **lesão** o contratante, em razão de uma **necessidade econômica**, realiza negócio desproporcional; há uma situação de hipossuficiência de uma das partes e aproveitamento dessa circunstância pela outra.

Fraude contra credores (*Arts. 158 a 165, CC*) - Constitui fraude contra credores a prática maliciosa, pelo devedor, de atos que desfalcam seu patrimônio, com o fim de colocá-lo a salvo de uma execução por dívidas em detrimento dos direitos creditórios alheios (Serpa Lopes, *Curso de Direito Civil*). Ressalvadas as hipóteses de credores com garantia real (penhor, hipoteca e anticrese), os demais estão em idênticas condições no recebimento de seus créditos. Se o patrimônio do devedor não for suficiente para o pagamento de todos os credores, haverá um rateio (*par contditio creditoris*). E no caso do devedor praticar atos com a finalidade de frustar o pagamento devido, ou tendentes a violar a igualdade entre os credores, ocorrerá fraude contra os credores. Observe que não é a vontade que se encontra viciada: o vício reside na finalidade ilícita do ato (portanto, é um vício social).

Elementos: **1. Objetivo** (***eventus damni***) – Ato prejudicial ao credor, por tornar o devedor insolvente. **2. Subjetivo** (***consilium fraudis***) – Má-fé (intenção de prejudicar). São suscetíveis de fraude: **a) A título gratuito** – Doação de bens ou remissão (perdão) de dívidas. Basta a prática de um desses atos em estado de insolvência para se presumir a fraude. Não se exige má-fé. O ato pode ser **anulado** pelos credores quirografários. **b) A título oneroso** – Sai um valor do patrimônio do devedor (ex.: imóveis), mas entra outro (ex.: dinheiro). O ato é **anulável** se for notória a insolvência (ex.: já havia protestos contra o devedor) ou houver **presunção** (*juris tantum* – admite prova em contrário) de que dissipará o que recebeu (ex.: venda do único imóvel além do bem de família em data próxima do vencimento das obrigações e não há outros bens para solver o débito; parentesco próximo; amizade íntima; preço vil). Se o comprador não tinha como saber o estado de insolvência do vendedor (estava de boa-fé), não se anula o negócio (protege-se o comprador). **3. Pagamento antecipado das dívidas** – Por si só não é fraude. Contudo, se o devedor insolvente paga dívida ainda não vencida em detrimento de outras que já venceram, frustrando a igualdade entre os credores, há fraude.

Os atos eivados de fraude são **anuláveis** por meio de ação própria, chamada de **pauliana** (ou **revocatória** ou **reipersecutória**), que é uma ação **declaratória de ineficácia do negócio**. Deve ser proposta pelos credores quirografários (e que já o eram ao tempo da alienação fraudulenta) contra o devedor insolvente **e** também contra a pessoa que celebrou negócio jurídico com o fraudador ou contra terceiros adquirentes que tenham procedido de má-fé. O principal efeito dessa ação é revogar o negócio lesivo aos interesses dos credores, repondo o bem no acervo sobre o qual se efetuará o concurso de credores. O prazo decadencial para o ajuizamento da ação é de quatro anos a contar da celebração do negócio.

Distinção entre Fraude contra Credores e Fraude à Execução

Fraude à execução (ou de execução) é um instituto do Direito Processual Civil. Fraude contra credores constitui defeito no ato jurídico; fraude à execução, incidente processual. Esta ocorre quando, ao tempo da alienação do bem, já corria contra o devedor demanda capaz de reduzi-lo à insolvência. Na fraude à execução não precisa o credor mover ação pauliana, uma vez que o ato não é apenas anulável, mas ineficaz perante o processo de execução. A fraude à execução pode ser declarada ineficaz e reconhecida no próprio processo de execução. Os bens penhorados podem, em regra, ser vendidos, desde que o comprador tenha ciência e aceite o fato da penhora. Contudo, independentemente dessa venda, os bens penhorados continuam gravados e vinculados ao processo de execução.

Simulação (*Art. 167, CC*) - Simulação, segundo Clóvis Beviláqua, é a declaração enganosa da vontade, visando a obter resultado diverso do que aparece, com o fim de criar uma aparência de direito, para iludir terceiros ou burlar a lei (ex.: faço contrato de compra e venda objetivando, na verdade, fazer uma verdadeira doação). O novo Código Civil não trata mais a simulação como um defeito social, colocando-a em outro capítulo, referente à invalidade do negócio jurídico, que acarreta a **nulidade** do ato.

Na simulação há desacordo entre a vontade declarada e a vontade interna e não manifestada; as duas partes contratantes estão combinadas para iludir terceiros. As partes fingem, criando uma aparência, uma ilusão externa, que oculta a real intenção dos contratantes. A simulação vicia o ato quando houver intenção de prejudicar terceiros ou violar disposição de lei. A despeito do novo Código, Maria Helena Diniz (*Curso de Direito Civil brasileiro*) continua a classificá-la da seguinte forma:

a) **Absoluta** – A declaração enganosa de vontade exprime um negócio jurídico, mas não há intenção de realizar negócio jurídico algum (ex.: proprietário de uma casa alugada que, com a intenção de facilitar o despejo contra o inquilino, finge vendê-la a terceiro; emissão de título de crédito que não representa qualquer negócio feito por um dos cônjuges para prejudicar o outro na partilha em uma separação).
b) **Relativa** – Uma pessoa, sob a **aparência** de um negócio fictício, pretende realizar outro, que é o verdadeiro e diverso, no todo ou em parte, do primeiro. Há dois contratos: **1.** o **simulado** (aquele que se declara, mas não se quer); **2.** o **dissimulado** (aquele que traduz a vontade real das partes). O que a lei determina é que o negócio dissimulado será mantido, desde que válido na forma e na substância. Ex.: pai deseja doar um imóvel a um de seus filhos, mas não quer que esse bem seja trazido à colação quando de sua morte; simula, então, uma compra e venda. Nesse caso, se forem obedecidos os requisitos legais da doação (negócio dissimulado, pois essa era a real intenção do pai desde o início), ela será mantida. Note que esse bem deve sair da parte disponível do patrimônio do pai. Pelo artigo 167, § 2º, a simulação ainda pode ser: **1. subjetiva** (por interposta pessoa ou *ad personam*) – se a parte contratante não for o indivíduo que tira proveito do negócio; é o testa-de-

ferro, o homem-de-palha (ex.: pessoa vende objeto a outra para que esta o transmita a terceiro, sendo que a intenção era transferir para o terceiro desde o início); **2. objetiva** (ou simulação de conteúdo) – relativa à natureza do negócio pretendido, ao objeto ou a um dos elementos contratuais (ex.: doação de homem casado à amante, dando-se a aparência de compra e venda; passar escritura por preço inferior ao do negócio real para burlar o fisco; colocar data diversa em documento); **3. inocente** – quando não há intenção de violar a lei ou de lesar outrem, devendo ser tolerada (ex.: pai que simula venda a filho único, mas na verdade doou o bem; pessoa sem herdeiros necessários que simula venda a terceiro, a quem se pretende deixar um legado); **4. maliciosa** – quando o propósito é prejudicar terceiros ou burlar o comando legal, viciando o ato, que perderá a validade, sendo **nulo**.

A doutrina vem entendendo que o Código Civil não mais distingue a simulação inocente da maliciosa, pois ambas produzem o mesmo resultado: nulidade do negócio simulado.

Observações *– 1 – Estabelece o artigo 168 e parágrafo único do Código Civil que as nulidades do artigo 167 podem ser alegadas por qualquer interessado ou pelo Ministério Público. Devem ser pronunciadas pelo juiz, não lhe sendo permitido supri-las, ainda que a requerimento das partes. 2 – A nulidade do ato simulado não pode prejudicar terceiros de boa-fé que tenham negociado com um dos simuladores (art. 167, § 2º, CC).*

INEFICÁCIA DO NEGÓCIO JURÍDICO - Segundo a doutrina tradicional, o termo “ineficácia” (ou “invalidade”) é empregado para designar o negócio que não produz os efeitos desejados pelas partes. Abrange:

- **Inexistência** – Ato inexistente é o inidôneo à produção de efeitos jurídicos (ex.: compra e venda na qual não se estipulou preço ou não há objeto). Não é necessária a declaração da ineficácia por decisão judicial, porque o ato jamais chegou a existir; não se invalida o que não existe. Costuma-se dizer: ato inexistente é o nada.
- **Nulidade** – É a sanção imposta pela lei que determina a privação de efeitos jurídicos do ato negocial, praticado em desobediência ao que ela prescreve. Para que se possa declarar um negócio jurídico nulo ou anulável, é preciso que ele ao menos tenha entrado (embora com vícios) no mundo jurídico para surtir os efeitos manifestados. Duas são as espécies de nulidade: **1. Nulidade absoluta** – O ato não produz qualquer efeito

por ofender gravemente princípios de ordem pública. Absolutamente inválido, o ato não precisa ser anulado, pois já nasce nulo; o juiz somente o **declara** nulo, podendo fazê-lo de ofício (*ex officio*). A declaração de nulidade é uma penalidade ao desrespeito da norma. Os atos nulos não podem ser convalidados nem ratificados; não produzem efeito algum (ex.: venda de imóvel por contrato particular; venda realizada por absolutamente incapaz; objeto ilícito ou impossível). **2. Nulidade relativa** (ou **anulabilidade**) – O ato é anulável e, enquanto não for declarado tal pelo juiz, produz efeitos. A lei oferece aos interessados as **alternativas** de requerer sua anulação **ou** deixar que produza seus efeitos normalmente. A anulação só atinge os atos **após** a declaração de anulação. A parte precisa requerer a anulação; o juiz não reconhece de ofício. O ato pode ser convalidado e ratificado; os efeitos já produzidos permanecem válidos. O ato anulável prende-se a uma desconformidade que a norma considera menos grave, pois viola preceitos individuais, provocando uma reação menos extrema (ex.: venda realizada sob coação ou por pessoa relativamente incapaz sem assistência).

É **nulo** o ato: a) quando praticado por absolutamente incapaz (ex.: venda realizada por menor de 16 anos); b) quando o objeto for ilícito ou impossível (ex.: contrato para levar a Júpiter); c) quando não se revestir da forma prescrita em lei (ex.: pacto antenupcial feito por contrato particular); d) quando for preterida solenidade essencial (ex.: testamento sem testemunhas); e) quando o negócio jurídico for simulado (art. 167, CC) – no entanto, este subsistirá no que se dissimulou, se for válido na forma e substância; f) quando a lei o declarar nulo ou lhe negar efeito (ex.: casamento de pai com filha adotiva; g) cláusula que permite ao credor ficar com o imóvel hipotecado).

É **anulável** o ato: a) por incapacidade relativa do agente, sem assistência de seus representantes (ex.: venda feita por pródigo); b) por vício resultante de erro, dolo, coação, lesão, estado de perigo ou fraude contra credores (ex.: venda sob coação moral, com erro essencial, etc.); c) por falta de legitimação (ex.: venda de imóvel sem outorga do outro cônjuge); d) se a lei assim o declarar. Exs.: Art. 496 – É anulável a venda de ascendente para descendente, salvo se os outros descendentes e o cônjuge do alienante expressamente houverem consentido; Art. 550 – É anulável a doação do cônjuge adúltero ao seu cúmplice de adultério pelo outro cônjuge ou seus herdeiros, até dois anos depois de dissolvida a sociedade conjugal.

***Observação** – Sendo o negócio jurídico nulo ou anulável, é imprescindível a manifestação do Poder Judiciário a esse respeito.*

Diferenças entre Nulidade e Anulabilidade	
Nulidade	**Anulabilidade**
1. Interesse da coletividade; eficácia *erga omnes*.	1. Interesse do prejudicado; eficácia apenas para quem alegou, salvo no caso de indivisibilidade e solidariedade.
2. Argüida por qualquer interessado ou pelo Ministério Público.	2. Alegada somente pelo prejudicado.
3. Não pode ser suprida pelo juiz, que pode reconhecê-la de ofício.	3. Pode ser sanada pelo juiz, que não pode reconhecê-la de ofício.
4. Não se convalesce pelo decurso do tempo.	4. Pode se convalescer pelo decurso do tempo.
5. Em regra, não prescreve (exceções: quando a lei permitir, negócios de fundo patrimonial, etc.).	5. Prescreve em prazos mais ou menos exíguos ou em prazos decadenciais.
6. Efeito *ex tunc* (desde aquele momento). Retroage à data da celebração do negócio nulo.	6. Efeito *ex nunc* (de agora em diante). Não retroage. Declarado anulado o ato, opera efeitos a partir da anulação.

Regras comuns à nulidade e à anulabilidade:

- A nulidade parcial de um ato não prejudica a parte válida, se destacável (ex.: nulidade de cláusula de fiança não anula o contrato de locação).
- A nulidade relativa do instrumento não induz à do ato se este puder ser provado por outro meio (ex.: anulação de contrato de locação não anula a própria locação, que pode ser provada por recibos e testemunhas).
- A nulidade da obrigação principal implica a nulidade das acessórias; o contrário não (ex.: nulidade de cláusula em que se estabelece a locação residencial porque o locatário é menor invalida todas as outras cláusulas, inclusive a fiança).
- Tanto a nulidade como a anulabilidade aniquilam o ato. A situação deve retornar ao estado anterior; caso não seja possível se restabelecer à situação anterior, cabe indenização.

Obrigações contraídas por menores:

- As obrigações contraídas por menores entre 16 e 18 anos são anuláveis se contraídas **sem assistência** de seus representantes (os quais devem intervir pessoalmente nos atos).
- Os menores devem ser **assistidos** por curadores quando intervierem em atos nos quais há conflito de interesse com seus representantes (ex.: pai e filho, este menor, com 17 anos, querem vender imóvel que possuem em condomínio; o filho deve ser assistido por curador).

- Quanto aos atos ilícitos em que forem culpados, os menores entre 16 e 18 anos são **equiparados** aos maiores.
- O menor entre 16 e 18 anos não pode eximir-se de uma **obrigação** e invocar sua idade se dolosamente a ocultou ou se espontaneamente se declarou maior ao assumir sua obrigação.

Ato ilícito

Segundo Orlando Gomes, ato ilícito é o ato praticado em desacordo com a ordem jurídica, violando o direito. Causando prejuízos a outrem, cria o **dever de reparar o dano** (moral ou patrimonial), por isso é **fonte de obrigação**.

O ato ilícito é considerado fato jurídico (em sentido amplo), produzindo efeitos jurídicos. Esses efeitos não são desejados pelo agente, mas **impostos pela lei** (por isso são chamados de involuntários). Há infração de um dever e imputação de um resultado. O ato ilícito pode ser civil, penal ou administrativo. Vamos nos ater ao ilícito civil.

Há casos em que a conduta ofende a sociedade (ilícito penal) e o particular (ilícito civil), acarretando dupla responsabilidade (ex.: lesões corporais – o fato é típico, está descrito no Código Penal, logo é um ilícito penal; causando danos à vítima, o agente é obrigado a reparar esses danos na ordem civil). A responsabilidade penal é pessoal e intransferível; a responsabilidade civil é patrimonial e em algumas hipóteses pode ser transferida, conforme veremos. Às vezes a responsabilidade pode ser tripla, abrangendo, também, a esfera administrativa (ex.: o peculato, além de ser descrito como crime, é uma infração administrativa e gera a obrigação civil de reparação de danos).

Abuso de direito – O Código Civil atual adotou, em seu artigo 187, a teoria do abuso de direito como ato ilícito. Ampliou-se a noção de ato ilícito, para considerar como objeto da responsabilidade civil também o ato praticado com abuso de direito, ou seja, o ato originariamente lícito, mas exercido fora dos limites impostos por seu fim econômico ou social, pela boa-fé objetiva ou pelos bons costumes.

RESPONSABILIDADE CIVIL - A responsabilidade civil surge em face do descumprimento obrigacional, pela desobediência de uma regra estabelecida em um contrato ou por deixar determinada pessoa de observar um preceito normativo que regula a vida. Segundo Maria Helena Diniz (*Curso de Direito Civil brasileiro*, v. VII, *Responsabilidade civil*), responsabilidade civil é "a aplicação de medidas que obriguem alguém a reparar dano moral ou patrimonial causado a terceiros, em razão de ato próprio imputado, de pessoas por quem ele responde, ou de fato de coisa ou animal sob sua guarda (responsabilidade subjetiva) ou, ainda, de simples imposição legal (responsabilidade objetiva)".

A **responsabilidade civil contratual** está situada no âmbito da inexecução obrigacional. Como se sabe, as cláusulas contratuais devem ser respeitadas, sob pena de responsabilidade daquele que as descumprir. O contrato traz em seu conteúdo uma obrigação assumida, podendo seu descumprimento gerar perdas e danos. Os principais fundamentos jurídicos dessa modalidade de responsabilidade civil estão no artigo 389, quando a obrigação assumida for positiva, e no artigo 390 do Código Civil, quando se tem uma obrigação negativa.

Já a **responsabilidade civil extracontratual** relaciona-se ao desrespeito ao direito alheio e às normas que regram a conduta, representando qualquer inobservância de um preceito legal.

A responsabilidade extracontratual é também conhecida por **responsabilidade aquiliana**, tendo em vista que a *Lex Aquilia de Danno* cuidou de estabelecer, no Direito romano, as bases jurídicas dessa espécie de responsabilidade civil. Seu fundamento jurídico encontra-se no artigo 186 do Código Civil.

Existem duas teorias sobre responsabilidade civil: a teoria da responsabilidade objetiva e a teoria da responsabilidade subjetiva.

Teoria da responsabilidade objetiva - Por essa teoria, não se verifica a existência de culpa do agente, mas apenas a existência do fato danoso e a relação de causalidade entre eles, decorrendo daí a obrigação de indenizar (ex.: responsabilidade do hoteleiro pelo furto de valores praticados por empregados contra hóspedes).

As pessoas jurídicas de Direito Público e as de Direito Privado prestadoras de serviços públicos (concessionárias e permissionárias) têm responsabilidade civil: respondem pelos danos causados pela atividade administrativa, independentemente de culpa de seus funcionários, inclusive no que se refere à culpa anônima ou do serviço (art. 37, § 6.º, CF). Trata-se de responsabilidade de ressarcimento de danos, do tipo **objetiva**, isto é, não se verifica se houve culpa do funcionário; basta a lesão ao particular, sem culpa deste. Há que se provar a conduta (positiva ou negativa), a lesão e o nexo causal.

Vigora no assunto a teoria do **risco administrativo**, que equivale a uma responsabilidade objetiva mitigada, uma vez que pode ser afastada ou diminuída pela culpa exclusiva ou concorrente da vítima, o que não ocorre na responsabilidade objetiva plena ou integral (**risco integral**).

Teoria da responsabilidade subjetiva - Segundo essa teoria, ocorrerá responsabilidade por indenização somente se houver culpa do agente. A culpa em sentido amplo abrange o **dolo** (pleno conhecimento do mal e intenção de praticá-lo) e a **culpa em sentido estrito** (violação de um dever que o agente poderia conhecer e acatar).

Portanto, pela teoria da responsabilidade subjetiva, haverá indenização toda vez que o agente tenha praticado o ato danoso porque o conhecia e o quis, como também quando, embora não o conhecesse e não o quisesse, tenha agido por negligência ou imprudência ou violado norma que podia ou devia conhecer e acatar. Prevalece a **teoria da previsibilidade**. Se o ato era previsível (para a pessoa diligente, prudente e conhecedora da norma), então haverá culpa do agente (ex.: se bato na traseira do carro de terceiro, presume-se a culpa, porque há regra pela qual se deve guardar distância e dirigir com atenção).

A culpa em sentido amplo é assim classificada:

a) culpa contratual – resulta da violação de um dever inerente a um contrato (ex.: inquilino que não paga o aluguel, empregado que deixa de cuidar dos animais, depositário que não conserva o bem, professor que não comparece à escola para dar aula);

b) culpa extracontratual (ou **aquiliana**) – resulta da violação de um dever fundado em princípios gerais do Direito, como o respeito às pessoas e aos bens alheios; deriva de infração ao dever de conduta (dever legal) imposto pela lei (ex.: motorista em excesso de velocidade provoca atropelamento).

Havendo dano decorrente do ato ocorrido com culpa do agente, haverá obrigação de indenizar o lesado.

Teoria Adotada pelo Código Civil

Nosso Código Civil adotou a **teoria de responsabilidade subjetiva**, prevista no artigo 186, que diz: "Aquele que, por ação ou omissão voluntária, negligência ou imprudência, violar direito ou causar prejuízo a outrem, ainda que exclusivamente moral, comete ato ilícito". Entretanto, há diversos dispositivos em que a responsabilidade é **objetiva**. Ex.: empresários individuais e empresas respondem, independentemente de culpa, pelos danos causados pelos produtos postos em circulação (art. 931, CC); dono ou detentor de animal, pelos danos causados por este (art. 936, CC); dono de edifício ou construção, pelos danos resultantes de sua ruína (art. 937, CC).

Elementos indispensáveis:

1. **Conduta (fato lesivo)** – Causada por ação (conduta positiva) ou omissão (conduta negativa), voluntária ou por negligência ou imprudência.

A regra é a ação. Já para a configuração da omissão, é necessário que haja o dever jurídico de praticar determinado fato, a prova de que a conduta não foi praticada (omissão) e a demonstração de que, caso a conduta fosse praticada, o dano poderia ter sido evitado.

Compreende:

a) dolo – é a violação intencional, voluntária, do dever jurídico;

b) culpa – não há deliberação, intenção de violar o dever jurídico, mas este acaba sendo violado por:

- **imprudência** – prática de um fato perigoso (ex.: dirigir veículo em rua movimentada em excesso de velocidade);
- **negligência** – ausência de precaução ou indiferença em relação ao ato realizado (ex.: deixar arma de fogo ao fácil alcance de uma criança);
- **imperícia** – falta de aptidão para o exercício de arte ou profissão; é o médico, dentista, engenheiro, etc. que, em face de um desconhecimento ou falta de prática, no desempenho de suas funções, venha a causar dano a interesses jurídicos de terceiros.

2. **Ocorrência de um dano** – Para que haja pagamento de indenização, além da prova de culpa ou dolo, é necessário comprovar o dano patrimonial ou extrapatrimonial (moral).
   - **Dano patrimonial** – Compreende: **dano emergente**: efetiva diminuição de patrimônio da vítima; **lucro cessante:** que ela deixou de ganhar.
   - **Dano moral** – Em sentido próprio, refere-se ao abalo dos sentimentos de uma pessoa, provocando-lhe dor, tristeza, desgosto, depressão, etc.; em sentido impróprio ou amplo, abrange a lesão de todos e quaisquer bens ou interesses pessoais (exceto econômicos), como a liberdade, o nome, a família, a honra, a integridade física, etc. "São invioláveis a intimidade, a vida privada, a honra e a imagem das pessoas, assegurado o direito à indenização pelo dano material ou moral decorrente da sua violação" (art. 5º, X, CF).

   Observação *– O Código Civil não traz critérios para a quantificação da indenização por dano moral. Deve o magistrado fixá-la analisando a extensão do dano, as condições econômicas dos envolvidos e o grau de culpa do agente. Não se avalia mediante simples cálculo, mas visando a compensar a sensação de dor da vítima.*

3. **Nexo de causalidade** – A responsabilidade civil não pode existir sem a relação de causalidade entre o dano e a conduta ilícita do agente. Se ocorreu dano, mas sua causa não está relacionada com o comportamento do agente,

inexiste a relação de causalidade, não havendo a obrigação de indenizar. Não há esse nexo se o evento se deu por culpa exclusiva da vítima (ex.: passageiro desce de veículo em movimento), força maior ou caso fortuito.

Obrigação de indenizar - O autor de um ato ilícito terá a responsabilidade pelo prejuízo que causou, devendo indenizá-lo. Assim determina o artigo 927 do Código Civil:

> Aquele que, por ato ilícito (arts. 186 e 187), causar dano a outrem, fica obrigado a repará-lo.

Os bens dos responsáveis pela ofensa ou violação do direito de outrem ficarão sujeitos à reparação do dano patrimonial ou moral causado. Se a ofensa tiver mais de um autor, todos responderão **solidariamente** pela reparação (art. 942, CC). O titular da ação pode propô-la contra um ou todos ao mesmo tempo. Aquele que pagar a indenização terá direito de regresso contra os demais, para reaver o que desembolsou. Vindo a falecer o responsável pela indenização e como seus bens passam a seus herdeiros, estes, dentro das forças da herança, deverão reparar o dano ao ofendido.

Responsabilidade por atos de terceiros - O artigo 932 do Código Civil aponta diversas hipóteses de responsabilidade civil por atos praticados por terceiros. Por exemplo, os pais são responsáveis pelos atos praticados pelos filhos menores que estiverem sob seu poder e em sua companhia. Pelo artigo 928, o incapaz responde pelos prejuízos que causar, se as pessoas por ele responsáveis não tiverem obrigação de fazê-lo ou não dispuserem de meios suficientes. A indenização será eqüitativa e não será devida se privar do necessário o incapaz ou as pessoas que dele dependam. Desta forma, respondem primeiro os pais; se eles não puderem, a responsabilidade passará para os filhos, que terão responsabilidade subsidiária.

Prazos - O atual Código estabelece prazo prescricinal de três anos para a propositura de ação de reparação de danos (art. 206, § 3º, V, CC).

Exclusão de ilicitude - Há casos que, embora causem lesões ao direito de terceiros, não constituem atos ilícitos. São eles: a) legítima defesa – uso moderado de meios necessários para repelir injusta agressão, atual ou iminente, a direito seu ou de outrem (legítima defesa de terceiros); b) exercício regular de um direito reconhecido; c) estado de necessidade (deterioração ou destruição de coisa alheia a fim de remover perigo iminente) – o ato será legítimo somente quando as circunstâncias o tornarem absolutamente necessário, não excedendo os limites do indispensável para a remoção do perigo; d) ausência de nexo de causalidade – não há responsabilidade se não houver relação de causa e efeito entre o dano e a ação ou omissão do agente; e) culpa exclusiva da vítima – se a culpa da vítima foi concorrente (e não exclusiva), a indenização será reduzida proporcionalmente; f) caso fortuito – é o acontecimento imprevisível; g) força maior – é o acontecimento impossível de ser evitado e cuja ocorrência não depende do agente (ex.: tempestade, terremoto).

Efeitos civis da decisão proferida no juízo criminal - Dispõe o artigo 935 do Código Civil:

> A responsabilidade civil é independente da criminal, não se podendo questionar mais sobre a **existência do fato**, ou sobre **quem seja o seu autor**, quando estas questões se acharem decididas no juízo criminal.

No entanto, havendo responsabilidade criminal, ocorrerá repercussão na esfera civil. Assim:

- A sentença condenatória criminal, que reconhece a autoria e o fato, não pode mais ser discutida no juízo cível, nem a que reconhece excludente de ilicitude, como legítima defesa, estado de necessidade, etc.

Vinculação	
Juízo criminal	**Juízo cível**
1. Sentença condenatória (autoria e fato comprovados).	1. Vincula; o juiz deve, também, condenar. Discute-se apenas o *quantum* da indenização.
2. Juiz absolve. Sentença negatória de autoria e/ou materialidade; reconhece legítima defesa, estado de necessidade, etc.	2. Vincula; a ação não deve ser proposta; se o for, o juiz deve absolver.
3. Juiz absolve por falta de provas de autoria e/ou materialidade (*non liquet*). Verdade real.	3. Não vincula; o juiz pode absolver ou condenar, dependendo da prova colhida nos autos do processo civil. Verdade formal.

- A sentença negatória do fato e da autoria no juízo criminal não pode mais ser discutida no cível.
- Se a sentença do juízo criminal não concluiu categoricamente sobre o fato ou a autoria, pode a matéria ser discutida novamente no cível.

- Pessoa que foi reconhecida como penalmente inimputável (ex.: doente mental) pode ser obrigada à reparação de danos na esfera civil.
- Questões sobre o estado das pessoas (solteira, casada, viúva, etc.) e sobre a propriedade, se discutidas no cível em primeiro lugar, estas devem prevalecer. A decisão do cível será transportada para o juízo criminal.

Transmissibilidade - Em caso de responsabilidade civil, vindo a falecer o responsável pela indenização e como seus bens passam a seus herdeiros, estes, dentro das forças da herança, deverão reparar o dano ao ofendido (art. 943, CC). Se a pessoa lesada falecer, a ação de indenização poderá ser intentada por seus herdeiros.

Em Resumo

Atos e Fatos Jurídicos – Negócio Jurídico

Arts. 104 a 232, CC

Fatos comuns – Ações humanas ou fatos da natureza sem repercussão no Direito.

Fatos jurídicos – Acontecimentos aos quais o Direito atribui efeitos (aquisição, resguardo, transformação, modificação e extinção das relações jurídicas).

Classificação dos fatos jurídicos

1. **Fato jurídico natural (sentido estrito)**
   a) **Ordinário** – Morte, maioridade, prescrição e decadência.
   b) **Extraordinário** – Inevitabilidade do evento e ausência de culpa pelo ocorrido (caso fortuito ou força maior).

Diferenças entre Prescrição e Decadência

Prescrição	Decadência
É a perda do direito da pretensão (ação), pela inércia de seu titular.	*É a perda do próprio direito.*
1. Extingue apenas a pretensão (ação). Não interfere no direito material.	1. Extingue o direito, atingindo, indiretamente, a ação.
2. Prazo estabelecido apenas pela lei.	2. Prazo estabelecido pela lei ou vontade das partes.
3. Atualmente pode ser declarada de ofício pelo juiz, mesmo nas ações patrimoniais. O art. 194 do CC foi revogado.	3. Na decadência decorrente de prazo legal, o juiz deve declará-la de ofício, independentemente de argüição.
4. A parte pode não alegá-la. É renunciável somente após a consumação. A renúnica pode ser expressa ou tácita, mas nunca em prejuízo de terceiro.	4. A decadência decorrente de prazo legal não pode ser renunciada pelas partes, nem antes nem depois de consumada.
5. Não corre contra determinadas pessoas (arts. 197 e 198, CC). Ex.: cônjuges, absolutamente incapazes.	5. Corre contra todos, como regra. Exceção: não ocorre contra os absolutamente incapazes.
6. Pode ser suspensa, interrompida ou impedida pelas causas previstas na lei .	6. Não se admite suspensão ou interrupção em favor daqueles contra os quais não corre prescrição. Só pode ser obstada sua consumação pelo exercício efetivo do direito ou da ação.
7. Prazo geral: 10 anos (art. 205, CC). Prazos especiais: 1, 2, 3, 4 e 5 anos (art. 206, CC).	7. Não há regra geral para os prazos. Podem ser de dias, meses e anos, previstos em dispositivos esparsos pelo Código.

2. **Fato jurídico humano**

   a) Ato jurídico em sentido amplo ou voluntário: ato jurídico em sentido estrito – mera realização de vontade gerando conseqüências jurídicas previstas em lei (perdão, reconhecimento de filho, fixação de domicílio, etc.); **negócio jurídico** – autonomia da vontade (ex.: contrato).

   b) Ato ilícito ou involuntário: civil, penal e administrativo.

Elementos do negócio jurídico

1. **Elementos essenciais**

   a) Gerais

   Capacidade do agente: falta de capacidade: absoluta – ato nulo; relativa – ato anulável.

   Objeto: lícito, possível, determinado ou determinável. Defeito no objeto: ato nulo. Consentimento: manifestação de vontade. Defeitos: ausência ausência de consentimento, erro, dolo, coação, lesão, estado de perigo, fraude contra credores, simulação.

   b) Especiais – Forma prescrita ou não defesa em lei. Defeito na forma: ato nulo.

2. **Elementos acidentais** – Cláusulas secundárias, segundo a vontade dos negociantes.

- **Condição** – Subordina-se a um evento futuro e incerto.
- **Termo** – Subordina-se a um evento futuro e certo.
- **Modo ou encargo** – Ônus para um dos contratantes em atos de mera liberalidade (doação ou testamento).

Defeitos do negócio jurídico

1. **Ausência de vontade:** negócio nulo.
2. **Vícios de consentimento**

   a) Ignorância – completo desconhecimento – ou **erro** – falsa noção que se tem do objeto ou de uma pessoa (arts. 138 a 144, CC). Se recair sobre aspectos essenciais ou substanciais, ato anulável; se recair sobre aspectos acidentais ou secundários, ato válido.

   b) Dolo – Artifício empregado para enganar a outra parte (arts. 145 a 150, CC). Se recair sobre aspectos essenciais ou substanciais, ato anulável; se recair sobre aspectos acidentais ou secundários, ato válido, porém obriga a satisfação de perdas e danos.

   c) Coação – Pressão física (ato nulo) ou moral (anulável) exercida sobre alguém para obrigá-lo a praticar determinado ato (arts. 151 a 155, CC).

d) **Estado de perigo** – Ocorre quando alguém, premido da necessidade de salvar-se, ou a pessoa de sua família, de grave dano conhecido pela outra parte assume obrigação excessivamente onerosa (art. 156, CC). É anulável.

e) **Lesão** – Ocorre quando uma pessoa, sob premente necessidade ou por inexperiência, se obriga a prestação manifestamente desproporcional ao valor da prestação oposta (art. 157, CC). É anulável. Porém não se decretará a anulação do negócio se for oferecido suplemento suficiente ou se a parte favorecida concordar com a redução do proveito.

3. Vícios sociais

a) **Fraude contra credores** – Prática maliciosa de atos que desfalcam o patrimônio do devedor, com o fim de colocá-lo a salvo de uma execução por dívidas em detrimento dos direitos de credores (arts. 158 a 165, CC).

b) **Simulação** – Declaração enganosa da vontade, visando a obter resultado diverso do que aparece; cria uma aparência de direito, iludindo terceiros ou burlando a lei. Se houver simulação, o ato é nulo (art. 167, CC). No entanto, este subsistirá no que se dissimulou, se for válido na forma e substância.

Ineficácia do negócio jurídico

Ato nulo	Ato anulável
Efeito *ex tunc* (desde aquele momento).	Efeito *ex nunc* (de agora em diante).
Retroage à data da celebração do negócio nulo. Efeitos contra todos. Matéria de ordem pública.	Não retroage. Declarado anulado, opera efeitos a partir da anulação. Efeitos entre as partes contratantes. Matéria de ordem privada.

Atos nulos: praticados por absolutamente incapaz, sem a devida representação; objeto ilícito ou impossível; quando não se revestir o ato da forma prescrita em lei; quando for preterida solenidade essencial; quando o negócio jurídico for simulado (art. 167, CC) – no entanto, este subsistirá no que se dissimulou, se for válido na forma e substância; quando a lei o declarar nulo ou lhe negar efeito.

Atos anuláveis: praticados por relativamente incapazes, sem assistência de seus representantes legais;

- por vício resultante de erro, dolo, coação, lesão, estado de perigo ou fraude contra credores, quando essenciais; falta de legitimação; se a lei assim o declarar.

ATO ILÍCITO (arts. 186 a 188, CC)

Conceito – Ato ilícito é o praticado em desacordo com a norma jurídica, causando danos a terceiros e criando o dever de repará-los.

Teorias sobre responsabilidade civil
1. Objetiva
a) Conduta: positiva – ação, negativa – omissão.
b) Dano: patrimonial ou moral; dano emergente/lucro cessante.
c) Relação de causalidade.
2. Subjetiva
a) Conduta.
b) Dano.
c) Dolo (ação voluntária) ou culpa (imprudência, negligência ou imperícia).
d) Nexo causal.

Teoria adotada pelo Código Civil – **Regra: subjetiva** – "Aquele que, por ação ou omissão voluntária, negligência ou imprudência, violar direito e causar dano a outrem, ainda que exclusivamente moral, comete ato ilícito" (art. 186, CC).

Culpa contratual – Resulta da violação de um dever inerente a um contrato (ex.: o inquilino que não paga o aluguel).

Culpa extracontratual ou aquiliana – Resulta da violação de um dever fundado em princípios gerais do Direito, como o respeito às pessoas e aos bens alheios; deriva de infração ao dever de conduta (dever legal) imposto pela lei (ex.: motorista em excesso de velocidade provoca atropelamento).

Obrigação de indenizar – "Aquele que, por ato ilícito, causar dano a outrem fica obrigado a repará-lo" (art. 927 CC).

Responsabilidade por atos de terceiros (art. 932, CC) – Pais, tutores, empregadores, donos de hotéis.

Exclusão da ilicitude (art. 188, CC) – Legítima defesa, exercício regular de um direito, estado de necessidade, remoção de perigo iminente, ausência de nexo de causalidade, culpa exclusiva da vítima, caso fortuito ou força maior.

Efeitos civis da decisão proferida no juízo criminal – "A responsabilidade civil é independente da criminal, não se podendo questionar mais sobre a existência do fato, ou sobre quem seja o seu autor, quando estas questões se acharem decididas no juízo criminal" (art. 935 CC). Assim, havendo responsabilidade criminal, poderá haver repercussão na esfera civil.

- Sentença condenatória: vincula – condena.
- Sentença absolutória (negatória do fato e/ou autoria): vincula – absolve.
- Sentença absolutória (falta de provas – *non liquet*): não vincula – o juiz cível pode condenar ou absolver.

Transmissibilidade do dever de indenizar – Vindo a falecer o responsável pela indenização e como seus bens passam a seus herdeiros, estes, dentro das forças da herança, deverão reparar o dano ao ofendido (art. 943, CC).

5

Obrigações – Parte Geral

Conceito

Todo direito encerra sempre uma idéia de obrigação. Pode-se dizer que não existe direito sem obrigação nem obrigação sem o correspondente direito.

Obrigação é a relação jurídica, de caráter transitório, estabelecida entre devedor e credor e cujo objeto consiste em uma prestação pessoal econômica, positiva ou negativa, devida pelo primeiro ao segundo, garantindo-lhe o adimplemento por meio de seu patrimônio (Monteiro, Washington de Barros, *Curso de Direito Civil*).

Elementos constitutivos

São elementos das obrigações:

- **Subjetivo – Sujeitos: a) sujeito ativo** – é o credor, o beneficiário da obrigação, a pessoa (física ou jurídica) a quem a prestação (positiva ou negativa) é devida, tendo, para isso, o direito de exigi-la. **b) sujeito passivo** – é o devedor, aquele que deve cumprir a obrigação, efetuar a prestação.

  ***Observação** – É possível que os pólos (passivo e/ou ativo) sejam ocupados por uma ou várias pessoas (naturais ou jurídicas) ou que haja alteração de um dos sujeitos (ex.: sub-rogação).*
- **Objetivo (material) – Objeto** – É a prestação (positiva ou negativa), que pode consistir em dar, fazer ou não fazer. Deve ser lícita, possível (física e juridicamente), determinada ou determinável e economicamente apreciável.
- **Vínculo jurídico** – É o elo que sujeita o devedor a determinada prestação (positiva ou negativa) em favor do credor. É o liame legal que une o devedor ao credor. Abrange o **dever** da pessoa obrigada (*debitum*) e sua **responsabilidade** em caso de não cumprimento (*obligatio*).

Fontes

"Fonte" é uma expressão figurada, indicando o elemento gerador, o fato jurídico que deu origem ao vínculo obrigacional. São reconhecidas como fontes:

- **Lei** – Fonte primária ou imediata de obrigações.
- **Negócio jurídico bilateral** – Contratos (ex.: compra e venda, locação).
- **Negócio jurídico unilateral** – Ato unilateral de vontade (ex.: promessa de recompensa, título ao portador).
- **Responsabilidade civil** – Abrangendo os atos ilícitos (ex.: danos causados por acidentes de veículos).

Classificação

As obrigações são classificadas de acordo com sua importância e aplicabilidade prática.

Quanto ao objeto

OBRIGAÇÃO POSITIVA DE DAR - Obrigação de dar (*obligatio ad dandum* ou *ad tradendum*) é aquela pela qual o devedor se compromete a entregar alguma coisa (transferindo a propriedade, a posse ou apenas o uso). Ela pode ser de dar coisa **certa**, como uma jóia, um carro, ou **incerta**, como a obrigação de dar um boi, dentre uma boiada (Monteiro, Washington de Barros, *Curso de Direito Civil*).

Coisa certa (*arts. 233 a 242, CC*) - O devedor se obriga a dar uma coisa individualizada, móvel ou imóvel. O credor não é obrigado a receber outra coisa, ainda que mais valiosa. O devedor somente se desonera da obrigação com a entrega do bem avençado. Abrange a obrigação de transferir (ex.: compra e venda), entregar (ex.: locador ou comodante) e restituir (ex.: locatário ou comodatário, quando termina o contrato).

Em caso de perecimento da coisa antes da tradição e não havendo culpa do devedor (caso fortuito, força maior), fica resolvida a obrigação para ambas as partes, que voltam à situação primitiva. Se o vendedor já recebeu o preço da coisa que pereceu, sem culpa sua, deve devolver o valor. Se houver culpa, o credor tem o direito a receber seu equivalente em dinheiro, mais perdas e danos. Se a obrigação for de restituir coisa certa e esta se perder antes da tradição, sem culpa do devedor, o credor sofrerá a perda e a obrigação se extinguirá, ressalvados seus direitos até o dia da perda.

Cômodos – São as vantagens produzidas pela coisa; até a tradição, a coisa pertence ao devedor, com seus melhoramentos e acrescidos, pelos quais poderá pedir aumento no preço (ex.: uma pessoa vende uma vaca, que antes da entrega deu cria; o devedor ou não entrega o filhote, ou o entrega com aumento de preço). Quanto aos frutos, os percebidos pertencem ao devedor; os pendentes pertencem ao credor.

Coisa incerta (*arts. 243 a 246, CC*) - Coisa incerta refere-se à obrigação que tem objeto indeterminado, porém deve ser indicada, ao menos pelo gênero e quantidade, faltando determinar a qualidade (ex.: entregar dez bois = já há determinação quanto ao gênero – bois – e quanto à quantidade – dez; falta individualizar **quais** bois serão entregues).

A determinação se faz pela **escolha**. O ato unilateral de escolha chama-se **concentração**. A escolha cabe, em regra, ao devedor, salvo se for estabelecido de modo diverso no contrato. Feita a escolha, acaba a incerteza; a obrigação de dar coisa incerta torna-se uma obrigação de dar coisa certa.

> ***Observação** – Na falta de disposição contratual, estabelece a lei que o devedor não poderá dar coisa pior, nem ser obrigado a prestar melhor (art. 244, CC).*

Obrigação pecuniária – Obrigação pecuniária ou obrigação de solver dívida em dinheiro é uma espécie de obrigação de dar que abrange prestação em di-nheiro, reparação de danos e pagamento de juros. O pagamento em dinheiro será feito em **moeda corrente**, no lugar do cumprimento da obrigação e pelo valor nominal, ou seja, **real** (que éa nossa unidade monetária atual), segundo o artigo 315 do CC. São **nulas** as convenções de pagamento em ouro ou em moeda estrangeira (obrigação valutária – **valutária** = valuta = divisa estrangeira), salvo os contratos e títulos referentes à importação e exportação (art. 318, CC). Na obrigação pecuniária, o devedor sofrerá com as conseqüências da desvalorização da moeda, mas pode-se incluir em algumas convenções cláusula de atualização da prestação.

OBRIGAÇÃO POSITIVA DE FAZER (*Arts. 247 a 249, CC*) - Obrigação de fazer consiste no **ato ou serviço do devedor** (ex.: trabalho manual, intelectual, científico, artístico). A impossibilidade de o devedor cumprir a obrigação de fazer, bem como a recusa em executá-la, acarreta o inadimplemento contratual. Se o próprio devedor criou a impossibilidade, responderá ele por perdas e danos. A recusa voluntária induz culpa. Se não houver culpa, resolve-se a obrigação sem indenização (ex.: cantor que ficou afônico).

Repõem-se as partes no estado anterior da obrigação.

Espécies – a) Obrigação de fazer fungível: a prestação do ato pode ser realizada pelo devedor ou por terceiro (ex.: pintar um muro), caso em que o credor pode mandar executar o ato à custa do devedor, caso haja recusa ou mora deste, sem prejuízo da cabível indenização por perdas e danos (art. 249, CC). O credor está interessado no resultado da atividade do devedor, não se exigindo capacidade especial deste para realizar o serviço. **b) Obrigação de fazer infungível:** a prestação só pode ser executada pelo próprio devedor, sendo *intuitu personae*, ante a natureza da prestação ou disposição contratual (ex.: contrato com artista famoso para pintar um quadro; ou com um cirurgião famoso para realizar uma operação, etc.). A recusa ao cumprimento resolve-se, tradicionalmente, em perdas e danos (art. 247, CC), pois não se pode constranger fisicamente o devedor a executá-la. No entanto, hoje se admite a **execução específica** da obrigação, mediante a cominação de multa diária (*astreinte*).

Astreinte é uma penalidade imposta ao devedor, mediante ação, que consiste em uma prestação periódica, que vai sendo acrescida enquanto a obrigação não é cumprida, ainda que não haja no contrato a cláusula penal. O juiz concede prazo para o devedor cumprir a obrigação, que, não o fazendo, deverá pagar multa até seu cumprimento. Atualmente há a possibilidade de o juiz fixar *astreinte* ou preceito cominatório nas obrigações de fazer, não fazer e de dar coisa certa, conclusão retirada dos artigos 461A e 621, parágrafo único, do Código de Processo Civil em vigor. Tal regra, segundo a melhor doutrina, não vale para a obrigação de dar coisa incerta, para a obrigação de pagar quantia e para a obrigação de restituir dívida em dinheiro, isso por falta de previsão legal no caso concreto.

OBRIGAÇÃO NEGATIVA DE NÃO FAZER (***Arts. 250 e 251, CC***) - Obrigação de não fazer é aquela pela qual o devedor se compromete a não praticar certo ato que poderia livremente praticar se não houvesse se obrigado (ex.: proprietário se obriga a não edificar a certa altura para não obstruir a visão do vizinho; inquilino se obriga a não trazer animais domésticos para o cômodo alugado). Se praticar o ato que se obrigou a não praticar, tornar-se-á inadimplente e o credor poderá exigir o desfazimento do que foi realizado. Há casos em que resta somente o caminho da indenização (ex.: pessoa se obriga a não revelar um segredo industrial). É sempre pessoal e só pode ser cumprida pelo próprio devedor.

Quanto aos elementos da obrigação

OBRIGAÇÕES SIMPLES - São aquelas que se apresentam com um sujeito ativo, um sujeito passivo e um único objeto, destinando-se a produzir um único efeito.

OBRIGAÇÕES COMPOSTAS - São aquelas em que há pluralidade de objetos ou de sujeitos (seja ativo, seja passivo).

Pluralidade de objetos:

- **Obrigações cumulativas** (ou **conjuntivas**) – O devedor deve entregar dois ou mais objetos (ex.: obrigação de dar um carro **e** um apartamento). O inadimplemento de uma envolve o descumprimento total; o devedor só se desonera cumprindo todos os objetos.
- **Obrigações alternativas** (ou **disjuntivas**) – Os objetos estão ligados pela disjuntiva "ou", podendo haver duas ou mais opções. Deve-se entregar uma coisa **ou** outra (ex.: obrigo-me a entregar um boi **ou** um cavalo, a vender um veículo de determinada marca cinza **ou** preto). A escolha, em regra, pertence ao devedor, se o contrário não for estipulado no contrato. Se uma das prestações não puder ser objeto de obrigação ou se tornar inexeqüível, subsistirá o débito quanto à outra. Se a impossibilidade for de todas as prestações, resolve-se a obrigação. Se houver culpa, mas cabia ao devedor a escolha, ficará obrigado a pagar o valor da que por último se impossibilitou (mais perdas e danos). Se a escolha era do credor, pode ele exigir o valor de qualquer das prestações (mais perdas e danos).

Pluralidade de sujeitos - Quando há pluralidade de sujeitos, as obrigações são **solidárias** (arts. 264 a 285, CC), e credores e/ou devedores têm direitos ou obrigações pelo total da dívida. A solidariedade não se presume, resultando da lei ou da vontade das partes. Pode ser **ativa** (pluralidade de credores), **passiva** (pluralidade de devedores) ou **mista**, também chamada **recíproca** (pluralidade de devedores e credores). Aplicam-se as seguintes regras à **solidariedade ativa**:

- cada credor pode exigir a prestação por inteiro;
- enquanto não for demandado por algum dos credores, o devedor pode pagar a qualquer um;
- pagamento feito a um dos credores extingue inteiramente a dívida;
- falecendo um credor, cada herdeiro tem direito a sua quota apenas, salvo se a prestação por indivisível;
- a conversão da prestação em perdas e danos não extingue a solidariedade; os juros de mora revertem em proveito de todos os credores;
- credor que tiver remitido (perdoado) a dívida ou recebido o pagamento responde aos outros pela parte que lhes caiba.

Na **solidariedade passiva**, observam-se estas regras:

- o credor pode exigir e receber de um ou de alguns dos devedores parcial ou totalmente o valor da dívida comum; no primeiro caso, os demais devedores continuam obrigados solidariamente pelo resto;

- morrendo um dos devedores, cada herdeiro só responde por sua quota da dívida, salvo se indivisível a obrigação; todos os herdeiros reunidos são considerados um devedor solidário em relação aos demais devedores;
- o pagamento parcial feito por um devedor ou a remissão (perdão da dívida) por ele obtida só aproveitam aos demais devedores pelo valor pago ou relevado;
- nenhuma cláusula estipulada entre um devedor e o credor pode agravar a situação dos demais devedores sem o consentimento deles;
- impossibilitando-se a prestação por culpa de um devedor, todos têm a obrigação de pagar o equivalente, mas só o culpado responde por perdas e danos;
- todos os devedores respondem pelos juros de mora, ainda que a ação tenha sido proposta contra um, porém o culpado responde aos outros pelo acréscimo;
- propondo a ação contra um devedor, o credor não fica inibido de acionar os demais;
- um devedor pode opor as exceções pessoais e as comuns a todos, mas não as pessoais de outro devedor;
- se o credor renunciar à solidariedade em favor de um ou de alguns devedores, só poderá acionar os demais abatendo o valor do débito àqueles correspondente; entretanto, se um dos co-obrigados for insolvente, o rateio da obrigação atingirá também o exonerado da solidariedade;
- devedor que paga toda a dívida tem o direito de regresso, isto é, pode exigir a quota dos demais, rateando-se entre todos o quinhão do insolvente, se houver; presumem-se iguais as partes de cada devedor; essa presunção admite prova em contrário;
- se a dívida interessa apenas a um dos devedores, responde este perante quem a paga.

OUTRAS MODALIDADES DE OBRIGAÇÃO

Obrigações de resultado – São as que só se consideram cumpridas com a obtenção de um resultado (ex.: contrato de transporte – levar o passageiro a seu destino são e salvo).

Obrigações de meio – Nessa modalidade, o devedor é obrigado apenas a empenhar-se para conseguir o resultado, mesmo que este não seja alcançado (ex.: advogado em relação ao cliente deve esforçar-se para ganhar a causa, mesmo que a perca).

Obrigações líquidas – São certas quanto à existência e determinadas no objeto (ex.: entregar uma casa, entregar R$ 100,00). Nelas se acham especificadas, de modo expresso, a quantidade, a qualidade e a natureza do objeto devido. O inadimplemento de obrigação positiva e líquida constitui o devedor em mora.

Obrigações ilíquidas – Dependem de apuração prévia, posto que o valor é incerto.

Obrigações divisíveis – São as que comportam fracionamento, quer quanto à prestação, quer quanto ao próprio objeto (ex.: pagar a prestação).

Obrigações indivisíveis – Ocorrem quando a prestação é única. Em razão da convenção das partes (ex.: pagamento a vista) ou dada a natureza do objeto (ex.: um cavalo), não admitem cisão na prestação. Ainda que o objeto seja divisível (ex.: dinheiro), não pode o credor ser obrigado a receber em partes, se assim não se ajustou. **Regras:**

- Havendo dois ou mais devedores, cada um será obrigado pela dívida toda. O devedor que paga a dívida inteira sub-roga-se no direito do credor, havendo ação de regresso em relação aos demais co-obrigados.
- Havendo pluralidade de credores, o devedor ou devedores somente se desobrigarão pagando a todos conjuntamente ou a um dos credores, dando este caução de ratificação dos outros credores.
- Caso somente um dos credores receba toda a dívida, os demais poderão exigir deste a parte que lhes cabia.
- No caso de remissão (perdão) por parte de um dos credores, a obrigação não ficará extinta em relação aos demais, que poderão exigir suas quotas, descontada a parte remitida.
- Caso a obrigação seja convertida em perdas e danos, perderá seu caráter de indivisível.
- As obrigações de dar e fazer podem ser divisíveis ou indivisíveis; de não fazer são somente indivisíveis.

Obrigações principais – Independem de qualquer outra obrigação para ter validade (ex.: compra e venda, locação).

Obrigações acessórias – Têm sua existência subordinada a outra relação jurídica (ex.: fiança, cláusula penal).

Obrigações instantâneas – São as que são cumpridas no momento em que o negócio é celebrado (ex.: compra e venda a vista).

Obrigações fracionadas – Quando o objeto do pagamento é fracionado em prestações. A obrigação de pagar o preço é uma só, mas a execução de cada uma delas é feita ao longo do tempo (ex.: compra de um terreno por 10 mil reais, pagando um mil reais por mês durante dez meses).

Obrigações diferidas – Quando a execução é realizada por um único ato, em momento posterior ao surgimento da obrigação (ex.: compra e venda com pagamento a vista, mas a entrega da coisa se dará em 30 dias).

Obrigações de trato sucessivo (ou periódicas) – São as que se resolvem em intervalos regulares ou não de tempo (ex.: obrigação do inquilino em pagar o aluguel; do condômino em pagar as despesas condominiais). Quando uma parcela é paga, a obrigação está quitada. Mas, nesse instante, inicia-se a formação de outra prestação, que deverá ser paga no fim do período.

Obrigações naturais (imperfeitas ou incompletas) – São aquelas em que o credor não pode exigir judicialmente a prestação do devedor; não há direito de ação para isso, por lhes faltar a garantia, a sanção. No entanto, em caso de pagamento por parte do devedor capaz, é considerado válido e irretratável (ex.: dívidas prescritas – art. 882, CC; dívidas resultantes de jogo e aposta não permitidos legalmente - arts. 814 e 815, CC, etc.)

Obrigações *propter rem* – São obrigações híbridas (parte direito real, parte direito pessoal); recaem sobre uma pessoa, por força de um direito real. O exemplo mais comum é o do condômino que, devendo contribuições condominiais, vende sua unidade; a pessoa que adquiriu o apartamento não devia nada ao condomínio, mas, quando se torna proprietário, assume as dívidas do bem, entre as quais as contribuições passadas não pagas pelo antigo proprietário (art. 1.345, CC). O adquirente, no entanto, tem o direito de regresso contra o alienante. Trata-se, portanto, de obrigação que acompanha a coisa.

Cláusula penal

Cláusula penal é a penalidade imposta pela inexecução parcial ou total da obrigação (infração contratual) ou pela mora no cumprimento da obrigação. É pactuada pelas partes no caso de violação do contrato, motivo pelo qual é também chamada de **multa contratual** (ou **pena convencional**). Trata-se de **obrigação acessória** que visa a garantir o cumprimento da obrigação principal, bem como fixar o valor das perdas e danos em caso de descumprimento. Por ser acessória, no caso de nulidade do contrato principal, ela também será nula. No entanto, se somente ela for nula, não atinge o contrato principal.

Funções

- **Coerção** – Intimida o devedor a saldar a obrigação principal para não ter de pagar a acessória – caráter preventivo.
- **Ressarcimento** – É a prefixação das perdas e danos no caso de inadimplemento da obrigação – caráter repressivo.

Espécies

A cláusula penal pode se classificada em: a) **compensatória** – estipulada para a hipótese de total inadimplemento (inexecução) da obrigação (art. 410, CC); b) **moratória** – destinada a evitar o retardamento culposo no cumprimento da obrigação ou em segurança especial de outra cláusula determinada (art. 411, CC).

Limites

O limite da cláusula penal é o **valor da obrigação principal**. Tal valor não pode ser excedido; se isso acontecer, o juiz determina sua redução. No entanto, algumas leis limitam o valor da cláusula penal moratória: 10% da dívida ou do valor da prestação em atraso no compromisso de compra e venda de imóveis loteados; 2% da dívida em contratos sob a égide do Código de Defesa do Consumidor. Se houver cumprimento parcial, a pena pode ser reduzida proporcionalmente – art. 413, CC, princípio da função social do contrato.

Distinção entre Cláusula Penal e Perdas e Danos

Na cláusula penal o valor é antecipadamente pactuado pelos próprios contratantes. Nas perdas e danos, o valor é fixado pelo juiz com base nos prejuízos alegados e provados (dano emergente e lucro cessante).

Mora

Arts. 394 a 401, CC

Uma obrigação surge para ser cumprida. O modo normal de seu cumprimento é o pagamento. Havendo pagamento, extingue-se de forma normal a obrigação. No entanto, às vezes, a obrigação não se desenvolve normalmente e o devedor deixa de cumprir a prestação devida. Trata-se do **inadimplemento** da obrigação. Esse inadimplemento (que é o não cumprimento da obrigação) pode ser de duas espécies:

a) **absoluto** ou **definitivo** (arts. 389 e 395, parágrafo único do CC) – quando o cumprimento se torna impossível ou houve a perda do interesse do credor, já que se tornou inútil para ele;

b) **relativo** – quando ainda é possível e útil a realização da prestação. Neste caso estamos diante da mora.

Mora é o retardamento ou o imperfeito cumprimento da obrigação. Dispõe o artigo 394 do Código Civil:

> Considera-se em mora o devedor que não efetuar o pagamento e o credor que não o quiser recebê-lo no tempo, lugar e forma que a lei ou a convenção estabelecer.

O não cuprimento de obrigação positiva (dar ou fazer) no dia do vencimento constitui em mora o devedor. Não havendo um prazo determinado é necessária uma interpelação (judicial ou extra-judicial). Nas obrigações provenientes de ato ílicito, considera-se o devedor em mora no momento em que o ato ílicito foi praticado. Já na hipótese de obrigação negativa (não fazer) considera-se o devedor em mora no dia em que executar o ato de que deveria se abster.

Há duas espécies de mora:

- **Por culpa do devedor (mora *solvendi* ou *debitoris*)** – O devedor descumpre a obrigação. Os principais efeitos são: responsabilização por todos o prejuízos causados ao credor (que pode exigir, além da prestação, juros moratórios, correção monetária, cláusula penal e reparação de qualquer prejuízo que sofreu) e perpetuação da obrigação. O devedor em mora responde pela impossibilidade da prestação, mesmo que esta impossibilidade resulte de caso fortuito ou força maior, se estes ocorrerem durante o atraso (art. 399, CC). Nesta hipótese, o devedor somente não responderá pelos danos se provar isenção de culpa no seu atraso ou, ainda, que o dano sobreviria ainda que a obrigação fosse cumprida no tempo correto. A mora do devedor pode ser dividida em:
  - **a) Mora *ex re*** – Se decorrer de fato previsto em lei. Quando a obrigação é positiva (dar, fazer) e líquida (valor determinado), com **data fixada** para o pagamento, seu não cumprimento implica a mora do devedor de forma automática (*pleno iure*), sem necessidade de qualquer outra providência do credor. O simples não pagamento no dia determinado já é suficiente para a caracterização da mora (*dies interpelat pro homine* – o dia interpela pelo homem).
  - **b) Mora *ex persona*** – Se não houver estipulação de termo certo para a execução da obrigação, a mora depende de **providência** (ex.: interpelação, notificação) do credor. Por exemplo: no comodato sem prazo de duração, a mora do comodatário somente se configurará depois de **notificado** pelo comodante, com o prazo de 30 dias. Caso não cumpra após o vencimento do prazo, incorrerá em mora e será considerado esbulhador. (Se o comodato for com prazo determinado, a mora se configura no vencimento desse prazo – mora *ex re*.)
- **Por culpa do credor (mora *accipiendi* ou *creditoris*)** – É a injusta recusa de aceitar o adimplemento da obrigação no tempo, lugar e forma devidos.

Purga-se a mora, isto é, neutraliza-se seus efeitos, quando a parte que incorreu em mora corrige, sana sua falta, cumprindo a obrigação já descumprida, ressarcindo, também, os prejuízos causados à outra parte.

Extinção das obrigações

As obrigações se extinguem, em regra, por seu cumprimento. O Código Civil chama esse ato de **pagamento**, ou seja, cumprimento voluntário da obrigação. O pagamento não consiste apenas na satisfação de uma obrigação em dinheiro, mas qualquer cumprimento voluntário da obrigação. O pagamento pode ser direto ou indireto (ex.: dação em pagamento, novação, compensação) e, ainda, por via judicial (execução forçada). Pode haver a extinção da obrigação sem pagamento (ex.: prescrição, implemento de condição ou advento de termo).

Pagamento direto

As obrigações extinguem-se sobretudo pelo pagamento. Pagamento é sinônimo de solução, cumprimento, adimplemento, satisfação de qualquer espécie de obrigação.

- ***Solvens*** – É a pessoa que deve pagar, o **devedor**. Podem pagar, além do devedor: qualquer pessoa interessada na extinção da dívida (ex.: fiador, avalista, herdeiro); terceiro não interessado, se o fizer em nome e por conta do devedor. O credor não pode recusar o pagamento de terceiro.
- ***Accipiens*** – É a pessoa a quem se deve pagar, o **credor**. O credor não é obrigado a aceitar pagamento parcial. O pagamento deve ser feito a ele, a seu representante ou a seus sucessores (ex.: herdeiro, legatário). Fora daí, o pagamento só vale se o credor ratificar o recebimento ou se este, comprovadamente, reverter em seu proveito.

"Quem paga mal paga duas vezes."

No entanto, há uma **exceção** a esta regra: o pagamento feito de boa fé ao credor putativo é válido, ainda que provado depois que não era credor (art. 309, CC). Ou seja, se o devedor, agindo de boa fé, paga para uma pessoa que aparentava ser o credor (mas não o era), o pagamento, ainda que feito de forma errônea, é considerado válido.

OBJETO E PROVA DO PAGAMENTO (*arts. 313 a 326, CC*) - O objeto do pagamento é a prestação. Quando feita em dinheiro, a entrega faz-se em moeda corrente. O devedor que paga tem direito à quitação (recibo), fornecida pelo credor. A quitação é prova de pagamento, um documento pelo qual o credor reconhece que recebeu o pagamento e exonera o devedor da obrigação.

LUGAR DO PAGAMENTO (*arts. 327 a 330, CC*) - É o local do cumprimento da obrigação, em regra estipulado no título constitutivo do negócio jurídico (princípio da liberdade de eleição). O contrato estipula o domicílio onde se cumprem as obrigações e determina a competência do juízo onde a ação será proposta em caso de descumprimento do contrato.

- ***Quérable*** (quesível – do verbo latino *quaerere*, procurar; o credor "procura" o devedor para receber) – O pagamento se faz no domicílio do devedor. Há uma presunção de que o pagamento é quesível (é a regra geral), uma vez que deve ser procurado pelo credor no domicílio do devedor, salvo se o contrato, a natureza da obrigação ou a lei impuserem o contrário.

- ***Portable*** (portável) – O local do cumprimento da obrigação é o domicílio do credor; o devedor deve levar e realizar o pagamento nesse local.

TEMPO DO PAGAMENTO (*arts. 331 a 333, CC*) - A data do pagamento pode ser fixada pelas partes. O credor não pode cobrar antes, nem o devedor pagar após a data prevista.

Formas especiais de pagamento

PAGAMENTO POR CONSIGNAÇÃO (*Arts. 334 e 345, CC*) - Consiste no depósito, pelo devedor, da coisa devida, com o objetivo de liberar-se da obrigação. A consignação pode ser de bens móveis e imóveis. Na consignação de dinheiro, pode o devedor optar pelo depósito extrajudicial ou pelo ajuizamento de ação de consignação em pagamento. Não cabe a consignação nas obrigações de fazer e nas de não fazer. Algumas hipóteses: se o credor, sem justa causa, recusar-se a receber o pagamento; se o credor for desconhecido; se ocorrer dúvida sobre quem deva legitimamente receber o objeto do pagamento; se pender litígio sobre o objeto do pagamento, etc.

PAGAMENTO COM SUB-ROGAÇÃO (*arts. 346 a 351, CC*) - Sub-rogação é a substituição de uma pessoa por outra (**sub-rogação pessoal**) ou de uma coisa por outra (**sub-rogação real**) em uma relação jurídica (ex.: o avalista que paga uma dívida pela qual se obrigou sub-roga-se nos direitos do credor). A sub-rogação, que pode ser legal ou convencional, transfere ao novo credor todos os direitos, ações, privilégios e garantias do primitivo em relação à dívida contra o devedor principal e os fiadores.

O pagamento com sub-rogação não deve ser confundido com a novação (na espécie subjetiva por substituição de credor), posto que o pagamento promove apenas uma alteração da obrigação, mudando o credor. Ocorre a extinção da obrigação somente em relação ao credor. O devedor continua obrigado em face do terceiro sub-rogado no crédito.

IMPUTAÇÃO DO PAGAMENTO (*arts. 352 a 355, CC*) - Uma pessoa obrigada por dois ou mais créditos da mesma natureza a um só credor tem o direito de indicar a qual deles oferece em pagamento, se todos forem líquidos e vencidos. Há identidade de devedor e de credor e a existência de dois ou mais débitos.

Pagamento indireto

DAÇÃO EM PAGAMENTO (*arts. 356 a 359, CC*) - Consiste no acordo de vontades entre credor e devedor em que há a entrega de coisa em substituição da prestação devida; o credor concorda em receber coisa que não seja dinheiro (ex.: pessoa deve importância em dinheiro e o credor concorda que, em vez de ser entregue o dinheiro, seja a prestação substituída por um carro). A substituição pode ser de dinheiro por bem (móvel ou imóvel), de coisa por outra, de dinheiro por título, de coisa por fato, etc. Se o credor for evicto da coisa recebida, a obrigação primi-tiva será restabelecida. O devedor responde por eventual vício redibitório.

NOVAÇÃO (*arts. 360 a 367, CC*) - É a criação de obrigação nova, para extinguir uma anterior; é a substituição de uma dívida por outra, extinguindo-se a primeira. A novação não produz, como no pagamento, a satisfação imediata do crédito. São espécies de novação:

- **Objetiva ou real** – Quando o devedor contrai com o credor nova dívida para extinguir a primeira (ex.: substituição da dívida em dinheiro por prestação de serviço; "rolagem" da dívida em bancos).
- **Subjetiva ou pessoal** – Quando se dá a substituição dos sujeitos da relação jurídica. Divide-se em: **ativa** – substituição do credor; **passiva** – substituição do devedor, que pode ser **por expromissão** (a substituição ocorre independentemente do consentimento do devedor originário) ou **por delegação** (há o consentimento do devedor originário).
- **Mista** – Quando, ao mesmo tempo, substituem-se o objeto e um dos sujeitos da relação jurídica.

> ATENÇÃO – Não se podem validar por novação as obrigações nulas ou extintas, uma vez que não é possível novar o que não existe nem extinguir o que não produz efeitos jurídicos. A obrigação anulável pode ser confirmada pela novação. Importa em exoneração do fiador a novação feita sem seu consenso com o devedor principal. Da mesma forma, quando a dívida novada for solidária, os devedores solidários que não tiverem participado da novação ficarão exonerados da dívida.

COMPENSAÇÃO (*arts. 368 a 380, CC*) - É a extinção da obrigação quando duas ou mais pessoas são ao mesmo tempo credoras e devedoras uma da outra. É matéria de defesa, dentro de uma ação, e só pode ser alegada quando se confrontam débitos líquidos (valor certo e determinado por uma cifra) e vencidos (ex.: "A" deve 100 a "B", mas "B" também deve 100 a "A"). A compensação pode ser total ou parcial (no caso de "B" dever apenas 50 a "A"). É necessário que as prestações sejam **fungíveis entre si** (ex.: dívida de dinheiro só se compensa com dinheiro; não se compensa feijão com dinheiro).

CONFUSÃO (*arts. 381 a 388, CC*) - Ocorre quando na mesma pessoa se concentram as qualidades de credor e devedor (ex.: "A" é credor de B, mas morre, e "B" é seu único herdeiro).

TRANSAÇÃO (*arts. 840 a 850, CC*) -É a extinção da obrigação por mútuas concessões, para evitar riscos de uma futura demanda (extrajudicial) ou extinguir litígio já instaurado (judicial) (ex.: "A" cobra 200 de "B", que diz dever 100; entram em acordo por 150). Só é permitida em relação a direitos patrimoniais de caráter privado.

ARBITRAGEM (*arts. 851 a 853, CC*) - É o acordo de vontades por meio do qual as partes, preferindo não se submeter a decisão judicial, confiam a árbitros a solução de seus conflitos de interesses. O assunto atualmente é regulado pela Lei 9.307/96, tanto no plano interno como no internacional. Restrita a **direitos patrimoniais disponíveis**, a arbitragem possui duas espécies:

- **Cláusula compromissória** (caráter preventivo) – Promessa de celebrar o compromisso; convenção por meio da qual as partes, em um contrato, comprometem-se a submeter à arbitragem os litígios que possam vir a surgir, relativamente a tal contrato. É autônoma em relação ao contrato e deve ser estipulada por escrito. Nos contratos de adesão, só terá eficácia se o aderente tomar a iniciativa de instituir a arbitragem ou concordar, expressamente, com sua instituição.
- **Compromisso arbitral** – Regulamentação definitiva da arbitragem, feita após o surgimento do conflito de interesses. Surgindo um conflito de interesses durante a execução de um contrato, as partes podem convencionar a submissão à arbitragem.

  Pode ser: **a) Judicial** (na pendência da lide) – Faz-se um termo nos autos e cessam as funções do juiz togado. **b) Extrajudicial** (não foi ajuizada ação) – Pode ser celebrado por escritura pública ou escrito particular; a ação não pode ser mais ajuizada (salvo exceções previstas em lei).

  Pode ser árbitro qualquer pessoa capaz que tenha a confiança das partes. Estas podem nomear um ou mais árbitros, sempre em número ímpar, e eventuais suplentes. Considera-se instituída a arbitragem quando aceita a nomeação pelos árbitros. É lícito às partes estabelecer o procedimento a ser seguido. Não havendo previsão a respeito, competirá ao árbitro ou tribunal arbitral discipliná-lo.

  A sentença arbitral será proferida no prazo estipulado pelas partes ou no prazo de seis meses, contado da instituição da arbitragem. Produz entre as partes e seus sucessores os mesmos efeitos da sentença proferida pelos juízes togados. É título executivo. A sentença proferida pelo árbitro não fica sujeita a recurso ou homologação do Poder Judiciário. Pode ser impugnada se for nula.

ATENÇÃO - O atual Código Civil não considera mais a transação e a arbitragem formas de pagamento indireto, mas sim contratos típicos ou nominados. No entanto, feita a advertência e para fins didáticos, o assunto é aqui tratado porque ainda são formas de extinção de obrigações.

REMISSÃO DE DÍVIDA (***arts. 385 a 388, CC***) - É o perdão do débito. É um ato bilateral, ou seja, depende da concordância do devedor. Pode ser total ou parcial. A remissão concedida a um dos co-devedores extingue a dívida na parte a ele correspondente. Sendo indivisível a obrigação, se um dos credores remitir a dívida, a obrigação não ficará extinta para com os outros, mas estes só a poderão exigir descontada a quota do credor remitente.

O perdão pode ser **expresso** (quando firmado por escrito) ou **tácito** (conduta do credor, prevista em lei incompatível com a conservação do direito – ex.: credor que espontaneamente rasga nota promissória; entrega o objeto empenhado).

ATENÇÃO – Não confundir **renúncia** (gênero) com **remissão** (espécie). A renúncia pode incidir sobre determinados direitos pessoais e é ato unilateral. A remissão só diz respeito a direitos creditórios e é ato bilateral.

Extinção da obrigação sem pagamento

A extinção da relação obrigacional sem pagamento ocorre: a) pela prescrição; b) pela impossibilidade de execução do prometido sem culpa do devedor (caso fortuito ou força maior); c) pelo implemento de condição ou termo extintivo.

Execução forçada (judicial)

Quando o devedor não cumprir voluntariamente a obrigação, o credor poderá obter seu adimplemento mediante medidas judiciais. O crédito pode ser satisfeito por: **a) execução específica**, quando o credor deseja exatamente a prestação prometida; b) **execução genérica** – Quando o credor executa bens do devedor para obter o valor da prestação não cumprida.

Enriquecimento ilícito

O enriquecimento sem causa é proibido em nosso Direito, baseado no princípio da eqüidade. Atualmente várias ações têm o objetivo de evitar o locupletamento de coisa alheia. Uma delas é a repetição de indébito no caso de **pagamento indevido**. Quem paga o indevido pode pedir restituição desde que prove que pagou por erro. Quem recebeu é obrigado a restituir.

EM RESUMO

OBRIGAÇÕES – PARTE GERAL

Arts. 233 a 420 e 840 a 886, CC

Conceito – Relação jurídica de natureza transitória entre credor e devedor cujo objeto consiste em uma prestação pessoal econômica.

Elementos constitutivos

1. **Subjetivo**
   a) Sujeito ativo: credor.
   b) Sujeito passivo: devedor.
2. **Objetivo:** objeto da obrigação – prestação.
3. **Vínculo jurídico:** elo que sujeita o devedor a determinada prestação em favor do credor.

Fontes – Lei (fonte primária ou imediata das obrigações), negócio jurídico (unilateral ou bilateral) e ato ilícito.

Classificação

1. **Quanto ao objeto**
   a) Positivas
   - Obrigação de dar:
     – coisa certa (arts. 233 a 242): devedor se obriga a dar coisa individualizada (móvel ou imóvel, abrangendo acessórios);
     – coisa incerta (arts. 243 a 246): obrigação de entregar objeto incerto, porém já indicado pelo gênero e quantidade; falta a qualidade (ex.: obrigação de entregar dez bois).
   - Obrigação de fazer (arts. 247 a 249): prestação de serviço ou ato positivo pelo devedor.

   b) Negativas
   - Obrigação de não fazer (arts. 250 e 251): o devedor se compromete a não praticar certo ato que poderia ser praticado, não fosse a obrigação assumida.
2. **Quanto a seus elementos**
   a) Simples – Um sujeito ativo, um sujeito passivo e um objeto.
   - Pluralidade de objetos:
     – cumulativa;
     – alternativa (arts. 252 a 256).

b) Compostas

- Pluralidade de sujeitos: ativa – pluralidade de credores.
- Solidariedade: passiva – pluralidade de devedores (arts. 264 a 285).
  A solidariedade não se presume. Resulta da lei ou vontade das partes (art. 265).

3. Quanto aos elementos acidentais – Puras, condicionais, a termo ou modais.

4. Outras modalidades

- líquidas ou ilíquidas;
- divisíveis ou indivisíveis (arts. 257 a 263);
- de resultado, ou de meio, ou de garantia;
- principais ou acessórias;
- *propter rem* – híbridas: parte direito real, parte direito pessoal (ex.: condomínio);
  - naturais – dívidas prescritas, de jogo, etc.

Efeitos das obrigações – Operam entre as partes e seus herdeiros, não sendo personalíssima a obrigação.

Cláusula penal – Penalidade acessória imposta pela inexecução total ou parcial da obrigação (compensatória) ou pela mora em seu cumprimento (moratória).

Mora

a) do devedor (*solvendi*, *debitoris*):
- *ex re* – previsto em lei (arts. 394 a 401);
- *ex persona* – providência do credor.

b) do credor (*accipiendi*, *creditoris*).

Extinção das obrigações

1. Pagamento direto

a) pessoas – *solvens* (devedor) e *accipiens* (credor);
b) objeto e prova do pagamento – quitação (arts. 313 a 326);
c) lugar do pagamento – regra (arts. 327 a 330): *quérable* – domicílio do devedor; exceção: *portable* – domicílio do credor;
d) tempo – vencimento: fixado pelas partes (arts. 331 a 333).

2. Formas especiais de pagamento

a) Pagamento por consignação (arts. 334 a 345) – Devedor deposita a coisa devida, liberando-se de obrigação líquida e certa.

b) **Pagamento com sub-rogação** (arts. 346 a 351) – Substituição na obrigação de uma coisa por outra (real) ou de uma pessoa por outra (pessoal) com os mesmos ônus e atributos.

c) **Imputação ao pagamento** (arts. 352 a 355) – Pessoa obrigada por dois ou mais débitos da mesma natureza, líquidos e vencidos, a um só credor tem o direito de escolher qual deles está pagando.

3. **Pagamento indireto**

a) **Dação em pagamento** (arts. 356 a 359) – Acordo de vontades entre credor e devedor em que há a entrega de uma coisa em substituição de dinheiro.

b) **Novação** (arts. 360 a 367) – Criação de obrigação nova e extinguindo a anterior, modificando o objeto (**objetiva** ou **real**) ou substituindo uma das partes (**subjetiva**).

c) **Compensação** (arts. 368 a 380) – Duas ou mais pessoas são ao mesmo tempo credoras e devedoras umas das outras.

d) **Confusão** (arts. 381 a 388) – Incidência em uma mesma pessoa das qualidades de credor e devedor.

Observação

O novo Código Civil trata a ***transação*** *(arts. 840 a 850) e a* ***arbitragem*** *(arts. 851 a 853) como* ***formas de contrato*** *e não como formas de pagamento.*

4. **Extinção sem pagamento** – Remissão (perdão), prescrição, termo.
5. **Judicial** – Execução forçada – ações judiciais.

6

CONTRATOS – PARTE GERAL

Conceito

Segundo Maria Helena Diniz (*Curso de Direito Civil brasileiro*, v. III, *Teoria das obrigações contratuais e extracontratuais*), contrato é o acordo de duas ou mais vontades, na conformidade da ordem jurídica, destinado a estabelecer uma regulamentação de interesses entre as partes, com o escopo de adquirir, modificar ou extinguir relações jurídicas de natureza patrimonial.

Elementos constitutivos

São elementos essenciais do contrato:

- Existência de **duas ou mais pessoas**, já que o contrato é ato jurídico bilateral.
- **Capacidade** das partes para contratar.
- **Consentimento** (vontades isentas de vícios – erro, dolo, coação, simulação e fraude contra credores).
- **Objeto lícito** (o objeto não pode ser contrário à lei, à moral, aos princípios da ordem pública e aos bons costumes), **possível física ou juridicamente**, **certo** ou, pelo menos, **determinável** (deve conter os elementos necessários para que possa ser determinado; se indeterminado, será inválido e ineficaz) e **economicamente apreciável** (deve versar sobre o interesse capaz de se converter, direta ou indiretamente, em dinheiro; assim, a venda de um simples grão de arroz não interessa ao Direito).
- **Forma prescrita ou não defesa em lei**.

Princípios fundamentais

Os contratos se submetem a alguns princípios fundamentais. Seguindo a orientação de Maria Helena Diniz (*Curso de Direito Civil brasileiro*, v.

III, *Teoria das obrigações contratuais e extracontratuais*), podem-se apontar, de forma resumida:

- **Autonomia da vontade** – Os contratantes têm ampla liberdade para estipular o que lhes convier, a liberdade de contratar ou não, de escolher o outro contratante; o conteúdo do contrato também pertence livremente à determinação das partes. Pode-se contratar sobre o que quiser, mesmo que não previsto em lei. As partes devem agir com lealdade e confiança recíprocas.
- **Observância das normas de ordem pública** – A liberdade de contratar encontra seus limites na lei, na ordem pública (que são normas impositivas, cogentes e visam ao interesse coletivo), nos bons costumes, etc., daí a supremacia da ordem pública sobre os contratos.
- **Obrigatoriedade das convenções** – O contrato faz **lei entre as partes**; suas estipulações devem ser fielmente cumpridas (*pacta sunt servanda*), sob pena de execução patrimonial contra o inadimplente (salvo causas de força maior e caso fortuito). Em regra, o simples acordo de duas ou mais vontades é suficiente para gerar um contrato válido.
- **Relatividade dos efeitos do negócio jurídico** – O contrato, em regra (as exceções serão vistas adiante), não aproveita nem prejudica terceiros, vinculando exclusivamente as partes que nele intervierem. Somente produz efeito entre os contratantes.
- **Boa-fé objetiva** – As partes devem agir com lealdade, probidade e confiança recíprocas (art. 422, CC), não só na elaboração, como na conclusão e execução do contrato, que além da função econômica de circulação de riquezas, serve, também, de mecanismo para se atingir a justiça social, solidariedade, dignidade da pessoa humana, etc., que são objetivos primordiais de nossa sociedade, estabelecidos na Constituição. Um contrato deve ser útil e justo.
- **Outros princípios** – A liberdade de contratar será exercida em razão e nos limites da **função social do contrato** (art. 421, CC) – na interpretação do contrato, atém-se mais à intenção do que ao sentido literal das disposições escritas; justiça contratual (protegida por institutos como o da **onerosidade excessiva**, para dar maior equilíbrio às partes e ao contrato; estado de perigo; lesão, etc.).

Formação

O contrato nasce da conjunção de duas ou mais vontades coincidentes. Sem o mútuo consenso, não haverá contrato. O contrato possui duas fases:

1. Proposta (também chamada de **oferta**, **policitação** ou **oblação**) – É um pré-contrato. Visa à formação de um contrato futuro. Trata-se da manifestação da vontade de contratar, por uma das partes, solicitando a concordância da outra.

Regra – Vincula o proponente ou policitante (art. 427, CC); caso não seja mantida, obriga a perdas e danos.

Exceções – A proposta deixa de obrigar:

- se, feita sem prazo a pessoa presente (ou por telefone), não for imediatamente aceita;
- se, feita sem prazo a pessoa ausente, tiver decorrido tempo suficiente para chegar a resposta ao conhecimento do proponente;
- se, feita a pessoa ausente, não tiver sido expedida a resposta dentro do prazo dado;
- se, antes da proposta ou juntamente com ela, chegar ao conhecimento da outra parte a retratação do proponente.

2. Aceitação – É a manifestação da vontade do destinatário, consentindo com a proposta. O aceitante também é chamado de **oblato**.

Regras:

- entre presentes, deve ser imediata;
- entre ausentes, deve chegar a tempo, isto é, no prazo marcado; nesse caso, se a aceitação chegar após o prazo marcado, deverá o proponente avisar o aceitante, sob pena de responder por perdas e danos;
- aceitação fora do prazo ou com adições, restrições, modificações corresponde a nova proposta (contraproposta);
- se o negócio for daqueles em que é preciso a aceitação expressa ou se o proponente a tiver dispensado, reputar-se-á concluído o contrato, não chegando a tempo a recusa;
- a aceitação admite retratação se, antes dela ou com ela, chegar ao proponente a retratação do aceitante.

Momento da conclusão

- **Entre presentes** – No momento da aceitação da proposta.
- **Entre ausentes** – Pela teoria da expedição, os contratos por correspondência epistolar ou telegráfica tornam-se perfeitos, em regra, no momento em que a **aceitação é expedida**. Não se considera concluído: se a retratação chegar antes ou junto com a aceitação; o proponente se houver comprometido a esperar a resposta; a resposta não chegar no prazo convencionado.

Local da celebração

De acordo com o artigo 435 do Código Civil, o negócio jurídico reputa-se celebrado no lugar em que foi **proposto** (a regra é dispositiva, isto é, admite convenção em contrário).

Contrato preliminar

É aquele por meio do qual as partes se comprometem a celebrar mais tarde outro contrato, chamado principal ou definitivo. Presume-se irretratável. Se uma das partes desistir do negócio, sem justa causa, a outra poderá exigir-lhe, coercitivamente, seu cumprimento, sob pena de multa diária, fixada no contrato ou pelo juiz. As partes são denominadas **promitentes**.

Classificação

Dada sua variedade, os contratos são passíveis de várias classificações.

Contratos unilaterais ou bilaterais

Como visto, o **ato jurídico** pode ser unilateral ou bilateral. **O contrato é ato jurídico bilateral**, uma vez que necessita de duas vontades. No entanto, também pode ser classificado como unilateral.

O contrato é **unilateral** quando apenas um dos contratantes assume obrigações em face do outro. É o que ocorre na doação pura e simples, no mútuo, no comodato, etc. Há duas vontades: a do doador e a do donatário. No concurso de vontades nascem obrigações apenas para o doador.

No contrato **bilateral**, também conhecido como **sinalagmático** (*synallagma*, em grego, significa contrato), cada um dos contratantes é simultânea e reciprocamente credor e devedor do outro, pois produz direitos e obrigações para ambos (ex.: compra e venda – o vendedor deve entregar a coisa e tem o direito ao preço; o comprador deve pagar o preço e tem o direito de receber o objeto que comprou. Outros exemplos: permuta, locação, etc.).

Atenção

O **ato jurídico** pode ser: a) **unilateral:** uma vontade (ex.: renúncia, testamento, promessa de recompensa); b) **bilateral:** duas vontades (ex.: perdão, contratos em geral). O **contrato**, por sua vez, subdivide-se em: a) **unilateral:** duas vontades, mas apenas uma se obriga (ex.: doação pura e simples). b) **bilateral:** duas vontades – ônus e vantagens recíprocas (ex.: compra e venda).

Contratos onerosos ou gratuitos

Os contratos **onerosos** são aqueles em que ambas as partes assumem ônus e obrigações (ex.: locação).

Nos contratos **gratuitos** (ou **benéficos**), uma das partes tem ônus e a outra, vantagens (ex.: doação, depósito, comodato).

Contratos comutativos ou aleatórios

O contrato é **comutativo** quando as prestações de ambas as partes são **conhecidas** e guardam relação de **equivalência**, ou seja, a coisa entregue por uma das partes e o preço pago pela outra são conhecidos no momento da realização do contrato e guardam relação de equivalência (ex.: compra e venda).

Já o contrato **aleatório** é aquele em que a prestação de uma das partes **não é conhecida** com exatidão no momento da celebração do contrato, como no caso de compra da produção da próxima safra de um pomar. No momento da celebração do contrato, o preço já é fixado, mas se ignora a quantidade da produção e mesmo se haverá produção. Existe, pois, um risco, a álea. Essa "álea" pode se referir à quantidade e à própria existência da coisa.

Contratos nominados ou inominados

Os contratos **nominados** ou **típicos** são aqueles que têm denominação prevista no Código Civil (ex.: compra e venda, locação, comodato) ou em leis especiais (ex.: incorporação imobiliária – Lei 4.591/64, contratos bancários – Lei 4.595, etc.).

Inominados ou **atípicos** são os contratos criados pelas partes, segundo o princípio da liberdade contratual, e não correspondem a nenhum tipo previsto no Código Civil ou em leis especiais (ex.: cessão de clientela).

Contratos paritários ou de adesão

Os contratos **paritários** são aqueles em que os interessados, colocados em pé de igualdade, discutem as cláusulas contratuais, uma a uma, eliminando os pontos divergentes mediante transigência mútua.

Nos contratos **de adesão**, a manifestação de vontade de uma das partes se reduz a mera anuência a uma proposta da outra; uma das partes adere às cláusulas já estabelecidas pela outra (ex.: contrato de transporte, fornecimento de gás, água, seguro, financiamento bancário). Deve ser escrito com letras grandes e legíveis. As partes são o **proponente** e o **aderente** (que adere às cláusulas apresentadas; é a parte mais fraca do contrato, que não deve ser confundida com "mais pobre").

O contrato de adesão não pode ser impresso em "letras miúdas", com redação confusa, com terminologia vaga e ambígua, nem conter cláusulas desvantajosas para um dos contratantes. A cláusula que implicar limitação ao direito do consumidor deve ser redigida com destaque (letras maiores), permitindo sua imediata e fácil compreensão. Na dúvida, vigora a interpretação mais favorável ao aderente. O artigo 54 do Código de Defesa do Consumidor admite essa espécie de contrato, acrescentando que a inserção de cláusula no formulário não desfigura a natureza de adesão do contrato (seria uma apertada margem reservada à negociação).

Contratos consensuais, solenes ou reais

Consensuais ou **não solenes** são os contratos que se perfazem pelo simples acordo das partes; não se exige nenhuma forma especial para sua celebração (ex.: compra e venda de bens móveis, locação, transporte).

Os contratos **solenes** ou **formais** são aqueles em que a lei exige, para sua celebração, **forma especial** que lhes dará existência; a falta de formalidade leva à nulidade do negócio (ex.: compra e venda de bens imóveis exige não só a escritura pública, mas a transcrição no Registro de Imóveis).

Reais são os contratos que apenas se ultimam com a **entrega da coisa**, feita de um contratante para outro (ex.: comodato, mútuo, penhor, depósito). Antes da entrega da coisa, tem-se apenas **promessa** de contratar e não um contrato perfeito e acabado.

Contratos principais ou acessórios

Os contratos **principais** são aqueles que existem por si, exercendo sua função e finalidade independentemente de outro.

Acessórios são os contratos cuja existência supõe a do principal, pois visam a assegurar sua execução (ex.: a **fiança** é contrato acessório, estabelecido para garantir a locação, que é o principal; logo, a fiança não poderá existir sem a locação).

Contratos impessoais ou pessoais (*intuitu personae*)

Impessoais são os contratos que independem de quem sejam as partes nele envolvidas; a pessoa do contratante é juridicamente indiferente para a conclusão do negócio.

Pessoais (***intuitu personae***) são os contratos que se realizam em função das qualidades especiais de uma pessoa, sendo motivo determinante para sua conclusão (ex.: outorgo mandato a pessoa de minha confiança; desejo ser operado por cirurgião de minha confiança).

Efeitos dos contratos

Exceção de contrato não cumprido

Em latim, *exceptio non adimpleti contractus*. Nos contratos sinalagmáticos (bilaterais), a regra é que nenhum dos contratantes poderá, antes de cumprir sua obrigação, exigir a do outro (art. 476, CC). Isso porque há dependência recíproca das prestações, que, por serem simultâneas, são exigíveis ao mesmo tempo. A *exceptio* é um modo de **defesa** oponível pelas partes. Assim, se uma parte não cumpriu o contrato, a outra tem direito de opor-lhe, em defesa, essa exceção. Por exemplo: na compra e venda a vista, o dever de pagar o preço e o de entregar a coisa estão ligados; logo, cada contratante poderá recusar-se a cumprir sua obrigação, opondo a *exceptio non adimplenti contractus*. No entanto, se uma parte não cumpriu o dever contraído, não lhe será lícito exigir que a outra cumpra seu dever.

A mesma regra é aplicada no caso de cumprimento incompleto, defeituoso e inexato da prestação por um dos contratantes (*exceptio non rite adimpleti contractus*). Uma das partes pode recusar-se a cumprir sua obrigação até que a prestação se complete ou melhore (art. 477, CC).

Excepcionalmente, será permitido a quem incumbe cumprir a prestação em primeiro lugar **recusar-se** a seu cumprimento até que a outra parte satisfaça a prestação que lhe compete ou dê alguma **garantia** de que será cumprida. Contudo, isso somente é admissível quando, depois de concluído o contrato, sobrevier diminuição em seu patrimônio que comprometa ou torne duvidosa a prestação a que se obrigou.

Cláusula *solve et repete* – A *exceptio* não poderá ser argüida se houver renúncia ou impossibilidade da prestação ou se o contrato contiver a cláusula *solve et repete*, que torna a exigibilidade da prestação imune a qualquer pretensão contrária do devedor, isto é, o contratante renuncia, abre mão da *exceptio*.

Rescisão – A parte lesada pelo inadimplemento da obrigação pela outra pode pedir rescisão do contrato, com perdas e danos.

Direito de retenção

É a permissão concedida pela norma ao credor de conservar em seu poder coisa alheia, já que a detém legitimamente, além do momento em que deveria restituir, até o pagamento do que lhe é devido. São requisitos desse direito:

a) detenção da coisa alheia;

b) conservação dessa detenção;

c) crédito líquido, certo e exigível do retentor, em relação de conexidade com a coisa retida.

Por exemplo: uma pessoa foi possuidora de boa-fé de uma casa, realizando benfeitorias necessárias, porém o proprietário moveu ação de reintegração de posse e ganhou. O possuidor deve sair do imóvel, mas tem direito de ser indenizado pelas benfeitorias necessárias (também pelas úteis) que realizou; enquanto não for indenizado, pode **reter** o imóvel até o valor delas. Esse direito está assegurado: a todo possuidor de boa-fé, que tem direito à indenização por benfeitorias necessárias ou úteis (art. 1.219, CC); ao credor pignoratício (art. 1.433, I e II, CC); ao depositário (art. 644, CC); ao mandatário (art. 681, CC), etc.

Revisão dos contratos

Em princípio, os contratos devem ser cumpridos como foram estipulados (*pacta sunt servanda*). No entanto, excepcionalmente, admite-se a revisão judicial dos contratos de cumprimento a prazo ou em prestações sucessivas, isso quando uma das partes vem a ser prejudicada sensivelmente por uma alteração imprevista da conjuntura econômica. A possibilidade dessa alteração está lastreada na teoria da imprevisão, pela qual entende-se implícita nos contratos a termo ou sucessivo a cláusula *rebus sic stantibus* ("o mesmo estado das coisas"; "as coisas ficam como estão"; "as coisas como se encontram"). Atualmente há previsão expressa dessa situação no Código Civil (arts. 478 a 480). Por exemplo: contratou-se uma obra e, no curso desta, houve um plano econômico que redundou em aumento sensível no custo do material, aumento este totalmente imprevisível, tornando a obra inviável pelo preço combinado. Nesse caso, é possível a revisão judicial do contrato, provando-se o alegado.

Assim, o evento extraordinário imprevisto, que dificulta o adimplemento da obrigação, é motivo de **resolução contratual por onerosidade excessiva**. A parte lesada ingressa em juízo pedindo a rescisão do contrato **ou** o reajustamento da prestação.

O juiz deve verificar:

- vigência de contrato comutativo;
- alteração das condições econômicas;
- onerosidade excessiva para uma das partes;
- imprevisibilidade da alteração.

Regras aplicáveis aos contratos gratuitos

O Código Civil estabelece que os contratos gratuitos devem ser interpretados restritivamente. Como regra, prevalece a inexigibilidade de cláusula penal em razão de falência. Os contratos gratuitos, se reduzirem o alienante à condição de insolvência, são anuláveis pelos credores quirografários.

Arras ou sinal

Arts. 417 a 420, CC

É uma quantia em dinheiro ou coisa, entregue por um dos contratantes ao outro, para assegurar o cumprimento da obrigação. Trata-se de garantia para o cumprimento do contrato e princípio de pagamento. Existem duas espécies:

- **Arras penitenciais** – Quando o contrato permite o arrependimento.
  - Quem deu o sinal e se arrepende perde-o.
  - Quem recebeu o sinal e se arrepende devolve-o em dobro.
- **Arras confirmatórias** – Quando o contrato não prevê e não permite o arrependimento.
  - Não é possível o arrependimento.
  - O contrato torna-se obrigatório.
  - Se qualquer das partes não cumprir o contrato, cabe rescisão com perdas e danos.

Estipulação em favor de terceiro

Arts. 433 a 438, CC

Um dos princípios do contrato é que ele não prejudica nem beneficia terceiros, atingindo apenas as partes que nele intervieram (princípio da relatividade). No entanto, esse princípio não é absoluto, podendo favorecer terceiros. Dá-se estipulação em favor de terceiro quando se pactua vantagem para pessoa que não é parte do contrato. Por exemplo: "A" (estipulante) compra uma casa de "B" (promitente) para que este a entregue para "C" (beneficiário). "C" não é parte do contrato, mas é favorecido por ele. Nesse caso, o que estipula como terceiro (beneficiário) pode exigir o cumprimento da obrigação.

Vício redibitório

Arts. 441 a 446, CC

Segundo o ensinamento de Washington de Barros Monteiro (*Curso de Direito Civil*), vícios redibitórios são defeitos ocultos na coisa objeto de contrato comutativo que a tornam imprópria ao uso a que se destina ou lhe diminuem sensivelmente o valor, de tal modo que o ato negocial não se realizaria se esses defeitos fossem conhecidos, dando ao adquirente ação para redibir o contrato ou para obter abatimento no preço ("redibir", aqui, significa restituir coisa defeituosa). Por exemplo: uma pessoa compra um cavalo puro-sangue portador de uma doença, e o cavalo vem a morrer daí a poucos dias; se o comprador soubesse do defeito oculto, não teria realizado o negócio. Trata-se de uma garantia, constituindo um dos efeitos dos contratos comutativos e bilaterais, como na compra e venda, troca ou permuta, doação gravada com encargo (doação onerosa), etc.

REGRAS

- O alienante é sempre responsável, mesmo que não conheça o defeito, exceto se o contrário previr o contrato. Se o alienante (art. 443, CC):
  - sabia do defeito, restituirá o que recebeu, mais perdas e danos;
  - não sabia do vício, restituirá o valor recebido, mais despesas do contrato.
- Há responsabilidade do alienante se a coisa perecer na posse do adquirente e o vício oculto já existia antes da tradição (art. 444, CC).
- Ações edilícias:
  - **Ação redibitória** – Visa à **devolução** do dinheiro e restituição da quantia paga, reembolso de despesas e até perdas e danos (no caso de o alienante conhecer o vício).
  - **Ação estimatória** (ou ***quanti minoris***) – Visa a conservar a coisa, reclamando o **abatimento** proporcional do preço em que o defeito a depreciou (art. 442, CC).
- No caso de bem adquirido em hasta pública, não se pode redibir o contrato nem pedir abatimento do preço. No entanto, se for um leilão de arte ou de animais em rodeios, a responsabilidade subsiste.
- Os contratos objeto do vício redibitório são os comutativos e os de doação com encargo (doação em que o beneficiário, para receber o bem doado, assume algum ônus).
- Não caberá nenhuma reclamação se as partes pactuarem que o alienante não responde por vícios ocultos (ex.: vendas de "saldão" em que se anunciam pequenos defeitos).

DECADÊNCIA

Nos negócios civis, o prazo de reclamação e propositura das ações edilícias, contado da entrega efetiva (tradição), é de (art. 445, CC): 30 dias para bens móveis; um ano para bens imóveis. Se o comprador já estava na posse, o prazo é reduzido pela metade

Observações

- *Quando o vício só puder ser conhecido mais tarde, o prazo conta-se a partir do instante em que dele se tiver ciência, até o máximo de 180 dias no caso de móveis e um ano no de imóveis.*
- *As partes podem estabelecer outros prazos (ex.: na compra de veículos, é comum estipular prazo de dois anos de garantia), mas o adquirente deve denunciar o defeito ao alienante nos 30 dias seguintes a seu descobrimento, sob pena de decadência.*

CÓDIGO DE DEFESA DO CONSUMIDOR

Atualmente a matéria é regulada também pela Lei 8.078/90 (Código de Defesa do Consumidor). Se uma pessoa adquire um bem de um particular, a reclamação rege-se pelo Código Civil; se de um comerciante, pelo Código de Defesa do Consumidor. A lei considera vícios redibitórios tanto os defeitos ocultos na coisa como os aparentes ou de fácil constatação. Os prazos são decadenciais a partir da data da entrega efetiva do produto ou do término da execução dos serviços: 30 dias para produto não-durável (ex.: alimentos); 90 dias para produto durável (ex.: uma cadeira).

Os fornecedores, quando efetuada a reclamação direta, têm prazo máximo de 30 dias para sanar o vício. Não o fazendo, pode o consumidor exigir alternativamente: substituição do produto, restituição da quantia paga (mais perdas e danos) ou abatimento proporcional do preço. O prazo pode ser alterado, de comum acordo, para no mínimo sete e no máximo 180 dias.

Código Civil	Código de Defesa do Consumidor
Objeto: bens objetos de contratos comutativos (móveis ou imóveis).	**Objeto:** produtos (móveis ou imóveis; corpóreos ou incorpóreos) e serviços.
Defeito oculto.	Defeito oculto, aparente ou de fácil constatação; qualidade no produto ou serviço não correspondente à propaganda, rótulo, etc.
Efeitos: rescindir o contrato, pedir abatimento no preço ou substituir ou consertar a coisa.	**Efeitos:** idem.
Prazos de decadência: • Bens móveis – 30 dias da tradição. • Bens Imóveis – 1 ano da tradição.	**Prazos de decadência:** • Produtos ou serviços duráveis – 90 dias da constatação ou da entrega. • Produtos não-duráveis – 30 dias da constatação ou entrega.

Evicção

Arts. 447 a 457, CC

É a perda da propriedade para terceiro, em razão de ato jurídico anterior e de sentença judicial. No dizer de Washington de Barros Monteiro (*Curso de Direito Civil*), a evicção supõe a perda total ou parcial da coisa, em mão do adquirente, por ordem do juiz, que a defere a outrem. Por exemplo: "A" vende para "B" um imóvel que "C" havia usucapiado. Caso "C" obtenha a sentença judicial de usucapião, "B" perderá o imóvel. Ocorre aí a evicção, e "A" fica obrigado a indenizar "B". Nesse caso, "A" é o alienante, "B" o evicto e "C" o evictor.

REGRAS

- O alienante responde pelos riscos da evicção.
- A responsabilidade da evicção decorre da lei; não precisa haver previsão no contrato.
- Essa responsabilidade, no entanto, pode ser excluída expressamente. Mesmo excluída, se ocorrer, o alienante responde por ela, exceto se o adquirente sabia do risco e expressamente o assumiu. A responsabilidade, então, consiste na devolução do preço.

DIREITOS DO EVICTO

- Restituição integral do preço pago e despesas com o contrato (ex.: impostos).
- Prejuízos decorrentes da evicção, com a indenização dos frutos que for obrigado a restituir.
- Custas judiciais.

Observações

- *A evicção pode ser total ou parcial. Nesse último caso, o adquirente pode optar entre rescindir o contrato ou exigir restituição do preço da parte evicta.*
- *Para poder responsabilizar o alienante, o adquirente deve, quando for instaurado o processo judicial, chamar o alienante ao processo. É a denunciação à lide, obrigatória para que o evicto possa exercer o direito que da evicção lhe resulta.*

Extinção da relação contratual

Tendo em vista a falta de sistematização legal, há grande divergência doutrinária sobre terminologias, conceitos e classificações sobre os modos extintivos dos contratos. Por sua maior clareza, acolhe-se, aqui, o sistema adotado por Maria Helena Diniz (*Curso de Direito Civil brasileiro*, v. III, *Teoria das obrigações contratuais e extracontratuais*), a seguir exposto resumidamente.

O contrato, como qualquer negócio jurídico, possui um ciclo de existência: nasce do mútuo consentimento, sofre as vicissitudes de sua carreira e termina normalmente com o cumprimento das prestações.

A **execução** do contrato é o modo normal de extinção de uma relação contratual. O devedor executa a prestação e o credor atesta o cumprimento por meio da **quitação** (ou **recibo**), que é um direito do devedor. Se a quitação não lhe for entregue ou se lhe for oferecida de forma irregular, poderá reter o pagamento (sem que se configure a mora) ou efetuar a consignação em pagamento.

No entanto, um contrato pode ser extinto antes de seu cumprimento ou em seu decurso. São as causas **anteriores** ou **contemporâneas** ao nascimento do contrato (ex.: nulidade) ou **supervenientes** a sua formação (ex.: distrato).

Embora a doutrina não seja unânime quanto ao uso das terminologias sobre o tema, costuma-se dizer que, quando o contrato não chegou a seu término, ocorreu a **rescisão** (ou **dissolução**) **contratual**.

A **rescisão** (gênero) pode dar-se por:

a) **Causas anteriores ou contemporâneas:**
   - **Nulidades** – Não observância de normas jurídicas atinentes a seus requisitos subjetivos, objetivos e formais (capacidade, objeto, consentimento, forma, etc.).
   - **Condição resolutiva** – Os contratantes podem estipular expressamente que, caso uma das partes não cumpra determinada obrigação, o contrato se rescinde automaticamente, de pleno direito, sujeitando o faltoso a perdas e danos (arts. 474, primeira parte, e 128, CC).
   - **Direito de arrependimento** – Previsto no próprio contrato, quando os contratantes estipulam que este será rescindido, mediante declaração unilateral de vontade, se qualquer deles se arrepender. Esse direito pode estar previsto em lei; por exemplo, o artigo 49 do Código de Defesa do Consumidor permite ao consumidor a desistência do contrato, dentro de sete dias (contados da assinatura ou do ato de recebimento do produto ou serviço), sempre que a contratação se der fora do estabelecimento comercial, especialmente por telefone ou em domicílio, sendo os valores pagos devolvidos de forma atualizada.

b) **Causas supervenientes** – A rescisão pode se dar pela **resolução** (extinção do contrato por descumprimento) ou pela **resilição** (dissolução por vontade bilateral ou unilateral, quando admissível), nas seguintes hipóteses:

- **Resolução por inexecução voluntária** – Impossibilita a prestação por culpa do devedor (tanto na obrigação de dar como na de fazer). Sujeitará o inadimplente ao ressarcimento por todas as perdas e danos (danos emergentes e lucros cessantes).
- **Resolução por inexecução involuntária** – Impossibilita o cumprimento da obrigação nos casos de força maior ou caso fortuito. Não haverá perdas e danos, mas tudo será devolvido.
- **Resolução por onerosidade excessiva** – Um evento extraordinário e imprevisível dificulta extremamente o adimplemento do contrato (teoria da imprevisão, cláusula *rebus sic stantibus*). Provadas as condições, pode haver a rescisão ou revisão das prestações.
- **Resilição bilateral ou distrato** – É um novo contrato em que ambas as partes resolvem, de comum acordo, pôr fim ao contrato anterior que firmaram. Submete-se às mesmas normas e formas relativas aos contratos.
- **Resilição unilateral** – Há contratos que admitem dissolução pela simples declaração de vontade de uma das partes (também chamada de denúncia vazia). Só ocorre excepcionalmente, como no mandato, no comodato e no depósito. Opera-se mediante denúncia notificada à outra parte. Assume a feição de resgate, renúncia ou revogação.
- **Morte de um dos contratantes** – Só é causa extintiva em obrigações personalíssimas (*intuitu personae*). Nesse caso, o contrato se extingue de pleno direito.

Em Resumo

Contratos – Parte Geral

Conceito – Acordo de vontades que visa à criação, modificação ou extinção de relações jurídicas de natureza patrimonial.

Elementos constitutivos

- Duas ou mais pessoas.
- Capacidade.
- Consentimento.
- Objeto lícito, possível, determinado ou determinável e economicamente apreciável.
- Forma prescrita ou não defesa em lei.

Princípios

- Autonomia da vontade: liberdade para estipular o que lhes convier.
- Observância das normas públicas: supremacia da lei (normas impositivas que visam ao interesse coletivo).
- Obrigatoriedade das obrigações (*pacta sunt servanda*): em regra, o simples acordo de duas ou mais vontades é suficiente para gerar o contrato.
- Relatividade dos efeitos: o contrato, em regra, só vincula as partes que nele intervierem.
- Boa-fé: as partes devem agir com lealdade e confiança recíprocas.

Formação – Duas vontades: proposta (ou oferta) e aceitação. Regra: feita a proposta, vincula o proponente (art. 427, CC).

Momento da celebração

- Entre presentes: momento da aceitação da proposta;
- Entre ausentes (teoria da expedição): momento em que a aceitação é expedida.

Local da celebração – Regra dispositiva (art. 435, CC): no lugar em que foi proposto (admite-se convenção em contrário).

Classificação

- **Unilaterais** (apenas um dos contratantes assume obrigações em face do outro) ou **bilaterais** (direitos e obrigações para ambas as partes – sinalagmáticos).

- **Onerosos** (ambas as partes assumem obrigações) ou **gratuitos** (oneram somente uma das partes). Em regra, os contratos bilaterais são também onerosos, e os unilaterais, gratuitos. Exceção: mútuo sujeito a juros, que obriga a devolução da quantia emprestada (contrato unilateral), devendo-se pagar os juros (contrato oneroso).
- **Comutativos** (prestações de ambas as partes são conhecidas e guardam relação de equivalência) ou **aleatórios** (uma das prestações não é conhecida no momento da celebração do contrato).
- **Nominados** (denominação prevista em lei) ou **inominados** (contratos criados pelas partes, não havendo tipificação legal).
- **Paritários** (os interessados discutem as cláusulas contratuais em pé de igualdade) ou **de adesão** (uma das partes adere às cláusulas já estabelecidas pela outra).
- **Consensuais** (perfazem-se pelo simples acordo de vontades), **solenes** (lei exige forma especial para sua celebração) ou **reais** (perfazem-se com a entrega da coisa).
- **Principais** (existem por si, independentemente de outro) ou **acessórios** (sua existência supõe a do principal).
- **Pessoais** (*intuitu personae* – a pessoa do contratante é fundamental para sua realização) ou **impessoais** (a pessoa do contratante é indiferente para a conclusão do negócio).

Efeitos dos contratos

a) **Exceção de contrato não cumprido** (regra nos contratos bilaterais) – Nenhum dos contratantes poderá, antes de cumprir sua obrigação, exigir a do outro (arts. 476 e 477, CC).
b) **Direito de retenção** – Permite ao credor conservar coisa alheia em seu poder além do momento em que deveria restituir, até o pagamento do que lhe é devido.
c) **Revisão dos contratos** – Imprevisão, onerosidade excessiva, *rebus sic stantibus* (arts. 478 a 480, CC). Excepcionalmente, admite-se a revisão judicial dos contratos quando uma das partes vem a ser prejudicada sensivelmente por uma alteração imprevista da conjuntura econômica. O evento extraordinário imprevisto, que dificulta o adimplemento da obrigação, é motivo de resolução contratual por onerosidade excessiva. A parte lesada ingressa em juízo pedindo a rescisão do contrato ou o reajustamento da prestação.

d) **Regra dos contratos gratuitos** – Devem ser interpretados de forma restritiva.
e) **Arras ou sinal** – Prova de conclusão do contrato; assegura o cumprimento da obrigação e é princípio de pagamento (arts. 417 a 420, CC). Arrependimento previsto – arras penitenciais; arrependimento não previsto – arras confirmatórias.
f) **Estipulação em favor de terceiros** – Pactua-se vantagem para terceira pessoa que não é parte no contrato (arts. 433 a 438, CC).
g) **Vício redibitório** – Vício ou defeito oculto na coisa que a torna imprópria para o uso a que se destina ou lhe diminui o valor (arts. 441 a 446, CC, e Código de Defesa do Consumidor). Redibir = restituir coisa defeituosa.
h) **Evicção** – Perda da propriedade para terceiro por sentença judicial e ato jurídico anterior (arts. 447 a 457 CC). Nos contratos onerosos, o alienante responde pela evicção.

Extinção da relação contratual

- **Normal:** execução (quitação).
- **Rescisão ou dissolução**
  - **Causas anteriores ou contemporâneas:** nulidade, condição resolutiva, arrependimento.
  - **Causas supervenientes:** resolução (descumprimento voluntário ou involuntário), resilição (acordo bilateral ou unilateral) ou morte de um dos contratantes em obrigações personalíssimas.

7 Principais Espécies de Contratos

Compra e venda

Arts. 481 a 532, CC

O contrato de compra e venda é aquele pelo qual um dos contratantes se obriga a transferir o domínio de certa coisa, e o outro, a pagar-lhe o preço em dinheiro.

CARACTERÍSTICAS

- **Bilateral ou sinalagmático** – Cria obrigações para ambos os contratantes, que serão ao mesmo tempo credores e devedores.
- **Oneroso** – Ambas as partes auferem vantagens patrimoniais de suas prestações.
- **Comutativo** (regra) – Objeto certo e seguro com equivalência das prestações e contraprestações. **Aleatório** – Depende de um evento incerto.
- **Consensual** (regra) – Forma-se pelo mútuo consenso dos contraentes. **Solene** – Além do consentimento, a lei exige uma forma para sua manifestação (ex.: escritura pública para a compra de imóveis).
- **Translativo do domínio** – Embora a propriedade só seja transferida com a tradição ou com transcrição, serve como *titulo adquirendi*, isto é, como fato gerador da transmissão da propriedade.

ELEMENTOS

São elementos dos contratos de compra e venda, **além** dos comuns a todos os atos jurídicos e a todos os contratos:

a) **Coisa (*res*) ou objeto** – É o objeto da compra e venda, seja ela corpórea (móveis ou imóveis) ou incorpórea (direitos de invenção, de propriedade literária, científica ou artística).

A coisa objeto da compra e venda:

- deve ser disponível ou estar *in commercium*, uma vez que sua inalienabilidade impossibilitaria sua transmissão ao comprador, como nas hipóteses de bem de família, bem público, bem gravado com cláusula de inalienabilidade, bem desapropriado, etc.
- pode se referir a coisa futura, como ocorre nos contratos aleatórios (ex.: frutos de uma colheita esperada), embora deva ser individualizada no momento de sua execução (coisa determinada ou determinável).

b) **Preço** (***pretium***) – É a quantia em dinheiro que o comprador é obrigado a pagar pela coisa; é o valor da compra e venda. A lei diz que deve ser pago em **dinheiro** (art. 481, CC). Todavia, nada impede que o valor expresso em dinheiro seja pago por coisas representativas de dinheiro (cheque, nota promissória, duplicata, etc.). Se consistir em uma coisa por outra, ter-se-á permuta.

O preço deve ser **certo** e fixado de comum acordo pelas partes. É nulo o contrato em que se deixar o preço para ser fixado ao livre-arbítrio de uma das partes (art. 489, CC). Todavia, o preço pode ser fixado:

- no futuro, ao arbítrio de terceiro (art. 485, CC) que os contratantes designarem no contrato ou prometerem designar. Nesse caso, se o terceiro não aceitar a incumbência, o contrato será considerado sem efeito (nulo), salvo se as partes concordarem, no contrato, em designar outra pessoa;
- à taxa de mercado ou da bolsa, em certo e determinado dia e lugar.

Não sendo a venda a crédito, o vendedor não é obrigado a entregar a coisa antes de receber o preço (art. 491, CC).

c) **Consentimento** dos contratantes sobre a coisa, preço e demais condições do negócio *(com relação ao consentimento, veja o capítulo "Atos e fatos jurídicos nos negócios jurídicos")*.

EFEITOS

a) **Tradição** – Obrigação do vendedor de entregar a coisa **com todos os seus acessórios**, transferindo ao adquirente a propriedade. Geralmente a tradição é efetiva ou real, mas, em certos casos, pode ser simbólica, como a entrega de algo que represente a coisa (ex.: chaves do carro).

b) **Garantia** – O vendedor deve garantir a qualidade e bom funcionamento da coisa alienada (garantia contra **vícios aparentes ou redibitórios**) e assegurar ao proprietário a propriedade (garantia contra a **evicção**). Os vícios aparentes poderão ser reclamados dentro do prazo decadencial de 30 (produtos não-duráveis) ou 90 dias (produtos duráveis), contados da entrega do produto. Se o vício for oculto, o prazo é computado no instante em que o defeito se evidenciar.

c) **Riscos** – Relacionam-se com a responsabilidade, caso a coisa ou preço não seja pago.

   Regras (art. 492, CC):

   - **Risco da coisa** – Se o bem vier a se perder ou a se deteriorar, por caso fortuito ou força maior, até o momento da entrega (tradição), o vendedor sofrerá as conseqüências, devendo restituir o preço, se já o havia recebido; se o fato se der após a tradição, sem culpa do vendedor, este terá direito ao preço.
   - **Risco do preço** – Se o preço se perder ou se degradar antes da tradição, o comprador sofrerá o risco; se isso ocorrer após o pagamento, o vendedor arcará com o prejuízo.

   Exceções:

   - Se a coisa, para ser entregue, necessita ser contada, pesada, medida ou assinalada, desde o momento em que tiver sido colocada à disposição do comprador, por sua conta correm os riscos, embora ainda não tenha sido contada, pesada, medida ou assinalada, e caso a coisa se perca por caso fortuito no ato de contar, marcar ou assinalar.
   - Correm por conta do comprador os riscos das coisas que já tiverem sido colocadas a sua disposição no tempo, lugar e modo ajustados, se o comprador estiver em **mora** para recebê-las.

d) **Despesas** para a transferência do bem.

   Regras (art. 490, CC):

   - **Da tradição** – São do devedor (ex.: despesas de carreto, frete, corretagem, comissão).
   - **Da escritura** – São do comprador (além dos impostos sobre transmissão da propriedade, registro, etc.).

e) **Certidões negativas de impostos** – A lei determina que em toda escritura de transferência de imóveis serão transcritas as certidões de se acharem eles **quites** com as Fazendas Federal, Estadual e Municipal de quaisquer impostos a que possam estar sujeitos. Por outro lado, existe a regra de que os ônus dos impostos sobre prédios se transmitem aos adquirentes, **exceto** se constarem da escritura pública as certidões de recebimento, pelo fisco, dos impostos devidos. Dessa forma, exonera-se o adquirente do imóvel que exibir certidão negativa de débito fiscal a que possa estar sujeito o bem adquirido de responsabilidade por dívida anterior do imóvel por impostos.

PROIBIÇÃO DE VENDA

- A lei civil proíbe que os ascendentes vendam aos descendentes quaisquer bens sem que haja o **consentimento** dos outros descendentes e do cônjuge do alienante, salvo se o regime de bens for o de separação obrigatória (art. 496, CC), sob pena de anulação do ato. Essa venda poderia simular uma doação em prejuízo dos demais herdeiros.
- Pessoa casada (exceto no regime de separação absoluta de bens) não poderá alienar ou gravar de ônus os bens imóveis de seu domínio sem a autorização do outro cônjuge (art. 1.647, CC).
- Os consortes não poderão, em regra, fazer contrato entre si, pois a compra e venda entre marido e mulher está proibida (na comunhão universal, seria uma venda fictícia, pois os bens do casal são comuns e ninguém pode comprar o que já lhe pertence).

PROIBIÇÃO DE COMPRA

Não podem ser comprados, ainda que em hasta pública:

- pelos tutores, curadores, testamenteiros e administradores, os bens confiados a sua guarda ou administração;
- pelos mandatários, os bens de cuja administração ou alienação estejam encarregados;
- pelos empregados públicos, os bens da União, dos Estados e dos Municípios que estiverem sob sua administração direta ou indireta, aplicando-se a mesma disposição aos juízes, arbitradores ou peritos que, de qualquer modo, possam influir no ato ou no preço da venda;
- pelos juízes, empregados da Fazenda, secretários de tribunais, escrivães e outros oficiais da Justiça, os bens ou direitos sobre que se litigam em tribunal, juízo ou conselho, no lugar onde esses funcionários servirem ou a que se estender sua autoridade.

VENDA POR AMOSTRA

Ocorre quando o devedor apresenta ao comprador amostras que indiquem a qualidade do produto a ser vendido. Entende-se que o vendedor assegura ter a coisa vendida as qualidades por ele apresentadas.

VENDA DE COISA POSSUÍDA EM CONDOMÍNIO

Um bem pode ter um ou vários proprietários, que, nesse caso, a possuem conjuntamente, dizendo-se, então, que a coisa é possuída em condomínio.

O condomínio pode ser:

- ***pro indiviso*** – quando o bem se encontra não dividido entre os vários proprietários, de modo que cada um apenas possui parte ou fração ideal; nesse caso, há o chamado direito de preferência do condômino sobre a venda de bem indivisível;

- ***pro diviso*** – quando cada condômino tem sua parte delimitada e determinada; nesse caso, cada condômino pode vender sua parte a terceiro sem oferecer aos outros condôminos.

CLÁUSULAS ESPECIAIS À COMPRA E VENDA

Retrovenda

Arts. 505 a 508, CC

É o direito que tem o vendedor de readquirir o imóvel que vendeu, dentro de certo prazo, restituindo ao comprador o preço mais as despesas feitas por este. O prazo para o resgate não passará de três anos. No caso de não se estipular o prazo, este será de três anos. Na hipótese de se determinar prazo maior, este será considerado não escrito. Vencido o prazo, a venda se torna irretratável.

Venda a contento

Arts. 509 a 512, CC

Consiste na hipótese de venda feita sob condição suspensiva. A venda não se aperfeiçoa enquanto o comprador não se declara satisfeito (ex.: "A" vende para "B" certa quantidade de vinho, entregando-a, mas a conclusão do negócio fica na dependência de "B" manifestar sua aceitação, depois de provar o produto).

Enquanto o comprador não manifestar sua vontade, suas obrigações são de mero comodatário. Até esse ato, a coisa pertence ao vendedor.

Preempção ou preferência ou prelação

Arts. 513 a 520, CC

O contrato de compra e venda pode conter cláusula segundo a qual o comprador se obriga a oferecer ao vendedor a coisa objeto do contrato (móvel ou imóvel), se o comprador for vendê-la a terceiro ou dá-la em pagamento, para que o comprador use de seu direito de prelação na compra. O preço será "tanto por tanto", isto é, o que seria pago pelo terceiro. O direito é instramissível, isto é, não se pode ceder a terceiros nem passa aos herdeiros, sendo personalíssimo. Prazo para o exercício da preempção: a) se a coisa for móvel, não poderá exceder 180 dias; b) se for imóvel, não poderá exceder dois anos.

Observação: inexistindo prazo estipulado o direito de preempção caducará em três dias se for móvel, ou 60 dias se for móvel.

Se o comprador alienar a coisa sem ter dado ciência ao vendedor do preço e das vantagens que por ela lhe ofereceram, responderá por perdas e danos. Se o adquirente estiver de má-fé, responde solidariamente.

Reserva de domínio

Arts. 521 a 528, CC

Ocorre quando é estipulado, em contrato de compra e venda de coisa móvel infungível (regra), que o vendedor reserve para si a propriedade do bem até o momento em que se realize o pagamento integral do preço, quando o negócio terá eficácia plena. O vendedor transfere ao comprador a **posse** da coisa, mas conserva a propriedade até o pagamento.

Trata-se de um contrato formal, que deve ser feito por escrito. Para valer contra terceiros, tem de ser registrado no Cartório de Títulos e Documentos. A doutrina predominante o considera uma venda sob condição suspensiva.

Troca ou permuta

Art. 533, CC

O contrato de troca ou permuta é aquele pelo qual as partes se obrigam a dar uma coisa por outra que não seja dinheiro. Operam-se, ao mesmo tempo, duas vendas, servindo as coisas trocadas de compensação recíproca. Também é conhecido por **escambo**.

OBJETO

O objeto da permuta há de ser **dois bens**. Se um dos contratantes der dinheiro ou prestar serviços, não se terá troca. Podem ser trocados todos os bens que puderem ser vendidos, mesmo de espécies diversas e valores diferentes.

Cada um dos permutantes pagará por metade das despesas da troca, além de pagar, cada um, o imposto sobre o valor do bem adquirido.

É anulável a troca de valores desiguais entre ascendentes e descendentes sem o expresso consentimento dos outros descendentes e do cônjuge do alienante; se os valores forem iguais, a troca é válida.

Contrato estimatório

Arts. 534 a 537, CC

Contrato estimatório ou venda em consignação é o negócio jurídico em que alguém recebe de outrem bens móveis, ficando autorizado a vendê-los, obrigando-se a pagar um preço estimado previamente se não restituir as coisas consignadas dentro do prazo ajustado (art. 534, CC).

PARTES

- **Consignante** – É aquele que entrega a coisa.
- **Consignatário** – É aquele que recebe a coisa para vendê-la.

EFEITOS

- O consignante não perderá o domínio da coisa consignada até que o consignatário a negocie com terceiros.
- O consignante não poderá dispor da coisa antes de lhe ser restituída.
- A coisa consignada não poderá ser objeto de penhora pelos credores do consignatário enquanto não for pago integralmente seu preço.
- O consignatário deverá pagar as despesas de custódia e venda.
- O consignatário não se libertará da obrigação de pagar o preço se a restituição da coisa consignada, em sua integridade, se tornar impossível, ainda que por fato a ele não imputável.

Doação

Arts. 538 a 564, CC

Doação é o contrato pelo qual uma pessoa, por liberalidade, transfere de seu patrimônio bens ou vantagens para o de outra, que os aceita.

PARTES

a) **Doador**, é aquele que doa; b) **donatário**, é aquele que recebe a doação.

CARACTERÍSTICAS

- **Contrato unilateral e gratuito** – Requer intervenção de **duas partes** contratantes. No entanto, apenas o doador assume a obrigação de transferir bens ao donatário (somente uma parte é devedora), não havendo contraprestação do donatário. É ato de liberalidade. Todavia, pode ter um encargo, caso o doador obrigue o donatário a, por exemplo, construir, plantar certa cultura, etc.
- **Supõe a aceitação** – O contrato de doação só se aperfeiçoa com a aceitação do bem por parte do donatário. Referida aceitação pode ser expressa ou tácita, caso o doador marque prazo para a recusa e nele não se manifesta o donatário. A aceitação precisa ser expressa se a doação for com encargos.

- **Forma** – É um contrato solene, pois o artigo 541 do Código Civil lhe impõe uma forma que deverá ser respeitada, sob pena de não valer o contrato. É obrigatória a forma escrita, uma vez que se exige instrumento público ou particular. Excepcionalmente, admite-se a forma verbal (seguida de tradição) para os bens móveis de pequeno valor. É necessária a forma de escritura pública para imóveis, sujeita à transcrição no Registro Imobiliário.
- **Ato *inter vivos*** – Não existe doação para após a morte.

CAPACIDADE ATIVA PARA DOAR

Para que a doação seja válida, além dos requisitos gerais, é imprescindível observar:

- Os absoluta ou relativamente incapazes não podem, em regra, doar, nem mesmo por representantes legais, visto que tais liberalidades não são feitas no interesse do representado. O pródigo pode doar se assistido por seu curador, que dará ou não sua anuência para o ato.
- Os cônjuges, sem a devida autorização (exceto no regime da separação absoluta), estão impedidos de fazer doação, não sendo remuneratória, dos bens e rendimentos comuns ou dos que possam integrar futura meação.
- Cônjuge adúltero não pode fazer doação a seu cúmplice, sob pena de anulabilidade (pleiteada pelo outro cônjuge ou por seus herdeiros necessários, até dois anos depois de dissolvida a sociedade conjugal).
- Os consortes não podem fazer doação entre si se o regime de bens for o da comunhão universal; se outro for o regime, não havendo disposição em contrário, nada obsta a doação, importando em adiantamento do que lhes cabe por herança (art. 544, CC).
- As pessoas jurídicas de Direito Privado podem fazer e receber doações.
- Falido não pode fazer doações porque perdeu a administração de seus bens e isso lesaria seus credores.
- Os ascendentes não podem fazer doações a seus filhos, o que importaria em adiantamento da legítima. Nula será toda cláusula que possa vir a alterar as normas de direito sucessório.

REQUISITOS OBJETIVOS PARA A DOAÇÃO

Inicialmente, é necessário que a coisa esteja *in commercium*: bens móveis ou imóveis; corpóreos ou incorpóreos; presentes ou futuros; etc. Além disso, deve-se observar:

- Não valerá a doação de todos os bens sem reserva de parte ou renda suficiente para subsistência do doador (art. 548, CC). Nula será tal doação.

A proibição será eliminada se o doador se reservar o usufruto dos bens.

- Se com a doação o doador ficar insolvente, os credores prejudicados poderão anulá-la.
- Nula será a doação da parte excedente do que poderia dispor o doador em testamento (havendo herdeiros, o testador só poderá dispor de metade da herança – arts. 1.789 e 1.846, CC), preservando-se, assim, a legítima dos herdeiros. Haverá nulidade da doação inoficiosa (que prejudica, sem razão conhecida; nociva) apenas na porção excedente à legítima de seus herdeiros.

DOAÇÃO A INCAPAZES

As pessoas que não podem contratar (os incapazes, relativa ou absolutamente) podem aceitar doações puras, isto é, sem encargos (art. 543, CC). A doação feita a nascituro é válida, desde que aceita pelos pais (art. 542, CC). Trata-se de caso de ato jurídico sujeito a condição suspensiva, pois ocorrerá a doação se houver nascimento com vida. Caso o nascituro nasça morto (seja natimorto), o contrato é ineficaz. Igualmente válida será a doação feita em contemplação de casamento futuro e referente aos filhos futuros do casal.

ESPÉCIES DE DOAÇÃO

- **Pura e simples ou típica** – Feita por mera liberalidade, não se impõe nenhum ônus, nenhuma restrição ao donatário, que desfrutará amplamente do bem recebido, sem qualquer limitação.
- **Condicional** – Surte efeitos somente a partir de ou ao findar certo momento – acontecimento futuro ou incerto (ex.: doação feita subordinando-se à realização de um casamento).
- **A termo** – Contém um termo inicial ou final – futuro e certo (ex.: dôo um sítio a duas pessoas, dando a uma delas o direito de usá-lo dez anos e à outra a partir dessa época).
- **Com encargo ou modal ou onerosa** – O doador impõe ao donatário alguma incumbência em seu benefício, em proveito de terceiro ou de interesse geral (ex.: dôo um terreno com a obrigação de o donatário ali construir uma escola; dôo uma casa com a obrigação de colocar os impostos em dia).
- **Remuneratória** – Tem por finalidade recompensar serviços ou favores prestados pelo donatário ao doador. Essa doação não é tida como gratuita, mas onerosa (ex.: doação de um leitão ao médico que tratou do doador sem nada cobrar). Na verdade, a parte que corresponde à retribuição do serviço prestado é pagamento; só será doação quanto à parte que exceder o valor desse serviço.

- **Cláusula de reversão** – O doador estipula que, se o donatário morrer antes dele, os bens doados retornarão ao patrimônio do doador, gerando assim uma sucessão anômala (isto porque não segue o caminho natural de uma sucessão, que seria rumo ao patrimônio dos sucessores do donatário). Não prevalece a cláusula de reversão em favor de terceiros (art. 547, CC). Ou seja, o doador não pode estipular que, caso João morra, este bem vá para o patrimônio de José.
- **Conjuntiva** – É a feita em comum a mais de uma pessoa, sendo distribuída por igual entre os diversos donatários, exceto se o contrato estipulou o contrário (art. 551, CC).

DOAÇÃO A FILHOS

É permitida a doação de bens dos pais aos filhos. Não é imprescindível a autorização dos outros filhos. No entanto, a doação de ascendente a descendente, ou de um cônjuge a outro, importa adiantamento do que lhes cabe por herança (art. 544, CC).

Por ocasião da morte do doador, faz-se necessário que os bens recebidos pelos filhos sejam arrecadados no inventário, para nova conferência, por meio da colação. **Colação** consiste na arrecadação dos bens recebidos pelos herdeiros do *de cujus*, quando este ainda vivia, trazendo-os todos para o processo de inventário, a fim de serem submetidos à divisão do juízo do inventário.

Todavia, pode ocorrer que a doação tenha sido feita saindo os bens da parte disponível de seu patrimônio, dispensando expressamente o donatário de colação. Nesse caso, a doação não importa em adiantamento da legítima.

REVOGAÇÃO DA DOAÇÃO

A doação é um contrato e, como tal, uma vez aperfeiçoada, só pode ser rescindida pela vontade de ambas as partes ou por vício de nulidade ou anulabilidade. Todavia, a doação, além desses casos, pode ser revogada por ingratidão ou por descumprimento do encargo.

Revogação por ingratidão

A doação será revogada se o donatário:

- atentar contra a vida do doador;
- cometer, contra o doador, ofensa física;
- injuriar ou caluniar o doador;
- podendo ministrá-los, recusar alimentos ao doador.

A revogação deve ser pleiteada pelo doador dentro do prazo **decadencial de um ano**, a partir do conhecimento do fato que a autorizar, mediante ação judicial. Esse direito é personalíssimo (art. 560, CC).

Não se pode renunciar antecipadamente o direito de revogar a liberalidade por ingratidão do donatário (art. 556, CC).

A revogação não prejudica os direitos adquiridos de terceiros (art. 563, CC). Isto é, revogada a doação, os bens voltam ao patrimônio do doador, respeitados, porém, os direitos dos terceiros. Se o donatário já vendeu um bem, o terceiro não fica prejudicado; o preço recebido pelo donatário deve voltar para o doador.

Não se revogam por ingratidão as doações:

- puramente remuneratórias;
- oneradas com encargo;
- que se fizerem em cumprimento de obrigação natural (dívidas de jogo ou prescritas);
- feitas para determinado casamento.

Revogação por descumprimento do encargo

A doação onerosa poderá ser revogada por inexecução do encargo, desde que o donatário incorra em mora. Não havendo prazo para o cumprimento, o doador poderá notificar judicialmente o donatário, assinalando-lhe prazo razoável para que cumpra a obrigação assumida (art. 562, CC).

Locação

Arts. 565 a 578 e 593 a 626, CC

A locação, segundo Clóvis Beviláqua (*Código Civil comentado*), é o contrato pelo qual uma das partes, mediante remuneração paga pela outra, se compromete a fornecer-lhe, durante certo lapso de tempo, o uso e gozo de uma coisa infungível, a prestação de um serviço apreciável economicamente ou a execução de determinada obra. Podem-se estabelecer três tipos de locação:

- **Locação de coisas (*locatio rei*)** – Uso e gozo de bem infungível.
- **Locação de serviço (*locatio operarum*)** – Prestação de serviço economicamente apreciável.
- **Locação de obras ou empreitada (*locatio operis faciendi*)** – Execução de obra ou trabalho.

Observação

Pela disposição atual no Código Civil, a prestação de serviço e a empreitada deixam de ser espécies de locação, mesmo porque o legislador as colocou após o contrato de empréstimo, fazendo questão de separar esses contratos (prestação de serviço e empreitada) da locação de coisas. Por questões didáticas, elas são abordadas neste tópico.

As três modalidades de locação apresentam as seguintes **características**:

- **Cessão temporária** do uso e gozo da coisa, sem transmissão de propriedade.
- **Remuneração:** locação de coisas – aluguel; prestação (locação) de serviços – salário; empreitada (locação de obras) – preço.
- **Contrato bilateral** (obrigações recíprocas), **oneroso** (visa a determinada vantagem), **comutativo** (mútuas vantagens conhecidas e equivalentes) e **consensual** (sem forma específica, exceto hipóteses especiais).

Locação de coisas

É o contrato pelo qual uma das partes se obriga a ceder a outra, por tempo determinado ou não, o uso e gozo de coisa não fungível, mediante certa remuneração (art. 565, CC). Se houver mais de um locador ou locatário, entende-se que são solidários, se o contrato não estipulou o contrário.

Caso se referisse a bem fungível, tratar-se-ia de **mútuo**. No entanto, em certas hipóteses, bens fungíveis poderão ser alugados, quando seu uso e gozo forem concedidos *ad pompam vel ostentationem* (ex.: ceder ao locatário garrafas de vinho ou cesta de frutas para que sirvam de ornamentação). Se fosse coisa infungível, porém gratuita, seria **comodato**.

PARTES

- **Locador** (**senhorio** ou **arrendador**) – É aquele que oferece a coisa em locação. Nem sempre o proprietário é o locador; o usufrutuário e o sublocador também podem sê-lo.
- **Locatário (inquilino** ou **arrendatário**) – É aquele que recebe a coisa em locação.

ELEMENTOS

Visto que a locação é um contrato, portanto um negócio jurídico, será sempre um ato jurídico bilateral. Assim, seus elementos serão os mesmos previstos para o ato jurídico, acrescentando-se **coisa** (*res*), **preço** (*pretium*) e **consenso** (*consensus*).

- **Coisa** – Como visto, o bem a ser locado pode ser móvel ou imóvel, corpóreo ou incorpóreo, divisível ou indivisível. No entanto, deve ser infungível, inconsumível e suscetível de gozo, lícito e possível. Convém ressaltar que mesmo um bem inalienável (ex.: gravado com cláusula de inalienabilidade) pode ser locado.

- **Preço (remuneração, aluguel/aluguer** ou **renda**) – Importância que o locatário paga periodicamente pelo uso da coisa. O valor do aluguel pode ser estipulado livremente pelas partes, proibindo-se a imposição unilateral. Deve ser **certo**, em dinheiro ou qualquer outro bem, assim como **sério**; se for irrisório, será um empréstimo dissimulado. **É proibida qualquer forma de vinculação ao salário mínimo, moedas estrangeiras e metais preciosos.** Os reajustes devem seguir o disposto em lei específica. Se o locatário não pagar, sua cobrança será feita judicialmente, e poderá haver rescisão contratual.
- **Consentimento válido** – É o acordo de vontades. Quanto aos defeitos relativos ao consentimento, reveja, no capítulo 4, o tópico "Defeitos do negócio jurídico" (p. 80). Os absoluta e relativamente incapazes só poderão alugar se representados ou assistidos por seus representantes legais.

FORMA E PRAZO

A forma do contrato de locação pode ser qualquer uma, inclusive a verbal, posto que é um contrato consensual.

O prazo é sempre temporário; será, no máximo, vitalício, mas nunca perpétuo. Pode ser determinado ou indeterminado, dependendo do que se fixar no contrato; se não houver prazo, será indeterminado. Na locação predial urbana, se for igual ou superior a **dez anos**, dependerá de autorização conjugal, se um dos consortes for locador.

ESPÉCIES

A locação pode ser de:

1. Coisa:

a) **Móvel** – Rege-se pelo Código Civil (ex.: carro).

b) **Imóvel** – Rege-se pelo Código Civil (ex.: terreno, garagem autônoma).

2. Prédios urbanos (Lei 8.245/91):

a) Residenciais urbanos.

b) Não residenciais:

- comerciais ou industriais urbanos e rústicos (art. 51);
- hospitais, unidades sanitárias oficiais, asilos, estabelecimentos de saúde e de ensino autorizados e fiscalizados pelo Poder Público (art. 53);
- lojistas e empreendedores de *shopping center* (art. 54);
- não comerciais urbanos (ex.: prédio para Rede de associação).

3. Prédios rústicos (Decreto 59.566/66 e Estatuto da Terra) – Destinam-se à atividade rural.

LOCAÇÃO NO CÓDIGO CIVIL

Locação de coisas móveis e imóveis

- Pode ela ser por tempo determinado ou indeterminado. Se por prazo determinado, cessa de pleno direito, findo o prazo estipulado, independentemente de notificação ou aviso.
- Findo o prazo da locação, se o locatário continuar na posse da coisa alugada, sem oposição do locador, presumir-se-á prorrogada sem prazo determinado.
- A qualquer tempo, vencido o prazo do contrato, pode o locador notificar o locatário para restituir a coisa.
- Alienada a coisa, o novo proprietário não é obrigado a respeitar o contrato, a não ser que este contenha cláusula de sua vigência no caso de alienação e conste de Registro de Imóveis.
- Morrendo o locador ou locatário, transfere-se a locação a seus herdeiros.
- Na dúvida de interpretação, favorece-se o locatário.

Direitos do locador

- Receber pagamento do aluguel.
- Exigir algumas garantias do locatário (ex.: caução).
- Mover ação de despejo nos casos em que a lei permitir.
- Autorizar sublocação ou cessão de locação.
- Pedir revisão judicial do aluguel.

Obrigações do locador

- Entregar ao locatário a coisa alugada, com suas pertenças, em estado de servir ao uso a que se destina.
- Manter a coisa alugada nesse estado pelo tempo do contrato, salvo cláusula expressa em contrário.
- Garantir ao locatário o uso pacífico da coisa, durante o prazo do contrato.
- Resguardar o locatário dos embaraços e turbações de terceiros.
- Indenizar benfeitorias úteis e necessárias feitas pelo locatário de boa-fé.

Direitos do locatário

- Exigir entrega da coisa e recibo de aluguel.

- Reter o bem no caso de benfeitorias necessárias ou úteis feitas com o consentimento por escrito do locador enquanto não receba indenização relativa a elas.
- Ter preferência na aquisição no caso de alienação do imóvel locado.
- Purgar a mora (pagar a dívida) para evitar a rescisão do contrato.

Obrigações do locatário

- Servir-se da coisa alugada para os usos convencionados ou presumidos conforme a natureza dela.
- Tratar a coisa alugada como se fosse sua.
- Pagar pontualmente o aluguel nos prazos ajustados e na falta de ajuste, segundo os costumes do lugar.
- Restituir a coisa, finda a locação, no estado em que a recebeu, salvo as deteriorações naturais do uso.

LOCAÇÃO DE IMÓVEIS URBANOS

A locação de imóveis urbanos residenciais e não residenciais é regulada pela Lei 8.245/91. Continuam regidas pelo Código Civil as locações de imóveis de propriedade da União, dos Estados, dos Municípios, de vagas autônomas de garagem ou de espaços para estacionamentos de veículos, de espaços destinados à publicidade, de apart-hotéis, hotéis residências e o arrendamento mercantil.

Características gerais

- O aluguel:
  - é fixado por qualquer prazo (se for igual ou superior a dez anos, necessita de outorga uxória ou marital);
  - não pode ser fixado em moeda estrangeira nem estar vinculado a variação cambial, salário mínimo, etc.;
  - não pode ser cobrado adiantado (salvo locação por temporada);
  - sofrerá reajuste de acordo com os índices e a periodicidade previstos em legislação específica; também pode ser reajustado judicialmente a cada três anos, a partir do último contrato ou acordo (ação revisional de aluguel).
- Durante o prazo convencionado, não poderá o locador reaver o imóvel alugado; o locatário, no entanto, poderá devolvê-lo, pagando a multa pactuada (proporcionalmente ao tempo que restaria da locação). O locatário poderá denunciar a locação por prazo indeterminado mediante aviso por escrito ao locador, com antecedência mínima de 30 dias.

- A alienação do imóvel rompe o contrato, salvo se a locação for por tempo determinado.
- A locação se desfaz por mútuo acordo, infração contratual ou não pagamento do aluguel.
- A ação do locador para reaver o imóvel é sempre por despejo, que pode ser cumulado com a cobrança de aluguéis.
- O locatário poderá votar em assembléia geral que envolva despesas ordinárias de condomínio, se o locador não comparecer.
- O locador só poderá exigir uma das seguintes **modalidades de garantia**:
  – caução, que não pode exceder a três meses de aluguel;
  – fiança;
  – seguro de fiança locatícia.
  Observação
  É vedada, sob pena de ***nulidade****, mais de uma dessas modalidades de garantia em um mesmo contrato.*

Locação residencial

O legislador estabeleceu as seguintes hipóteses:

- **Contratos fixados por 30 meses ou mais** – Nas locações ajustadas por escrito e por prazo igual ou superior a 30 meses, a resolução do contrato ocorrerá findo o prazo estipulado, independentemente de notificação ou aviso. Findo o prazo ajustado, se o locatário continuar na posse do imóvel alugado por mais de 30 dias sem oposição do locador, presumir-se-á prorrogada a locação por prazo indeterminado, mantidas as demais cláusulas e condições do contrato. Ocorrendo a prorrogação, o locador poderá denunciar (denúncia vazia – sem motivação) o contrato a qualquer tempo, concedido o prazo de 30 dias para desocupação.
- **Contratos fixados até 30 meses** – As locações ajustadas verbalmente ou por escrito e por prazo inferior a 30 meses, findo o prazo estabelecido, prorrogam-se automaticamente, por prazo indeterminado. Nesse caso, somente pode ser retomado o imóvel (denúncia cheia):
  a) por mútuo acordo;
  b) em decorrência da prática de infração legal ou contratual;
  c) em decorrência da falta de pagamento do aluguel e demais encargos;
  d) para a realização de reparações urgentes determinadas pelo Poder Público que não possam ser normalmente executadas com a permanência do locatário no imóvel ou, podendo, ele se recuse a consenti-las;
  e) em decorrência de extinção do contrato de trabalho, se a ocupação do imóvel pelo locatário estiver relacionada com seu emprego;

f) se for pedido para uso próprio, de seu cônjuge ou companheiro ou para uso residencial de ascendente ou descendente que não disponha, assim como seu cônjuge ou companheiro, de imóvel residencial próprio;

g) se for pedido para demolição e edificação licenciada ou para a realização de obras aprovadas pelo Poder Público que aumentem a área construída em, no mínimo, 20% ou se o imóvel for destinado a exploração de hotel ou pensão em 50%;

h) se a vigência ininterrupta da locação ultrapassar cinco anos.

- **Contratos fixados antes da lei vigente (18 de outubro de 1991)** – As locações antigas, que já vigorem ou venham a vigorar por prazo indeterminado, poderão ser denunciadas imotivadamente, com prazo de 12 meses para a desocupação. Entretanto, se houve revisão judicial ou amigável do aluguel nos 12 meses anteriores à lei, a denúncia vazia só pode ser exercida após 24 meses da revisão.
- **Livre negociação** – No caso de imóveis novos, com habite-se após a vigência da atual Lei de Locação, bem como nos contratos feitos após cinco anos dessa vigência, fica livre não só o preço do aluguel, como também o prazo de reajuste (periodicidade) e o índice de correção, a serem fixados no contrato. Não se pode usar como base moeda estrangeira, variação cambial ou salário mínimo.
- **Locação por temporada** – A locação por temporada é aquela que se destina a certos fins, como lazer ou tratamento de saúde, por prazo não superior a 90 dias. O aluguel e os encargos podem ser cobrados antecipadamente e de uma só vez.
- **Direito de preferência** – No caso de alienação, o locatário tem preferência para adquirir o imóvel locado, em igualdade de condições com terceiros (e em especial no preço), devendo o locador dar-lhe conhecimento do negócio mediante notificação judicial ou extrajudicial ou por outro meio de ciência inequívoca. O locatário deve se manifestar no prazo de 30 dias, sob pena de caducar o direito. Ocorrendo a aceitação da proposta e posterior desistência do locador, este deve responder pelos prejuízos causados (danos emergentes e lucros cessantes). O locatário preterido em seu direito de preferência poderá reclamar do alienante as perdas e danos ou, depositando o preço e demais despesas do ato de transferência, haver para si o imóvel locado, se o requerer no prazo de seis meses.
- **Benfeitorias** – As **benfeitorias necessárias** introduzidas pelo locatário, ainda que não autorizadas pelo locador, bem como as **úteis**, desde

que autorizadas, são indenizáveis e permitem o direito de retenção. As **benfeitorias voluptuárias** não são indenizáveis, podendo ser levantadas pelo locatário, finda a locação, desde que sua retirada não afete a estrutura e a substância do imóvel. Tais disposições podem ser deliberadas de modo diverso no contrato de locação.

Locação não residencial

Nessa área existem quatro hipóteses:

- **Locação comercial** – O contrato é estabelecido por qualquer prazo, com prorrogação por tempo indeterminado se em seu término ficarem silentes as partes por mais de 30 dias. Ocorrida a prorrogação, caberá denúncia imotivada (denúncia vazia), a qualquer tempo, com 30 dias para a desocupação. No entanto, o locatário comerciante ou industrial pode obter judicialmente a renovação do aluguel se houver contrato escrito por mais de cinco anos ininterruptos (ação renovatória de aluguel). A renovatória deve ser proposta nos primeiros seis meses do último ano de vigência do contrato. As sociedades civis com fins lucrativos têm também direito à ação renovatória.
- **Locação não residencial civil** – Abrange locatários com atividades civis, suas sedes, escritórios, estúdios e consultórios. Rege-se pelos princípios da locação comercial (denúncia vazia). Não há direito, porém, à ação renovatória.
- **Locação não residencial especial** – Compreende escolas, hospitais e asilos. É regulada por sistemática própria, que exclui a denúncia vazia.
- **Locação de benefício ou vantagem profissional indireta** – Ocorre quando o locatário é pessoa jurídica e o imóvel se destina ao uso de seus dirigentes ou empregados. Segue a locação comercial: denúncia vazia.

TRANSFERÊNCIA DO CONTRATO DE LOCAÇÃO

Admite-se que um contrato de locação seja transferido para terceiros nas seguintes hipóteses:

- Ato *inter vivos* (cessão, sublocação ou empréstimo).
- Morte de um dos contratantes (locador ou locatário).

EXTINÇÃO DA LOCAÇÃO DAS COISAS

A locação das coisas cessará se houver:

- distrato ou resilição bilateral (mútuo acordo);
- retomada do bem locado;

- implemento de condição resolutiva;
- perda ou destruição da coisa;
- vencimento do prazo sem prorrogação ou renovação;
- desapropriação;
- morte do locatário sem sucessores;
- resilição unilateral por inexecução contratual ou infração à lei (a resilição por parte do locador denomina-se **denúncia**, que se consuma com a sentença de despejo);
- extinção do usufruto, tratando-se de contrato ajustado pelo usufrutuário (salvo se com ele anuiu, por escrito, o nu-proprietário).

Prestação de serviço

Arts. 593 a 609, CC

Prestação de serviço ou locação de serviço é o contrato em que uma das partes se obriga para com a outra a fornecer-lhe a prestação de sua atividade, sem vínculo empregatício, mediante remuneração.

Com o advento da Consolidação das Leis do Trabalho (CLT), a locação de serviço foi substituída pelo contrato individual de trabalho, tanto urbano (CLT) como rural (Lei 5.889/73 e Decreto 73.626/74), e pelo contrato de trabalho avulso (leis especiais). No entanto, o contrato civil de prestação de serviço ainda existe.

O contrato de trabalho cria a chamada relação de emprego (ou vínculo empregatício), de ordem trabalhista, com seus três elementos: habitualidade, subordinação e dependência econômica. Já **a prestação de serviço não gera qualquer vínculo trabalhista**. Ficam sob a égide da prestação de serviço os profissionais liberais, os representantes comerciais e os trabalhadores eventuais (ex.: jardineiro). Assim, aplica-se a lei civil aos serviços prestados quando não se estabelecer vínculo empregatício.

OBJETO

É toda espécie de serviços ou trabalhos (materiais ou imateriais), desde que lícitos, ou seja, não proibidos pela lei e pelos bons costumes. Trata-se de uma obrigação de fazer.

PARTES

- **Locador** (**prestador de serviço**, **executor** ou **contratado**) – É aquele que entrega sua força de trabalho; compromete-se a prestar certo serviço.
- **Locatário** (**tomador**, **solicitante** ou **contratante**) – É aquele que contrata o serviço da outra parte; necessita do serviço e o remunera.

CARACTERÍSTICAS

O contrato é **bilateral** (ambas as partes assumem obrigações), **comutativo** (prestações equivalentes), **oneroso** (transferência recíproca de direitos e vantagens) e **consensual** (forma livre).

PAGAMENTO

A remuneração é estipulada livremente entre as partes. Se não o fizerem, será fixada por arbitramento, segundo o costume do lugar, o tempo de serviço e a qualidade. A regra é que seja feita em dinheiro, mas nada impede que seja em alimento, vestuário, moradia, etc.

Em regra, a retribuição será paga depois de prestado o serviço se, por convenção ou costume do lugar, não houver de ser adiantada ou paga em prestações.

Prazo

A locação de serviço não pode ser convencionada por mais de quatro anos. Decorrido esse prazo, dar-se-á por findo o contrato, ainda que não concluído o serviço (caso contrário, haveria verdadeira escravidão). Terminado o prazo, o prestador pode despedir-se ou ser despedido unilateralmente. Nada impede que outro contrato seja celebrado.

Não havendo prazo estipulado ou não se podendo concluir o prazo pela natureza do contrato ou pelo costume do lugar, qualquer das partes pode rescindir o contrato, a qualquer tempo, bastando simples aviso prévio.

TIPOS DE SERVIÇO

O contrato deverá determinar o serviço a ser prestado. Caso seja omisso, entende-se que o locador se obrigou a todo e qualquer serviço compatível com suas forças e condições.

RESCISÃO DO CONTRATO

O locador contratado por tempo certo ou por dia determinado não pode se ausentar ou rescindir o contrato, sem justa causa, antes de preenchido o tempo ou concluído o serviço. Se rescindir o contrato sem justa causa, terá direito a retribuição vencida, mas responderá por perdas e danos.

O locatário que, sem justa causa, despedir o locador será obrigado a pagar-lhe por inteiro a retribuição vencida e por metade a que lhe tocaria se concluísse o contrato.

SUBSTITUIÇÃO DAS PARTES

Não pode o locatário, ainda que outra coisa tenha sido contratada, transferir a outrem o direito ao serviço ajustado. Tampouco pode o locador, sem o consentimento do locatário, dar substituto que preste aquele serviço.

TÉRMINO DO CONTRATO

O contrato de prestação de serviço acaba:

- pelo vencimento do prazo;
- pela conclusão do serviço contratado;
- pela morte de qualquer das partes;
- pela rescisão contratual, com ou sem justa causa, com ou sem indenização, respectivamente.

Empreitada

Arts. 610 a 626, CC

Empreitada ou locação de obras é o contrato pelo qual uma das partes (**empreiteiro**) se obriga, sem subordinação ou dependência, a realizar, pessoalmente ou por meio de terceiro, certa obra para a outra parte (**comitente**), com material próprio ou por esta fornecido, mediante remuneração determinada ou proporcional ao trabalho executado. O empreiteiro se obriga a entregar uma obra pronta por um preço determinado ou proporcional ao serviço, sem se prender ao tempo nela empregado. Mesmo que demore mais que o esperado, não terá direito a qualquer majoração. A direção e a fiscalização competem ao próprio empreiteiro, que contratará ou despedirá os operários.

Pode ter por finalidade **obra material** (ex.: ponte, conserto de veículo, plantações) ou **intelectual** (ex.: elaboração de um projeto, de uma obra literária).

PARTES

- **Comitente** (**proprietário da obra**, **dono da obra**, **empreitante**, **empreitador** ou **contratante**) – É aquele que contrata a obra.
- **Empreiteiro** (**contratado**) – É aquele que põe à disposição sua atividade.

CARACTERÍSTICAS

O contrato é **bilateral** (ambas as partes assumem obrigações), **comutativo** (prestações equivalentes), **oneroso** (transferência recíproca de direitos e vantagens) e **consensual** (forma livre).

CLASSIFICAÇÃO

a) **Quanto ao modo de fixação do preço ou remuneração:**

- **Empreitada a preço fixo** (ou ***marché à forfait***) – A retribuição é estipulada para a obra inteira, de antemão, em quantia certa e invariável, sem considerar o fracionamento da atividade. Subdivide-se em **empreitada a preço fixo absoluto** – se não admitir qualquer alteração na remuneração, seja qual for o custo da mão-de-obra ou dos materiais – e **empreitada a preço fixo relativo** – se permitir variação em decorrência do preço de algum dos componentes da obra ou de alterações que já estejam programadas por influência de fatos previsíveis, ainda que não constatados.
- **Empreitada por medida** (ou ***ad mensuram***, ou ***marché sur dévis***) – Na fixação do preço atende-se ao fracionamento da obra, levando em conta as partes em que ela se divide ou a medida; estipula-se o pagamento por parte concluída.
- **Empreitada de valor reajustável** – Contém cláusula permissiva de variação do preço em conseqüência de aumento ou diminuição valorativa da mão-de-obra e dos materiais, possibilitando que o preço varie segundo índices oficiais, com revisão periódica em datas preestabelecidas. Protege-se o empreiteiro de variações de preços repentinas em períodos de grande inflação.
- **Empreitada por preço máximo** – Estabelece-se um limite de valor que não poderá ser ultrapassado pelo empreiteiro.
- **Empreitada a preço de custo** – O empreiteiro se obriga a realizar o trabalho, ficando sob sua responsabilidade o fornecimento dos materiais e o pagamento da mão-de-obra, mediante o reembolso do despendido, acrescido do lucro assegurado.

b) **Quanto à execução do trabalho pelo empreiteiro:**

- **Empreitada de lavor** – O empreiteiro assume a obrigação de prestar o trabalho; fornece apenas a mão-de-obra (sem materiais) para a confecção, produção, construção ou execução da obra.
- **Empreitada de materiais de construção** (ou **mista**) – O empreiteiro, além do trabalho, fornece também os materiais; contrai, ao mesmo tempo, uma obrigação de fazer e de dar.

DIREITOS E OBRIGAÇÕES

Direitos do empreiteiro

- Receber a remuneração pactuada.
- Exigir a aceitação da obra concluída.
- Reter a obra para assegurar o recebimento do preço, se cumpriu com seus deveres.
- Constituir o comitente em mora, consignando judicialmente a obra.
- Ceder o contrato, desde que não seja *intuitu personae* (subempreitada).
- Suspender a obra nos casos de culpa do dono, dificuldades imprevisíveis, etc.

Obrigações do empreiteiro

- Executar a obra conforme as determinações contratuais, corrigindo os vícios e defeitos que ela apresentar e entregando-a concluída ao dono.
- Não fazer acréscimos ou mudanças sem necessidade e sem consentimento do comitente.
- Pagar os materiais que recebeu do comitente se por negligência ou imperícia os inutilizar e responder por perdas e danos se suspender a empreitada sem justa causa.
- Apontar os defeitos nos materiais entregues pelo comitente que possam comprometer a execução da obra.

Direitos do comitente

- Acompanhar a execução da obra e recebê-la concluída, exigindo a observância do contrato.
- Enjeitar a obra ou pedir o abatimento proporcional do preço.
- Pedir o pagamento dos materiais que forneceu e foram inutilizados por culpa do empreiteiro.

Obrigações do comitente

- Verificar o que foi feito, pagar a remuneração e receber a obra.
- Não alterar o projeto da obra sem anuência de seu autor.
- Indenizar o empreiteiro pelos trabalhos e despesas que houver feito se rescindir ou suspender o contrato sem justa causa.

RESPONSABILIDADES

- Nos contratos de empreitada de edifícios ou outras construções consideráveis, o empreiteiro de materiais e lavor responderá durante cinco anos pela solidez e segurança do trabalho, tanto em relação aos materiais como ao solo, exceto, quanto a este, se prevenir a tempo o dono da obra.

- Quando o empreiteiro fornece os materiais, correm por sua conta os riscos até o momento da entrega da obra, não estando o comitente em mora. Estando em mora, os riscos correrão, por igual, contra as duas partes.
- Quando o empreiteiro só fornece a mão-de-obra, todos os riscos correrão por conta do dono, exceto se o empreiteiro tiver culpa.
- Se a empreitada for unicamente de lavor, caso a coisa pereça antes de ser entregue, sem mora do dono nem culpa do empreiteiro, este perderá o salário, a não ser que prove que a perda resultou de defeito dos materiais, sobre cuja qualidade e quantidade reclamou a tempo.
- O arquiteto ou construtor que, por empreitada, se incumbir de executar uma obra segundo aceito por quem a encomendou não terá direito de exigir acréscimo de preço, mesmo que haja aumento de salários ou encarecimento de materiais ou, ainda, que se altere ou aumente a obra em relação à planta, exceto se alterou por instruções escritas do contratante.

RECEBIMENTO DA OBRA

Concluída a obra de acordo com o ajuste ou o costume do lugar, o dono é obrigado a recebê-la. No entanto, não há essa obrigação se:

- o empreiteiro se afastou das instruções percebidas e dos planos dados;
- o empreiteiro descumpriu regras técnicas previstas para trabalhos da espécie; nesse caso, o empreitante pode receber a obra com abatimento do preço.

RESCISÃO DO CONTRATO

Pode o dono rescindir o contrato de empreitada, sem pagamento de indenização:

- se ocorrer enfermidade do empreiteiro, ou outra causa que o tome, deixando-o incapaz de executar a obra contratada;
- por vício ou mau procedimento do empreiteiro;
- pela não observância do contrato pelo empreiteiro.

Se, fora dos casos acima, o proprietário rescindir o contrato com o empreiteiro, apesar de iniciada a execução, indenizará o empreiteiro pelas despesas e trabalhos já feitos, bem como pelos lucros que este poderia ter se concluísse o trabalho (lucros cessantes).

Empréstimo

Arts. 579 a 592, CC

É o contrato pelo qual alguém entrega uma coisa para outrem, obrigando-se este a devolver a mesma coisa ou devolver outra da mesma espécie e quantidade. O empréstimo abrange duas espécies: **comodato** e **mútuo**.

Comodato

Arts. 579 a 585, CC

É o contrato unilateral, a título gratuito, pelo qual alguém entrega a outra pessoa coisa infungível, para ser **usada** temporariamente e depois restituída.

PARTES

- **Comodante** – É aquele que empresta a coisa, gratuitamente.
- **Comodatário** – É aquele que toma emprestado.

CARACTERÍSTICAS

- **Contrato unilateral** – Apenas o comodante assume obrigação.
- **Gratuito** – Não exige contraprestação do comodatário, exceto quanto ao pagamento dos impostos, taxas e despesas de condomínio, que são por conta dele.
- **Real** – Trata-se de contrato real porque se perfaz com a entrega da coisa.
- **Temporário** – Se não fosse temporário, o comodato seria doação.

FORMA

O contrato de comodato pode ser por qualquer das formas permitidas pelo Direito, inclusive verbal.

OBJETO

O objeto do comodato deve ser infungível e inconsumível, mas pode ser de bem móvel (ex.: um carro) ou imóvel (ex.: um terreno).

PRAZO

O comodato pode ser convencionado por prazo certo ou indeterminado. Sendo por prazo indeterminado, a lei prevê que o contrato terá a duração necessária para o uso convencionado ou para o fim a que se destinou (ex.: comodato de terras para plantio de cultura temporária).

RESTITUIÇÃO DA COISA

Terminado o prazo do comodato por tempo determinado ou notificado, para que seja posto fim ao contrato de comodato por tempo indeterminado, o comodatário há de devolver a mesma coisa recebida. Não restituída a coisa no prazo acertado, ocorre o **esbulho possessório**, passando a posse a ser injusta e de má-fé. Nesse caso, o comodante deverá se utilizar da **ação de reintegração de posse**.

PROIBIÇÃO DE CONTRATO DE COMODATO

São proibidos de dar bens em comodato: tutores, curadores e administradores, relativamente aos bens confiados a sua guarda. Cessa a proibição se houver autorização especial.

MORA DO COMODATÁRIO

Não devolvida a coisa ao término do contrato ou após a competente notificação, o comodatário é constituído em mora. Nesse caso:

- deve pagar o aluguel arbitrado pelo comodante;
- responde pelos riscos e perda ou deterioração da coisa.

OBRIGAÇÕES DO COMODATÁRIO

- Conservar a coisa no estado em que a recebeu.
- Usá-la de acordo com o contrato.
- Responder pelo aluguel, se constituído em mora.
- Responder pelos danos causados à coisa.
- Não emprestá-la a terceiro nem alugá-la.

INDENIZAÇÃO DE BENFEITORIAS

O comodatário é possuidor de boa-fé e, se realizar benfeitorias, ao término do contrato, terá direito à indenização das benfeitorias úteis e necessárias, bem como a levantar as voluptuárias.

Mútuo

Arts. 586 a 592, CC

É o contrato pelo qual alguém transfere a propriedade de coisa fungível a outrem, que se obriga a lhe pagar coisa do mesmo gênero, qualidade e quantidade (ex.: empréstimo de sacas de arroz para consumo, devolvendo-se outras da mesma qualidade e quantidade).

PARTES

- **Mutuante** – É aquele que dá por empréstimo.
- **Mutuário** – É aquele que toma emprestado.

CARACTERÍSTICAS

- **Contrato real** – É real porque só se perfaz com a entrega da coisa emprestada.
- **Gratuito** – O mutuante nada recebe do mutuário em troca do empréstimo. Atualmente, o mútuo pode ser **oneroso** se se referir a **empréstimo de dinheiro**, onde se estipula o pagamento de juros.
- **Temporário** – É estabelecido por prazo curto e determinado ou determinável. Caso contrário, seria doação.
- **Supõe a transferência do domínio** – Como o mútuo se refere a coisa fungível e, portanto, móvel, só se perfaz com a tradição e esta transfere a propriedade ao mutuário.

DESTINO DO BEM

A coisa recebida em mútuo passa para a propriedade do mutuário, que lhe dá o destino que quiser, consumindo-a, guardando-a, emprestando-a para terceiro ou mesmo alienando-a por venda ou doação.

DEVOLUÇÃO DO BEM

A coisa a ser devolvida tem de ser da mesma espécie, qualidade e quantidade da recebida. Não pode ser devolvida coisa diversa ou soma em dinheiro, pois tratar-se-ia de outro tipo de contrato, como, por exemplo, troca ou compra e venda.

MÚTUO FENERATÍCIO

É o mútuo oneroso, permitido por nossa legislação, pois o Código Civil prescreve que se presumem devidos juros (que não poderão exceder a taxa legal), destinando-se o mútuo a fins econômicos (art. 591, CC). São nulas de pleno direito as estipulações usurárias (superiores às legalmente permitidas). O juiz deverá ajustá-las à medida legal, mas, se já foram pagas, ordenará a restituição em dobro da quantia paga em excesso.

A capitalização de juros (anatocismo) foi proibida pela Lei de Usura (Decreto 22.262/33), porém, nas operações realizadas pelas instituições integrantes do Sistema Financeiro Nacional, é admissível a capitalização com periodicidade inferior a um ano. No entanto, passou-se a utilizar a correção monetária para garantir a integridade do valor emprestado, isto é, do poder aquisitivo da moeda que será restituído no final do contrato. A correção monetária tornou-se um ajuste do valor do débito, podendo ser convencionada nos mútuos, mesmo fora do sistema financeiro.

MÚTUO FEITO A PESSOA MENOR

"O mútuo feito a pessoa menor, sem prévia autorização daquele sob cuja guarda estiver, não pode ser reavido nem do mutuário, nem de seus fiadores" (art. 588, CC). Todavia, cessa essa disposição se (art. 589, CC):

- a primeira pessoa de cuja autorização o menor precisava ratifica o ato posteriormente;
- estando ausente essa pessoa, o menor se viu obrigado a contrair o empréstimo para seus alimentos habituais (inclui estudos, vestuário, médico, etc.);
- o menor tiver bens ganhos com seu trabalho (nessa hipótese, a execução do credor não pode ultrapassar as forças dos ganhos);
- o empréstimo reverteu em benefício do menor;
- o menor obteve o empréstimo maliciosamente.

Depósito

Arts. 627 a 652, CC

É o contrato pelo qual uma pessoa recebe de outra um objeto móvel para guardá-lo, temporária e gratuitamente, até que o depositante o reclame (ex.: deposito sacas de café em um armazém para posterior venda).

PARTES

- **Depositário** – É aquele que recebe a coisa em depósito.
- **Depositante** – É aquele que entrega a coisa em depósito.

CARACTERÍSTICAS

- **Contrato unilateral** – É contrato porque exige mútuo consenso; no entanto, é unilateral pois origina obrigações apenas para o depositário (às vezes pode ser bilateral).
- **Real** – Para se tornar perfeito, é necessária a efetiva entrega da coisa, exceto se o depositário já se encontrar em sua posse.
- **Gratuito** – Determina o artigo 628 do Código Civil: "O contrato de depósito é gratuito, exceto se houver convenção em contrário, se resul-

tante de atividade negocial ou se o depositário o praticar por profissão". Se o depósito for **oneroso** e a retribuição do depositário não constar de lei nem resultar de ajuste, será determinado pelo uso do lugar ou, na falta deste, por arbitramento.

- **Coisa móvel e corpórea** – Se for imóvel, entende-se haver locação de serviço, em que se recebe o bem para guarda e conservação; se for incorpóreo, não tem consistência e não poderá ser manipulada para a guarda.
- **Temporário** – O depositário deve apenas guardar a coisa que lhe foi confiada e, ao final do contrato, tem a obrigação de restituir a coisa depositada. Não há depósito perpétuo. Caso o prazo não seja estipulado, a Lei 2.313, de 3 de setembro de 1954, estabeleceu que será de, no máximo, 25 anos. Findo esse prazo, o bem depositado será recolhido ao Tesouro Nacional, onde aguardará seu dono por cinco anos, depois dos quais, se não reclamado, passará ao patrimônio nacional.

DIREITOS E OBRIGAÇÕES

Direitos do depositário

- Receber as despesas feitas com a coisa e a indenização dos prejuízos.
- Exigir a remuneração pactuada.
- Reter a coisa até que se lhe pague a retribuição devida.
- Requerer o depósito judicial, nos casos permitidos (arts. 635 e 641, CC).

Obrigações do depositário

- Ter na custódia da coisa o cuidado e diligência exigíveis, como se a coisa fosse sua, respondendo pelos prejuízos a que der causa.
- Não usar a coisa depositada sem autorização nem transferi-la, sob pena de responder por perdas e danos.
- Manter a coisa no estado em que lhe foi entregue.
- Restituir a coisa ao final do contrato ou quando solicitada, no local convencionado.

Direitos do depositante

- Exigir a conservação da coisa que entregou e sua restituição, com todos os seus acessórios, **a qualquer tempo** (mesmo que haja prazo estipulado).
- Impedir o uso da coisa, se não o autorizou.

Obrigações do depositante

- Pagar a remuneração, se convencionada, e reembolsar as despesas necessárias.
- Responder pelo risco do contrato de depósito.

MODALIDADES

- **Depósito voluntário** ou **convencional** (arts. 627 a 646, CC) – Resulta de livre acordo entre as partes. Deve ser escrito, pois a lei só permite prova por escrito.
- **Depósito necessário** (arts. 647 a 652, CC) – É aquele que se faz:
  - por imposição legal (ex.: depósito de objeto achado; de dívida vencida, na pendência da lide, se vários credores disputarem o montante; feito pelo administrador dos bens do depositário que tenha se tornado incapaz);
  - por ocasião de calamidade (ex.: terremoto, incêndio, inundação, naufrágio ou saque, quando o depositante é obrigado a se socorrer de pessoa que aceita depositar os bens que conseguiu salvar) – admite qualquer meio de prova;
  - por hoteleiro ou hospedeiro (analisado adiante).
- **Depósito judicial** ou **seqüestro** – É determinado por mandado do juiz, que entrega a terceiro coisa litigiosa (móvel ou imóvel) com o intuito de preservar sua incolumidade até que se decida a causa principal. Esse depósito é remunerado e confere poderes de administração, necessários à conservação dos bens (art. 635, CC).

BAGAGEM EM HOTEL E SIMILARES

A bagagem deixada em hotel, hospedaria, pensão, etc. é considerada depositada em mãos do dono do estabelecimento, o qual responde como depositário (art. 649, CC). Essa responsabilidade se estende mesmo em casos de furtos e roubos perpetrados pelos empregados e pessoas admitidas no local.

A responsabilidade **cessa** se: celebrar convenção com o hóspede, o prejuízo não poderia ter sido evitado, o fato se deu por caso fortuito ou força maior (ex.: roubo a mão armada – se for furto, há responsabilidade) ou houver culpa do hóspede (ex.: deixou a porta de seu quarto aberta).

Ressalte-se que a responsabilidade do dono se caracteriza pela ocorrência do dano desde que haja contrato de hospedagem. Tal depósito não é gratuito; seu preço se considera incluído no valor da diária.

PRISÃO DO DEPOSITÁRIO

O depositário que **injustificadamente** não restituir a coisa depositada ao final do contrato ou quando solicitada, e desde que não esteja amparado pelas causas de exclusão da obrigação de restituir (arts. 633 e 634, CC), passa a ser considerado **depositário infiel** e poderá ter decretada sua prisão, pelo prazo de até um ano, além de ser obrigado a indenizar o depositante pelos prejuízos decorrentes de sua infidelidade. A pena será aplicada independentemente de dolo (que é Direito Penal).

Há quem entenda não ser admissível a prisão civil do depositário infiel, com base no Pacto Internacional dos Direitos Civis e Políticos aprovado na Convenção sobre Direitos Humanos de São José de Costa Rica, que a proibiria. Além disso, nossa Constituição **apenas facultaria** a prisão do depositário infiel, nada impedindo que o direito infraconstitucional a suprimisse.

No entanto, o artigo 11 do referido pacto, aprovado pelo Decreto Legislativo 226/91, prescreve que "ninguém poderá ser preso apenas por não poder cumprir com uma obrigação contratual". O cerne da questão está no verbo *poder*, referindo-se àqueles casos em que o devedor inadimplente se encontre em situação de penúria, não tendo como pagar suas dívidas. Essa disposição não se aplica a quem, podendo devolver, restituir o bem, assim não procede, injustificadamente.

Mandato

Arts. 653 a 709, CC

É o contrato pelo qual alguém (**mandatário**) recebe de outro (**mandante**) poderes para, em seu nome, praticar atos ou administrar interesses (art. 653, CC). O mandato se origina do Direito romano, o *mandatum*, isto é, *manu datum*, que era um contrato formal em que as partes, para firmá-lo, estendiam-se as mãos e em seguida as apertavam, como manifestação de haver sido dado e aceito o encargo.

Por esse contrato, "A", mandante, confere poderes para praticar os atos jurídicos a "B", mandatário, e este age em nome de "A", como se fosse o próprio "A". Os atos jurídicos praticados por "B" são assumidos por "A" como se ele próprio os tivesse praticado. O mandatário é um representante do mandante; fala e age em nome e por conta dele. É o mandante quem contrai as obrigações e adquire os direitos como se tivesse tomado parte pessoalmente no negócio jurídico.

Caracterizado, portanto, pela idéia de representação, o mandato pode ser expresso ou tácito; verbal ou escrito. **Não é admitido**, entre outros casos, para:

- fazer testamento ou revogá-lo;
- prestar exames;
- exercer cargos ou funções;
- receber indenização por acidente trabalhista.

PARTES

- **Mandante** – É aquele que confere os poderes.
- **Mandatário** (ou **procurador**) – É aquele que recebe os poderes.

ESPÉCIES

- **Mandato legal** – É o que decorre da lei e que dispensa qualquer instrumento. São exemplos o mandato que os pais têm para representar os filhos menores e administrar-lhes seus negócios e o dos tutores e curadores em relação aos tutelados e curatelados.
- **Mandato judicial** – É o conferido em virtude de um processo judicial; o mandatário é nomeado pela autoridade judicial, como o inventariante (representa o espólio), o síndico (representa a massa falida), o comissário (representa o estabelecimento em concordata), etc.
- **Mandato convencional** (***ad judicia*** ou ***ad negotia***) – Decorre de contratos entre as partes (abordados adiante); o *ad judicia* é conferido a advogado e o *ad negotia*, a qualquer pessoa, com 16 anos ou mais, para administrar interesses.

CARACTERÍSTICAS

- **Contrato bilateral** – É contrato porque são necessárias duas vontades: além do mandante, o mandatário deve aceitar o mandato, embora este, como regra, não assine o instrumento. A **aceitação** pode ser **expressa** ou **tácita** (se resultar do começo da execução, ou seja, se o mandatário der início a atos de execução, presume que aceitou o mandato). O simples silêncio não indica aceitação do encargo. É bilateral porque gera efeitos tanto para o mandante quanto para o mandatário.
- **Gratuito ou remunerado** (**oneroso**) – O mandato presume-se gratuito quando não houver sido estipulada retribuição, exceto se seu objeto corresponder ao daqueles que o mandatário trata por ofício ou profissão lucrativa (ex.: advogado, despachante). Se a retribuição não estiver prevista no contrato, o *quantum* será determinado pelos usos e costumes locais ou, em sua ausência, por arbitramento judicial.

- ***Intuitu personae*** – É celebrado em consideração à idoneidade técnica e moral do mandatário, predominando a **mútua confiança** dos contratantes.
- **Representatividade** – É imprescindível a idéia de representação, que estabelece um liame obrigacional entre o mandante e a terceira pessoa, por meio do representante (mandatário).
- **Revogabilidade** – Qualquer dos contratantes poderá pôr fim ao contrato, sem a anuência do outro ou qualquer justificativa (revogação por parte do mandante e renúncia por parte do mandatário). Há casos de irrevogabilidade que serão analisados adiante.
- **Forma livre** – Não exige forma especial, podendo ser até verbal. É contrato consensual (depende só da vontade das partes) e não formal (não tem forma prevista em lei). Todavia, para os atos que exigem instrumento público ou particular (ex.: compra e venda de bens imóveis por escritura pública, fiança, aceite cambial), o mandato não pode ser verbal, necessitando de instrumento. "É inadmissível mandato verbal para os atos que exigem instrumento público ou particular" (art. 657, CC).

INSTRUMENTO

O instrumento do mandato escrito é a **procuração**, que é uma autorização representativa. Pode ser por **instrumento público** ou **particular**.

A procuração por **instrumento público** só será exigida em **casos especiais** (ex.: relativamente incapazes, cego, analfabeto). Fora desses casos, será lícito outorgar procuração mediante instrumento particular, somente tendo validade se tiver assinatura do mandante (art. 654, *in fine*). O **reconhecimento da firma** do outorgante no instrumento particular será condição essencial a sua validade em relação a **terceiros** (efeito *erga omnes*), que poderão exigi-lo.

É de rigor que seja por instrumento público a procuração dada por cônjuge para o outro para: alienar, hipotecar ou gravar de ônus real os bens imóveis do casal; prestar fiança; fazer doação de bens ou rendimentos comuns.

CLASSIFICAÇÃO

a) **Quanto às relações entre mandante e mandatário:**
   - **Mandato oneroso** – Se a atividade do mandatário é remunerada.
   - **Mandato gratuito** – Sem remuneração.

b) **Quanto à pessoa do procurador:**
   - **Mandato simples** – Apenas um mandatário.

- **Mandato plural** – Vários procuradores. Se eles não puderem agir separadamente, será **conjunto**; se puderem, independentemente da ordem de nomeação, será **solidário**; se a ação de cada mandatário estiver delimitada, devendo cada qual agir em seu setor, será **fracionário**; se um puder agir na falta do outro pela ordem de nomeação, será **substitutivo**. Esse tipo de mandato se entende sucessivo e não simultâneo; para ser simultâneo, precisa constar expressamente.

c) **Quanto ao fim:**
- **Mandato *ad negotia*** (ou **extrajudicial**) – Se a ação do mandatário se der fora do âmbito judicial.
- **Mandato *ad judicia*** – Por ele o mandatário (sempre advogado) age em juízo em nome do constituinte. É sempre **oneroso**, deve ser por **escrito** e tem por objeto o patrocínio dos interesses de uma pessoa perante juízos ou tribunais.

MANDATO *AD JUDICIA*

O Código Civil denomina o mandato *ad judicia* também como **mandato judicial**. É o mandato conferido a advogados para a prática de atos judiciais.
A procuração *ad judicia*, que é instrumento do mandato, precisa ter firma reconhecida e pode ser outorgada por instrumento público ou particular.
Não podem ser procuradores *ad judicia*:
- os menores de 18 anos, a não ser que sejam emancipados;
- os funcionários judiciais, escrivães e juízes;
- ascendentes, descendentes e irmãos do juiz da causa;
- ascendentes ou descendentes da parte adversa, exceto em causa própria.

OUTORGA DE PROCURAÇÃO

Todas as **pessoas maiores ou emancipadas** (portanto, **capazes**) podem outorgar procuração mediante instrumento particular, que valerá desde que tenha a assinatura do outorgante.

Não podem outorgar procuração os **absolutamente incapazes**, para nenhum ato, e os **relativamente incapazes**, para os atos que também não podem praticar sozinhos (o pródigo, para vender, doar; o púbere de 16 a 18 anos, para vender, doar, etc.).

A procuração dada pelas pessoas **relativamente capazes** (pródigos, silvícolas, menores de 16 a 18 anos) só pode ser por instrumento público e assistida por seus representantes. É permitido aos **menores** dar procuração sem o consentimento dos pais para os atos que podem praticar sem representação ou assistência destes (ex.: o maior de 18 anos, para litigar na

Justiça do Trabalho, para apresentar queixa-crime, etc.). O **analfabeto** somente pode outorgar procuração por instrumento público.

PROCURAÇÃO DADA A MENORES

Os menores, a partir de 16 anos, podem ser mandatários *ad negotia*, mas o mandante não tem ação contra ele para cobrar-lhe os prejuízos eventualmente causados, exceto:

- se o menor foi autorizado por seu representante;
- se o menor se disse maior ou ocultou a própria idade.

Observe-se que terceiros com quem o mandatário menor contratou não podem ficar prejudicados. Nesse caso, o mandante responde quando o menor não responder.

SUBSTABELECIMENTO DE PROCURAÇÃO

Substabelecer uma procuração significa conferir a terceira pessoa os poderes que o mandatário recebeu do mandante. O substabelecimento pode ser feito por instrumento particular, ainda que o mandatário tenha recebido os poderes por procuração pública, mas desde que a lei não exija instrumento público (ex.: tratando-se de bens imóveis, deve ser feito sempre por instrumento público).

O mandato pode:

- conter poderes para substabelecer: o substabelecimento é válido e o substabelecido responde pessoalmente perante o mandante, como seu procurador.
- não conter poderes para substabelecer: o substabelecimento é válido, mas o mandatário continua responsável por qualquer prejuízo causado por culpa do substabelecido.
- conter cláusula proibindo substabelecer: o substabelecimento é válido; o mandatário responde perante o mandante por qualquer prejuízo que aquele lhe causar, mesmo que seja por caso fortuito, salvo provando que o fato teria ocorrido ainda que não tivesse havido o substabelecimento.

O substabelecimento ainda pode ser com ou sem reservas de poderes.

RECONHECIMENTO DE FIRMA

A procuração, para valer entre as partes, basta estar assinada. Porém, para valer perante terceiros, precisa ter a firma do outorgante reconhecida.

PODERES ESPECIAIS

O mandato *ad negotia* confere poderes a qualquer pessoa, com 16 anos ou mais, para os atos de administração em geral, e o *ad judicia*, a advogado para praticar todos os atos do processo, com exceção dos que exigem poderes especiais.

Assim, o mandato *ad negotia* exige poderes especiais para alienar, levantar dinheiro, hipotecar, celebrar casamento, etc., e o *ad judicia*, para receber citação, receber e dar quitação, confessar, transigir, etc.

RATIFICAÇÃO

Quando o mandatário se exceder no cumprimento do mandato e praticar atos para os quais não tinha procuração, esses atos podem ser impugnados pelo mandante, para anulá-los, ou ser ratificados (ex.: o mandatário pratica atos após o término do mandato, recebendo pagamento, adquirindo bens, etc.).

Nesse caso, o mandatário age como gestor de negócios, que é a pessoa que, sem autorização, gere negócios alheios segundo a vontade presumível do dono.

Ratificados tais atos pelo dono do negócio, tornam-se válidos e perfeitos.

OBRIGAÇÕES DO MANDATÁRIO

- Cumprir fielmente o mandato, de modo que se não o cumprir responderá por culpa.
- Não substabelecer sem autorização, sob pena de responder pelos prejuízos.
- Prestar contas ao mandante, transferindo-lhe as vantagens.
- Representar a procuração com quem tratar.

Vários mandatários

Se houver mais de dois mandatários nomeados no mesmo instrumento, qualquer deles poderá exercer os poderes outorgados (salvo se não forem expressamente declarados conjuntos nem especificamente designados para atos diferentes ou subordinados a atos sucessivos). Se os mandatários forem declarados conjuntos, todos deverão praticar o ato em conjunto, sob pena de não produzir efeitos (ressalvada a ocorrência de ratificação, que retroagirá a data do ato).

OBRIGAÇÕES DO MANDANTE

- Assumir as obrigações contraídas, nos limites do mandato.
- Reembolsar as despesas decorrentes do mandato. A regra é adiantá-las.
- Pagar a remuneração tratada.
- Cobrir os prejuízos do mandatário.

EXTINÇÃO DO MANDATO

- Revogação do mandante, que pode ser expressa ou tácita (ex.: o mandante assume pessoalmente a gestão do negócio).
- Renúncia do mandatário, que deve comunicá-la ao mandante, sob pena de arcar com os prejuízos daí decorrentes.
- Morte ou interdição de qualquer das partes.
- Mudança de estado que inabilite o mandante para a outorga do mandato (ex.: mulher que deu procuração para vender imóvel seu e depois se casa – passam os efeitos da procuração dada).
- Término do prazo ou conclusão do negócio.
- Extinção da pessoa jurídica, quando o mandato decorrer de contrato social.

Observações

- *Pode ocorrer revogação tácita:*
  - *quando o mandante constituir novo mandatário; se não foi comunicado o primeiro, os atos por ele praticados não são considerados excessivos e valem;*
  - *quando o mandante assume pessoalmente o negócio.*
- *No caso de morte, há que se observar:*
  - *até se provar que o mandante faleceu, deve o mandatário cumprir o mandato, sendo os atos válidos;*
  - *a morte do representante do incapaz não extingue o contrato;*
  - *a morte do representante da pessoa jurídica não extingue o mandato conferido a terceiro;*
  - *com a morte do mandatário, seus herdeiros têm obrigação de prestar contas.*

MANDATO IRREVOGÁVEL

É irrevogável o mandato quando:

- assim se convencionar;
- em causa própria *(veja a seguir)*;
- conferido a sócio, pelo estatuto social;
- for condição de um contrato bilateral.

MANDATO EM CAUSA PRÓPRIA

Trata-se de mandato em que o beneficiário é o próprio mandatário. É o mandato outorgado no exclusivo interesse do mandatário (ex.: "A" confere mandato em causa própria para "B" vender um terreno, e "B" pode vendê-lo para si mesmo ou para terceiro).

Esse mandato é irrevogável, isenta o mandatário de prestação de contas, tem seus poderes ilimitados e não se extingue pela morte do mandante.

Fiança

Arts. 818 a 839, CC

Também chamada **caução fidejussória**, é a promessa feita por uma ou mais pessoas de garantir ou satisfazer a obrigação de um devedor se este não a cumprir, assegurando ao credor seu efetivo cumprimento (art. 818, CC). No Direito brasileiro, há duas espécies de contratos de caução ou garantia:

- **Garantia real** (*res* = coisa) – A coisa garante a dívida (ex.: penhor, hipoteca, anticrese e alienação fiduciária).
- **Garantia fidejussória** – Garantia pessoal (ex.: fiança e aval).

Como se vê, a fiança parte do gênero dos contratos de caução ou garantia. É negócio entabulado entre **credor e fiador**; portanto, o devedor (afiançado) não é parte na relação jurídica fidejussória.

A fiança pode ser dada a qualquer tipo de obrigação, seja ela de dar (coisa certa ou incerta), fazer ou não fazer.

CARACTERÍSTICAS

- **Contrato acessório** – A fiança não existe sem um contrato, onde se encontra a obrigação que está sendo garantida pela fiança. Por exemplo: José contrata um mútuo de dinheiro com um banco (contrato principal). Pedro, seu fiador, assume obrigação acessória de quitar a dívida, caso José não pague (fiança – contrato acessório). Como o acessório segue o principal (*accessorium sequitur principale*), se o contrato principal for nulo, nula será a fiança (art. 824, CC). No entanto, a recíproca não é verdadeira. Além disso, abrange todos os acessórios da dívida principal (juros, cláusula penal, despesas judiciais, etc.). A fiança pode ser de valor inferior da obrigação principal, mas nunca superior ao valor do débito principal nem mais onerosa do que ele, sob pena de ser reduzida ao nível da dívida afiançada (art. 823, CC).
- **Unilateral** – Gera obrigação apenas para o fiador que se obriga para com o credor, mas este nenhum compromisso assume em relação àquele.
- **Gratuito** – Como regra, o fiador não recebe remuneração, apenas ajuda o devedor. Entretanto, nada obsta que se pactue certa remuneração, muito comum em contratos bancários, em que os bancos assinam termos de responsabilidade em favor de seus clientes em troca de uma porcentagem sobre o montante garantido.

- **Forma escrita** – A forma da fiança é obrigatoriamente escrita (art. 819, CC), por instrumento público ou particular, e assinada, não se admitindo a fiança verbal, ainda que com muitas testemunhas. Fiança não se presume; é contrato solene. Pode ela ser realizada no próprio instrumento do contrato principal.
- **Não admite interpretação extensiva** – A fiança sempre será interpretada restritivamente, porque é contrato benéfico. O fiador responde por aquilo que efetiva e expressamente consignou no instrumento. Se alguma dúvida surgir, interpreta-se favoravelmente ao fiador. Por exemplo: se concedida para garantir aluguel, não se estende a danos causados no prédio por incêndio.
- **Não se estende além do tempo convencionado** – Para prorrogar-se a fiança, caso o contrato se prorrogue, é necessária disposição expressa a esse respeito. De Cesaris já dizia: "A fiança não se estende de uma coisa para outra, de uma pessoa para outra, de um tempo para outro".
- **Subsidiária** – O fiador só se obriga se o devedor principal ou afiançado não cumprir a prestação devida, a menos que se tenha pactuado a solidariedade. Nesse caso, o fiador assume a posição de co-devedor (sem desnaturar a fiança).
- **Súmula 214 do Superior Tribunal de Justiça** – "O fiador na locação não responde por obrigações resultantes de aditamento ao qual não anuiu."

SUBSTITUIÇÃO

O credor pode exigir a substituição do fiador se este (art. 826, CC):

- se tornar insolvente (não tiver bens para responder pela obrigação assumida);
- se tornar incapaz.

CONDIÇÕES PARA SER FIADOR

Para ser fiador, é necessário que:

- seja idôneo (moral e financeiramente);
- resida no mesmo município onde tenha de prestar fiança (será mais fácil avisá-lo do inadimplemento do devedor).

Quem pode ser fiador

Todas as pessoas maiores ou emancipadas, que tenham a livre disposição de seus bens e preencham os requisitos descritos acima.

Quem não pode ser fiador

- Os menores de 18 anos, mesmo se emancipados ou se os pais os representarem ou assistirem. A emancipação confere o direito de administrar seus negócios; a fiança é uma obrigação por dívida alheia.
- Os pródigos, sem assistência do curador.
- Os absolutamente incapazes, ainda que representados por seus curadores.
- O cônjuge, sem o consentimento do outro (outorga uxória ou marital), exceto no regime da separação total de bens. Se for dada fiança sem outorga, será anulável. O prazo para anular essa fiança é de quatro anos, contado da dissolução da sociedade conjugal.
- O analfabeto, a não ser que o faça por procurador constituído por instrumento público, com poderes especiais.
- Certas pessoas em razão de seu ofício (tesoureiros, leiloeiros – Decreto 2.198/32, tutores, curadores, etc.).

FIANÇA DE OBRIGAÇÃO NULA

As obrigações nulas não são suscetíveis de fiança. Assim, sendo nula a obrigação principal, nula será a fiança (ex.: fiança dada em contrato assinado por absolutamente incapaz).

FIANÇA DE OBRIGAÇÕES CONTRAÍDAS POR MENOR

Se a fiança for dada a obrigação contraída por pessoa menor (até 18 anos), embora a obrigação principal seja nula ou anulável, conforme o caso, prevalece a fiança (art. 1.988, CC). Por exemplo: menor assina contrato de locação; se o contrato for nulo ou anulado, prevalece a obrigação do fiador quanto aos aluguéis não pagos pelo menor.

FIANÇA A MÚTUO CONTRAÍDO POR MENOR

Esta é uma exceção à regra anterior. Se a fiança se referir a contrato de mútuo contraído por menor, sendo nulo ou anulado o contrato de mútuo, nula também será a fiança; declarado nulo ou anulado o contrato de mútuo, exonera-se também o fiador. Por exemplo: menor toma dinheiro emprestado e terceira pessoa assina o contrato como fiador.

BENEFÍCIO DE ORDEM

É o direito assegurado ao fiador de exigir do credor que acione, em primeiro lugar, o devedor principal, isto é, que os bens do devedor principal sejam executados antes dos seus (art. 827, CC). A invocação desse benefício deve ser manifestada expressamente.

Não pode o fiador socorrer-se de tal benefício se renunciou o benefício ou se obrigou como principal pagador (ou devedor solidário) ou se o devedor for insolvente ou falido.

BENEFÍCIO DE DIVISÃO

Havendo mais de um fiador garantindo a mesma obrigação, estes são **solidários** entre si, aplicando-se-lhes as regras das obrigações solidárias.

Todavia, podem os fiadores, entre si, prever expressamente no contrato de fiança que se utilizarão do benefício de divisão, isto é, que a obrigação entre eles seja divisível. Assim, cada fiador só responderá pela parte que, em proporção, lhe couber no pagamento (art. 829, CC).

SUB-ROGAÇÃO

O fiador que pagar integralmente a dívida ficará sub-rogado nos direitos do credor, mas só poderá demandar a cada um dos outros fiadores pela respectiva quota (art. 831, CC). "Sub-rogar" quer dizer estar no lugar de. "Sub-rogação nos direitos do credor" significa que o fiador que paga passa a ocupar o lugar do credor, assumindo todos os seus direitos, mesmo o de executar o devedor ou os outros fiadores. O fiador pode cobrar do devedor as perdas e danos que sofrer em razão da fiança.

RESPONSABILIDADE DOS HERDEIROS

Os herdeiros do fiador respondem quanto às obrigações assumidas pelo *de cujus* em razão de fiança. No entanto, a responsabilidade da fiança não pode ultrapassar as forças da herança e se limitará até a data da morte do fiador. Por exemplo: "A" é fiador de "B", referente a locação de imóvel. Se "B" deve os meses de julho a dezembro, no valor de 100 por mês, e "A" falece em setembro e só deixa de herança 500, os herdeiros apenas serão responsáveis por 300, porque o limite foi a data da morte do fiador. Se "A" só tivesse deixado 200 de herança, os herdeiros só responderiam por 200.

EXTINÇÃO

Extingue-se a fiança:

- por vontade do fiador, quando tiver assinado fiança sem limitação de tempo; nesse caso, a exoneração pode ser por ato amigável entre o fiador e o credor ou por decisão judicial;
- por morte do fiador;
- por anulação judicial, nos casos de anulabilidade dos atos jurídicos em geral (falta de legitimação, vícios do ato jurídico, etc.);

- se, sem o consentimento do fiador, o credor conceder moratória ao devedor;
- se, por fato do credor, tornar-se impossível a sub-rogação do fiador em seus direitos e preferências (ex.: credor levanta hipoteca que garante a dívida; por isso, o fiador não pode sub-rogar-se no direito de executar tal hipoteca);
- se o credor, em quitação amigável, aceitar do devedor objeto diverso do que venha a perdê-lo por evicção (ex.: credor aceita do devedor um terreno para quitar a dívida, em lugar de pagamento em dinheiro; se o credor vier a perder esse terreno, mesmo por evicção, o fiador está liberado);
- se o fiador indicar bens do devedor para serem executados em primeiro lugar, demorando o credor a executá-los e caindo, posteriormente, o devedor em insolvência; nesse caso, libera-se o fiador.

Aval

A exemplo da fiança, é uma garantia pessoal, em que uma pessoa (avalista) obriga-se a pagar a dívida de outrem (avalizado). O avalista é **devedor solidário**.

O aval é figura do Direito Cambiário, isto é, uma garantia própria dos títulos de crédito (letra de câmbio, nota promissória, etc.). Importa na **responsabilidade autônoma** do avalista, independentemente da validade da obrigação garantida.

Para dar o aval, basta que o avalista aponha sua assinatura, de próprio punho ou por intermédio de procurador, no título.

Em Resumo

Principais Espécies de Contratos

Compra e venda (arts. 481 a 532, CC) – Um dos contratantes se obriga a transferir o domínio de certa coisa, e o outro, a pagar-lhe o preço em dinheiro. Não transfere o domínio. Este é transferido pela tradição (bens móveis) ou pelo registro do título aquisitivo no Cartório de Registro de Imóveis (bens imóveis).

Troca ou permuta (art. 533) – As partes se obrigam a dar uma coisa por outra que não seja dinheiro. Operam-se, ao mesmo tempo, duas vendas, servindo as coisas trocadas de compensação recíproca.

Estimatório (arts. 534 a 537) – Uma das partes (consignatário) recebe da outra (consignante) bens móveis, ficando autorizada a vendê-los, obrigando-se a pagar um preço estimado previamente se não restituir as coisas consignadas dentro do prazo ajustado.

Doação (arts. 538 a 564) – Uma pessoa, por liberalidade, transfere de seu patrimônio bens ou vantagens para o de outra, que os aceita.

Locação (arts. 565 a 578 e 593 a 626) – Uma das partes, mediante remuneração, se compromete a fornecer à outra, por certo tempo, o uso de uma coisa, a prestação de um serviço ou a execução de determinado trabalho. Há três espécies:

1. **Locação de coisas** – Uso e gozo de bem infungível.
2. **Locação de serviços** – Prestação de serviços economicamente apreciável.
3. **Locação de obras ou empreitada** – Execução de obra ou trabalho.

Pela disposição atual no Código Civil, a prestação de serviço e a empreitada não são espécies de locação, e sim contratos autônomos.

Empréstimo (arts. 579 a 592) – Alguém entrega uma coisa para outrem, gratuitamente, obrigando-se este a devolver a mesma coisa ou devolver outra da mesma espécie e quantidade. Há duas espécies:

1. **Comodato** – Empréstimo de **uso** em que o bem emprestado deverá ser restituído, não podendo ser fungível ou consumível.

2. **Mútuo** – Empréstimo de **consumo** em que o bem usado, sendo fungível ou consumível, não poderá ser devolvido e a restituição será em seu equivalente, por outra coisa do mesmo gênero, qualidade e quantidade.

Depósito (arts. 627 a 652) – Uma pessoa (depositária) recebe de outra (depositante) um objeto móvel para guardá-lo, temporária e gratuitamente, até que o depositante o reclame.

Mandato (arts. 653 a 709) – Alguém (mandatário) recebe de outrem (mandante) poderes para, em seu nome (em nome do mandante), praticar atos ou administrar interesses.

Fiança (arts. 818 a 839) – Também chamada **caução fidejussória**, é a promessa feita por uma ou mais pessoas de garantir ou satisfazer a obrigação de um devedor se este não a cumprir, assegurando ao credor seu efetivo cumprimento.

8

DIREITO DAS COISAS

Introdução

Para o Código Civil, os **direitos** são classificados em pessoais e reais.

Direitos pessoais (ex.: contratos)	Direitos reais (ex.: propriedade)
1. Dualidade de sujeitos: ativo (credor) e passivo (devedor).	1. Apenas um sujeito: ativo.
2. Objeto: sempre uma prestação do devedor.	2. Objeto: sempre uma coisa corpórea ou incorpórea.
3. Violados os direitos pessoais, pode a parte ingressar com ação, mas somente contra a outra parte.	3. Violados os direitos reais, pode a parte ingressar com ação contra quem detiver a coisa, indistintamente.

O **direito das coisas** (ou direitos reais – *res*, *rei* = coisa), segundo Maria Helena Diniz (*Curso de Direito Civil brasileiro*, v. IV), é um conjunto de normas que regem as relações jurídicas concernentes aos bens materiais ou imateriais suscetíveis de apropriação pelo homem. Prevê a aquisição, o exercício, a conservação e a perda de poder sobre os bens suscetíveis de apropriação, sejam corpóreos ou incorpóreos (entre os bens incorpóreos ou imateriais estão a propriedade literária, científica e artística – direitos autorais – e a industrial – marcas e patentes). O direito das coisas é um vínculo que liga uma coisa a uma pessoa. É um direito absoluto por ser oponível a todos (*erga omnes*). O titular do direito real tem o poder de reivindicar a coisa onde quer que ela se encontre.

Classificação dos direitos reais

Os direitos reais podem incidir:

1. Sobre coisa própria: propriedade.

2. Sobre coisa alheia:

a) de gozo (ou fruição): enfiteuse (em extinção), superfície, servidões prediais, usufruto, uso e habitação;

b) de garantia: penhor, hipoteca, anticrese e alienação fiduciária em garantia;

c) de aquisição: compromisso ou promessa de compra e venda.

A **posse** também é classificada como direito das coisas, por ser um vínculo que liga uma coisa a uma pessoa e por sua oponibilidade *erga omnes*. No entanto, alguns entendem a posse como um direito obrigacional especial; outros a reputam não como um direito, mas como um fato.

Posse

CONCEITO

Costuma-se dizer que a posse é uma situação de fato protegida pela lei para evitar a violência e assegurar a paz social. Até porque a situação de fato (a posse) aparenta ser uma situação de direito. No entanto, sempre houve grande dificuldade para conceituar posse. Existem duas grandes escolas que procuram delimitar o conceito de posse:

- **Teoria subjetiva** (Friedrich Karl von Savigny) – Poder direto ou imediato que tem a pessoa de dispor fisicamente de um bem com a intenção de tê-lo para si e de defendê-lo com a intervenção ou agressão de quem quer que seja. Possui dois elementos:
  - *corpus* (elemento material): poder físico ou de disponibilidade sobre a coisa;
  - ***animus domini*:** intenção de ter a coisa para si, de exercer sobre ela o direito de propriedade.

  Para essa teoria, o locatário, o comandatário, o depositário não são possuidores. Portanto, não gozam de proteção direta, não podendo ingressar com as ações possessórias.
- **Teoria objetiva** (Rudolf von Ihering) – Para constituir a posse, basta dispor fisicamente da coisa ou mera possibilidade de exercer esse contato. Dispensa a intenção de ser dono. Possui apenas um elemento:
  - ***corpus*** (elemento material): único elemento visível e suscetível de comprovação; atitude externa do possuidor em relação à coisa, agindo ele como dono.

O **Código Civil brasileiro adotou a teoria objetiva de Ihering**, definindo a posse, no artigo 1.196, como o **exercício pleno ou não de alguns dos poderes inerentes ao domínio ou à propriedade**. Portanto, posse não depende de propriedade.

Alguém pode ter a posse sem ser proprietário. Ser proprietário é ter o "domínio" da coisa. Já a posse é apenas ter a disposição da coisa, utilizando-se dela e tirando-lhe os frutos.

FÂMULO DE POSSE - DETENÇÃO

Art. 1.198, CC

Fâmulo é o servidor, empregado. Não deve ser confundido com o possuidor. O fâmulo de posse **detém** a coisa apenas em virtude de uma situação de dependência econômica ou de um vínculo de subordinação (ex.: o dono de um estacionamento não tem posse, apenas detém o carro, da mesma forma a bibliotecária, o caseiro e os empregados em geral que zelam a propriedade em nome do dono).

OBJETO DA POSSE

Podem ser objeto de posse todas as coisas que puderem ser objeto de propriedade. Incluem-se os bens, entre outros: corpóreos e incorpóreos; móveis e imóveis; principais e acessórios; etc.

FUNDAMENTO DA POSSE

Chamamos de *jus possessionis* (ou posse formal) quando alguém, por exemplo, se instala em um imóvel e nele se mantém de forma mansa e pacífica. Neste caso, cria-se uma situação possessória que proporciona a essa pessoa certa proteção a essa posse, independentemente de qualquer título. Há uma proteção contra terceiros e, em algumas hípoteses, até mesmo contra o proprietário. Trata-se de um direito fundado no "fato da posse". Por outro lado, chamamos de *jus possidendi* (posse causal ou titulada, pois há uma causa ou um título) quando o possuidor possui um título devidamente transcrito (ex.: propriedade) ou possui algum outro direito real (enfiteuse, usufruto, etc. – *falaremos melhor sobre estes ítens mais adiante*). Em ambas as situações há uma proteção legal contra eventual violência de outrem.

CLASSIFICAÇÃO

- **Posse direta** (ou **imediata**) – Aquela que é exercida por quem detém materialmente a coisa (ex.: posse exercida pelo próprio proprietário; posse exercida pelo locatário, por concessão do locador).
- **Posse indireta** (ou **mediata**) – Aquela que é exercida por meio de outra posse (ex.: proprietário que tem a posse por meio do inquilino; dessa forma, o locatário tem a posse direta e o locador, a posse indireta).
- **Posse justa** – Aquela que não é violenta, clandestina ou precária, adquirida de forma legítima, sem vício jurídico externo.

- **Posse injusta** – Aquela que é adquirida viciosamente, por meio de violência, clandestinidade ou precariedade. Mesmo que injusta, ainda é posse e pode ser defendida por ações não contra aquele de quem se tirou, mas contra terceiros (Monteiro, Washington de Barros, *Curso de Direito Civil*). São suas espécies: **a) violenta**, aquela que é obtida por meio de esbulho, por força física ou moral; **b) clandestina**, aquela que é obtida sub-repticiamente, às escondidas; **c) precária**, aquela que é obtida com abuso de confiança, não restituindo a coisa ao final do contrato (ex.: locatário que, alugando um carro, não o devolve ao final do contrato).
- **Posse de boa-fé** – Aquela em que o possuidor ignora os vícios ou os obstáculos que lhe impedem a aquisição da coisa ou do direito possuído. Nesse caso, o possuidor tem a convicção de que a coisa lhe pertence. Ocorre, em geral, com quem tem **justo título**, isto é, um documento referente à compra daquele objeto possuído.
- **Posse de má-fé** – Aquela que é viciada por obtenção mediante violência, clandestinidade ou precariedade; o possuidor tem ciência do vício.
- **Posse nova** – Aquela que conta com menos de um ano e um dia.
- **Posse velha** – Aquela que conta com mais de um ano e um dia. Esse prazo é importante porque, se a pessoa estiver há mais de um ano e um dia na posse, pode obter liminar contra quem a estiver incomodando, sendo mantida sumariamente na posse.
- **Posse *ad interdicta*** – Aquela que pode ser defendida pelas ações possessórias, porém não conduz usucapião. O locatário pode defender posse de uma turbação ou esbulho, mas não tem direito de usucapião.
- **Posse *ad usucapionem*** – Aquela que se prolonga por determinado lapso temporal previsto em lei, admitindo-se a aquisição do domínio por usucapião.

AQUISIÇÃO DA POSSE

Pelo artigo 1.204 do Código Civil, adquire-se a posse desde o momento em que se torna possível o exercício, em nome próprio, de qualquer dos poderes inerentes à propriedade. A aquisição da posse ocorre por:

- **Apreensão da coisa** – "Apreensão" significa apossamento, pela deslocação da coisa para o domínio do possuidor ou pelo uso da coisa se esta for imóvel. Consiste na apropriação unilateral da coisa. Aplica-se às coisas de ninguém (*res nullius*) e abandonadas (*res derelictae*) e também aos bens retirados de outrem sem sua permissão. Mesmo havendo violência ou clandestinidade, é posse (embora injusta). Isso porque se o primitivo possuidor omitir-se, não reagindo em defesa da posse ou não a defendendo por meio de ações, os vícios que a comprometiam desaparecem.

- **Exercício de direito** (ex.: direito de uso de uma linha telefônica).
- **Tradição** – Entrega da coisa. Pressupõe um acordo de vontades, bastando que haja a intenção do *tradens* (o que opera a tradição) e do *accipiens* (o que recebe a coisa). A tradição pode ser **real** (entrega efetiva e material da coisa), **simbólica** (representada por ato que traduz a alienação – entrega das chaves do carro, do apartamento, etc.) ou **ficta** (constituto possessório).
- **Constituto possessório** (ou **cláusula *constituti***) – Ato pelo qual aquele que possuía em nome próprio passa a possuir em nome de outrem (ex.: "A", proprietário, aliena seu imóvel e continua residindo nele como inquilino; "Z", titular de uma linha telefônica, a aliena e continua usando-a por locação). A cláusula *constituti* não se presume. Aplica-se tanto aos bens móveis como aos imóveis.

A posse pode ser adquirida (art. 1.205, CC):

- pela própria pessoa que a pretende, desde que capaz;
- por seu representante ou procurador (mandatário), com poderes especiais;
- por terceiro, sem mandato, dependendo de ratificação (gestor de negócios).

EFEITOS DA POSSE

Os efeitos da posse são as conseqüências jurídicas por ela produzidas, em virtude de lei ou norma jurídica (Rodrigues, Sílvio, *Direito Civil*). Embora haja certa discrepância entre os autores, apontam-se como efeitos de ser possuidor de um bem:

- **Faculdade de invocar os interditos** – O possuidor tem a faculdade de propor ações possessórias. São elas:
  - **Interdito proibitório** – Proteção preventiva da posse, ante **ameaça**. Visa a impedir que se consume a violência. Geralmente, comina-se pena pecuniária em caso de transgressão da ordem judicial.
  - **Manutenção da posse** – Se o possuidor sofre **turbação** (ato que embaraça, molesta o livre exercício da posse, como rompimento de cercas, abertura de "picadas", entrada em terreno para extrair lenha, etc. – Gomes, Orlando, *Introdução ao Direito Civil*). Não houve a perda da posse.
  - **Reintegração de posse** – Se o possuidor é **esbulhado** ("esbulho" significa privação, subtração), ou seja, despojado da posse, injustamente, por violência, clandestinidade, etc. (Monteiro, Washington de Barros, *Curso de Direito Civil*), como no caso de estranho que invade a casa deixada pelo inquilino. Houve a perda da posse e a ação serve para **recuperar** a posse.

- **Nunciação de obra nova** (ou **embargo de obra nova**) – Visa a impedir a continuação de obras (sentido amplo) no terreno vizinho que prejudique o possuidor ou que esteja em desacordo com os regulamentos administrativos (ex.: vizinho que desvia curso de rio ou o represa, que abre janela a menos de um metro e meio). Como o objetivo é embargar a obra (ou seja, impedir sua construção), se ela já estiver pronta ou em fase de conclusão, não caberá essa ação (Monteiro, Washington de Barros, *Curso de Direito Civil*).
- **Ação de dano infecto** – Medida preventiva baseada no receio do possuidor de que o vizinho, em demolição ou vício de construção, lhe cause prejuízos. Obtém do vizinho **caução** por eventuais futuros danos.
- **Embargos de terceiro** – Remédio jurídico para a defesa da posse para quem for turbado ou esbulhado na posse por ato de apreensão judicial, em casos como de penhora, arrecadação, etc.

• **Faculdade da legítima defesa da posse ou do desforço imediato** (também chamada de **autotutela, autodefesa** ou **defesa direta** – art. 1.210, § 1.º, CC) – Em ambos os casos há resquícios de justiça privada.
  - Na **legítima defesa**, o possuidor molestado pode reagir contra o agressor, *incontinenti*, empregando meios estritamente necessários para **manter-se** na posse.
  - No **desforço imediato** (ou ***incontinenti***), o possuidor pode **recuperar** a posse perdida empregando meios moderados, agindo pessoalmente ou sendo ajudado por amigos ou serviçais.

Os atos de defesa ou de desforço não podem ir além do indispensável à manutenção ou restituição da posse. Os meios empregados devem ser proporcionais à agressão.

• **Faculdade de ser mantido sumariamente, se a posse for velha** (mais de um ano e um dia).

• **Percepção de frutos**
  - **Possuidor de boa-fé** – Tem direito aos frutos percebidos; ao uso e gozo da coisa; à indenização pelas benfeitorias necessárias e úteis; à retenção pelo valor dessas benfeitorias; ao levantamento (*jus tollendi*) das benfeitorias voluptuárias. Não tem direito aos frutos pendentes quando cessa a boa-fé. A Lei 8.245/91 (locações) assim dispõe sobre os direitos do locatário (possuidor de boa-fé por excelência):

> Art. 35 – Salvo expressa disposição contratual em contrário, as benfeitorias necessárias introduzidas pelo locatário, ainda que não autorizadas pelo locador, bem como as úteis, desde que autorizadas, serão indenizáveis e permitem o exercício do direito de retenção.

Art. 36 – As benfeitorias voluptuárias não serão indenizáveis, podendo ser levantadas pelo locatário, finda a locação, desde que sua retirada não afete a estrutura e a substância do imóvel.

– **Possuidor de má-fé** – Responde pelos prejuízos, pelos frutos colhidos e percebidos e pelos frutos que por sua culpa se perderam; tem direito à indenização apenas pelas benfeitorias necessárias, mas não a sua retenção nem ao levantamento de benfeitorias úteis ou voluptuárias.

PERDA DA POSSE

Arts. 1.223 e 1.224, CC

- **Abandono da coisa** (***res derelicta***) – Renúncia da posse; intenção de largar voluntariamente o que está em sua posse.
- **Tradição** – Entrega da coisa; envolve a intenção definitiva de transferir a coisa a outrem.
- **Perda** (ex.: anel que cai em alto-mar).
- **Destruição** – Inutilização total decorrente de evento natural (inundações, incêndio, etc.).
- **Colocação fora do comércio** (coisa inaproveitável ou inalienável).
- **Posse de outrem** – Ocorre ainda que contra a vontade do possuidor, se este não for manutenido ou reintegrado em tempo competente.
- **Constituto possessório** *(veja no tópico "Aquisição da posse", p. 186).*

COMPOSSE

Também chamada compossessão, é a situação pela qual duas ou mais pessoas exercem, simultaneamente, poderes possessórios sobre a mesma coisa (art. 1.199, CC), ou seja, têm posse em comum sobre a mesma coisa (ex.: herdeiros antes da partilha do acervo). São seus requisitos: pluralidade de sujeitos e coisa indivisa. Há duas espécies:

- **Composse *pro indiviso*** – As pessoas têm parte ideal do bem (ex.: três pessoas possuem um apartamento; como não está determinada a parte de cada uma, elas têm a terça parte ideal de tudo).
- **Composse *pro diviso*** – Embora não haja uma divisão de direito, já existe uma divisão de fato, de forma que cada compossuidor sabe onde inicia e onde termina sua parte da coisa (ex.: três pessoas possuem uma fazenda; embora não esteja no nome de nenhuma delas, cada qual exerce a posse em sua parte delimitada).

Propriedade

CONCEITO

Propriedade é o direito que a pessoa física ou jurídica tem de usar, gozar, dispor de um bem ou reavê-lo de quem injustamente o possua ou detenha (art. 1.224, *caput*, CC). Trata-se do mais completo dos direitos subjetivos e centro do direito das coisas. Clóvis Beviláqua (*Código Civil comentado*) a define como poder assegurado pelo grupo social à utilização dos bens da vida psíquica e moral. O Código Civil atual reafirma a **função social da propriedade** acolhida no artigo 5.º, inciso XXIII, da Constituição Federal e no Estatuto da Cidade (Lei 10.257/01).

ELEMENTOS

- **Direito de usar** (***jus utendi***) – Faculdade que o dono tem de servir-se da coisa e utilizá-la da maneira que entender mais conveniente, sem modificação em sua substância (ex.: morar em uma casa).
- **Direito de gozar** (***jus fruendi***) – Retirada dos frutos (naturais ou civis) e utilização dos produtos da coisa (ex.: locação).
- **Direito de dispor** (***jus abutendi*** ou ***disponiendi***) – Poder de alienar a coisa a título oneroso (venda) ou gratuito (doação), abrangendo o poder de consumi-la ou gravá-la de ônus (penhor, hipoteca, servidão, etc.).
- **Direito de reivindicar** (***rei vindicatio***) – Poder de mover ação para obter o bem de quem injustamente o detenha (ação reivindicatória).

CLASSIFICAÇÃO

A propriedade classifica-se em:

- **Propriedade plena** – Quando o proprietário tem os direitos de uso, gozo e disposição plena enfeixados em suas mãos, sem que terceiros tenham qualquer direito sobre aquele bem.
- **Propriedade limitada** – Quando recai sobre a propriedade algum ônus (hipoteca, servidão, usufruto, etc.) ou quando ela é resolúvel (será extinta com um acontecimento futuro).

Na verdade, o direito de propriedade é composto de duas partes destacáveis:

- **Nua propriedade** – Corresponde à titularidade, ao fato de ser proprietário e ter o bem em seu nome. A pessoa recebe o nome de **nu-proprietário**, **senhorio direto** ou **proprietário direto**.
- **Domínio útil** – Corresponde aos direitos de usar, gozar e dispor da coisa. Dependendo do direito que tem, recebe nome diferente: **enfiteuta**, **usufrutuário**, etc.

Assim, se o domínio útil e a nua propriedade pertencem à mesma pessoa, a propriedade é plena; caso contrário, limitada.

PROTEÇÃO À PROPRIEDADE

A proteção à propriedade é obtida por meio de ações.

- **Ação reivindicatória** – Serve para retomar a coisa quando terceira pessoa a detenha, dizendo-se dona. Nessa ação, o autor deve provar seu domínio, oferecendo prova da propriedade com a respectiva transcrição e descrevendo o imóvel com suas confrontações, bem como demonstrar que a coisa reivindicada está na posse injusta do réu.
- **Ação negatória** – O proprietário que, apesar de conservar o bem em seu poder, sofre turbação no exercício de seu direito poderá propor ação negatória para defender seu domínio.
- **Ação declaratória** – É usada para dissipar dúvidas a respeito do domínio.

Propriedade imóvel

AQUISIÇÃO

A aquisição da propriedade imobiliária se dá pelos seguintes modos:

- **Originária** – Quando não há transmissão de uma pessoa para outra; o indivíduo faz seu o bem sem que este lhe tenha sido transmitido por alguém. Subdivide-se em:
  - acessão;
  - usucapião.
- **Derivada** – Quando houver transmissibilidade por:
  - ato *causa mortis*: testamento – herança;
  - ato *inter vivos*: contratos – transcrição.

Acessão

Arts. 1.248 a 1.259, CC

Segundo Clóvis Beviláqua (*Código Civil comentado*), acessão é o modo originário de aquisição em virtude do qual fica pertencendo ao proprietário tudo quanto se une ou se incorpora a seu bem. São suas espécies:

- **Ilhas formadas por força natural** (acúmulo de areia e materiais levados pela correnteza) – Interessam ao Direito Civil somente ilhas formadas em rios não-navegáveis ou particulares, por pertencerem ao domínio particular; traça-se uma linha mediana e imaginária no leito do rio dividindo-o em duas partes: a que se forma entre a linha e uma das margens considera-se acréscimo ao terreno fronteiro desse mesmo lado.

- **Aluvião** (acréscimo paulatino de terras às margens do rio e lentos e imperceptíveis depósitos naturais) – Os acréscimos pertencem aos donos dos terrenos marginais, seguindo a regra de que o acessório segue o principal. As partes descobertas pela retração das águas dormentes, como lagos e tanques, são chamadas de **aluvião impróprio**.
- **Avulsão** (repentino deslocamento de uma porção de terra "avulsa" por força natural violenta, desprendendo-se de um prédio e juntando-se a outro) – O dono do imóvel que perde a terra tem o prazo decadencial de um ano para reclamá-la; não o fazendo, perde o direito a ela.
- **Álveo abandonado** (álveo = leito de rio) – Secando ou desviando (fenômeno natural), tem-se o abandono de álveo; dá-se a mesma solução da formação de ilhas.
- **Acessões artificiais, físicas ou industriais** – Derivam de um comportamento ativo do homem, como plantações, construções, etc.

Em todas as hipóteses, o proprietário do principal passa a ser o do acessório (acrescido).

Usucapião

Arts. 1.238 a 1.244, CC

Usucapião (do latim *capio*, tomar, e *usu*, pelo uso = tomar pelo uso, adquirir pelo uso), também chamado impropriamente de prescrição aquisitiva, é, no dizer de Clóvis Beviláqua (*Código Civil comentado*), uma situação de domínio pela posse prolongada.

O usucapião (ou a usucapião) é o modo de aquisição da propriedade independente da vontade do titular anterior. Ocorre quando alguém detém a **posse** de uma coisa com ânimo de dono, por tempo determinado, sem interrupção e sem oposição, desde que não seja posse clandestina, violenta ou precária.

O possuidor pode, para fim de contar o tempo exigido, acrescentar à sua posse a de seu antecessor, contanto que ambas tenham as mesmas características (art. 1.243, CC).

Três são as **modalidades** de usucapião:

1. **Extraordinário** (art. 1.238, CC):
   - posse pacífica, ininterrupta, com *animus domini* e sem oposição por **15 anos**;
   - o prazo cai para **dez anos** se o possuidor tiver estabelecido no imóvel sua moradia habitual ou realizado obras ou serviços de caráter produtivo;
   - não é necessário provar boa-fé ou justo título;
   - sentença judicial.

2. **Ordinário** (art. 1.242, CC):
   - posse mansa, pacífica e ininterrupta com *animus domini* por **dez anos**;
   - o prazo cai para **cinco anos** se o imóvel foi adquirido onerosamente, desde que o possuidor nele tiver estabelecido sua moradia ou fizer investimentos de interesse social e econômico (posse-trabalho);
   - justo título, ainda que contenha alguma irregularidade;
   - boa-fé (ignorância dos defeitos no título; crença de que a coisa realmente lhe pertence);
   - sentença judicial.
3. **Constitucional** – A Constituição de 1988 (reforçada pelo Código Civil e pelo Estatuto da Cidade) criou outros dois tipos de usucapião, não reclamando em qualquer das espécies justo título ou boa-fé (há uma presunção juris et de jure de boa-fé):

   a) Área rural – *pro labore* (arts. 191, CF, e 1.239, CC):
   - área não superior a 50 hectares;
   - posse por **cinco anos** ininterruptos sem oposição, com *animus domini*;
   - para sua moradia;
   - não ser proprietário de outro imóvel (rural ou urbano);
   - tornar produtiva por força de seu trabalho ou de sua família;
   - apenas uma vez.

   b) Área urbana – *pro moradia* ou *pro misero* (arts. 183, CF, e 1.240, CC):
   - área não superior a 250 m^2;
   - posse por **cinco anos** ininterruptos sem oposição;
   - para sua moradia ou de sua família;
   - não ser proprietário de outro imóvel (rural ou urbano);
   - apenas uma vez.

   A Lei 10.257/01 (Estatuto da Cidade) dispõe que as áreas urbanas com mais de 250 m^2 ocupadas por população de baixa renda para sua moradia, por **cinco anos**, ininterruptamente e sem oposição, onde não for possível identificar os terrenos ocupados de cada possuidor, são suscetíveis de **usucapião coletivo**, desde que os possuidores não sejam proprietários de outro imóvel, urbano ou rural. Na sentença o juiz atribuirá igual fração ideal de terreno a cada possuidor, independentemente da dimensão do terreno que cada um ocupe. São partes legítimas para a propositura dessa ação:
   - o possuidor, isoladamente ou em litisconsórcio;
   - possuidores, em composse;
   - associação de moradores da comunidade, regularmente constituída (substituto processual).

O autor terá os benefícios da Justiça gratuita, sendo obrigatória a intervenção do Ministério Público. O rito é o sumário.

ATENÇÃO

Os bens públicos não podem ser objeto de usucapião.

TRANSCRIÇÃO - REGISTRO

Art. 1.227, CC

Os contratos constitutivos ou translativos de direitos reais sobre imóveis têm de ser feitos por escritura pública. Os contratos criam os direitos e obrigações, mas a transmissão da propriedade imóvel só se opera com o registro de transferência.

O artigo 1.245, § 1.º, do Código Civil determina que "enquanto não se registrar o título translativo, o alienante continua a ser havido como dono do imóvel".

DIREITO HEREDITÁRIO

É a forma de transmissão derivada da propriedade que se dá por ato *causa mortis* em que o herdeiro (legítimo ou testamentário) ocupa o lugar do *de cujus* em todos os seus direitos e obrigações. Os herdeiros são considerados, em um primeiro momento, condôminos dos bens herdados. Realizados o inventário e a partilha, é expedido o formal de partilha, que será transcrito no Cartório de Registro de Imóveis. Só depois disso cada herdeiro adquire a propriedade individual dos imóveis da herança, deixando de ser condômino.

PERDA DA PROPRIEDADE IMÓVEL

Art. 1.275, CC

Perde-se a propriedade imóvel por:

- **Alienação** – Dá-se por meio de compra e venda, doação, dação em pagamento, permuta, cessão de direitos. Necessita de transcrição no Cartório de Registro de Imóveis.
- **Renúncia** – É o ato unilateral pelo qual o proprietário declara, expressamente, seu intuito de abrir mão de seu direito sobre a coisa (Pereira, Caio Mário da Silva, *Instituições de Direito Civil*). Necessita de transcrição no Cartório de Registro de Imóveis (ex.: renúncia de herança).
- **Abandono** – Ocorre quando se deixa a coisa com a intenção de não mais tê-la para si; abandonada, qualquer pessoa pode ocupá-la e adquirir-lhe a propriedade por usucapião.

- **Perecimento** – É a perda do objeto (ex.: terras alagadas por inundação em virtude de construção).
- **Desapropriação** – É o procedimento pelo qual o Poder Público, por ato unilateral, despoja alguém de um bem, fundado em necessidade pública, utilidade pública ou interesse social, adquirindo-o mediante indenização prévia e justa, pagável em dinheiro ou, se o sujeito passivo concordar, em títulos da dívida pública (Melo, Celso Antônio Bandeira de, *Elementos de Direito Administrativo*). Ressalva-se à União o direito de desapropriar imóvel rural que não esteja cumprindo sua função social, quando objetivar a realização de reforma agrária. É modo involuntário de perda do domínio. Trata-se de instituto de Direito Público cujos efeitos pertencem ao Direito Civil.
- **Usucapião**.
- **Avulsão** (modalidade de acessão).

Observação

O simples não-uso não determina a perda da propriedade, se ainda não foi usucapida por outrem, ainda que passem mais de 20 anos.

Propriedade móvel

FORMAS DE AQUISIÇÃO E PERDA

Ao mesmo tempo que uma pessoa adquire a propriedade mobiliária, outra a perde. Assim, analisam-se a aquisição e a perda em um só momento. São modos aquisitivos e extintivos:

- **Originários:** ocupação e usucapião.
- **Derivados:** tradição, especificação, confusão, comistão, adjunção e sucessão hereditária

Além dessas hipóteses, perde-se a propriedade também pelo **perecimento** e pelo **abandono**.

Tradição

Arts. 1.267 e 1.268, CC

Tradição (*traditio rei*) consiste na **entrega** da coisa móvel ao adquirente, com a intenção de lhe transferir o domínio (Monteiro, Washington de Barros, *Curso de Direito Civil*). O contrato, por si só, não é apto para transferir o domínio; só com a tradição é que essa declaração se transforma em direito real. A tradição pode ser:

- **Real** – Entrega efetiva e material da coisa.
- **Simbólica** – Ato representativo que traduz a alienação (ex.: entrega de chaves do carro).

- **Ficta** – Quando ocorre o constituto possessório. Uma pessoa vende a coisa, perdendo a propriedade, mas continua na posse dessa coisa, em virtude de um contrato de locação ou comodato *(veja, também, "Constituto possessório")*.

  Fala-se, ainda, em:
  - ***Traditio longa manu*** – Quando a coisa é posta à disposição do adquirente, por ser impossível a entrega manual (ex.: máquinas de grande porte, porção de terras).
  - ***Traditio brevi manu*** – Quando o adquirente já era o possuidor da coisa (ex.: locatário que compra o bem).

Ocupação

É o assenhoramento da coisa móvel (inclui semoventes) sem dono, por não ter sido ainda apropriada (*res nullius*) ou por ter sido abandonada (*res derelictae*). Não se confunde a coisa sem dono ou abandonada com a coisa perdida.

Usucapião

O fundamento é o mesmo dos bens imóveis. A diferença está no prazo:
- **Ordinário** (art. 1.260, CC): três anos – posse ininterrupta e sem oposição (pacífica); com justo título, boa-fé e *animus domini*.
- **Extraordinário** (art. 1.261, CC): cinco anos – posse ininterrupta e sem oposição (pacífica); sem justo título e sem boa-fé.

Especificação

Arts. 1.269 a 1.271, CC

Segundo Washington de Barros Monteiro (*Curso de Direito Civil*), é a transformação da coisa móvel em espécie nova, em virtude do trabalho ou da indústria do especificador, desde que não seja possível reduzi-la a sua forma primitiva (ex.: escultura em relação a um bloco de pedra; lapidação de pedra preciosa; pintura em relação à tela). Se toda a matéria-prima for de outrem, a coisa nova pertencerá ao especificador se ele estiver de boa-fé; se estiver de má-fé, perderá a coisa nova em favor do dono do material.

Confusão, comistão e adjunção

Arts. 1.272 a 1.274, CC

Ocorrem quando coisas pertencentes a pessoas diversas se mesclam de tal forma que é impossível separá-las.
- **Confusão** – Mistura entre coisas líquidas (não é o mesmo que confusão de dívidas, quando credor e devedor são a mesma pessoa – direito pessoal e não real).

- **Comistão** – Mistura de coisas sólidas ou secas.
- **Adjunção** – Justaposição de uma coisa sobre outra.

Se a mistura for involuntária, ocorre o **condomínio necessário**. Entretanto, se uma das coisas puder ser considerada principal em relação às outras, o domínio da espécie nova será atribuído ao dono da coisa principal, mas este tem a obrigação de indenizar os outros.

Propriedade em condomínio

"Condomínio" (ou compropriedade) significa domínio ou propriedade em comum. Segundo Caio Mário da Silva Pereira (*Instituições de Direito Civil*), há condomínio quando a mesma coisa pertence a mais de uma pessoa, cabendo a cada uma delas igual direito, idealmente sobre o todo e cada uma de suas partes. Todos os condôminos têm direitos qualitativamente iguais sobre a totalidade do bem, sofrendo limitações na proporção quantitativa. Classifica-se quanto à origem em:

- **Convencional** (ou **voluntário**) – Resulta de acordo de vontades dos consortes.
- **Incidental** (ou **eventual**) – Procede de causas alheias à vontade dos condôminos (ex.: doação de um objeto a duas pessoas, herança deixada a duas ou mais pessoas).
- **Necessário** (ou **forçado**) – Deriva de imposição da lei (ex.: paredes, cercas, muros).

CONDOMÍNIO CONVENCIONAL

Regras gerais

1. Cada condômino exerce seu direito de propriedade sobre a coisa toda, delimitado, naturalmente, por igual direito dos demais condôminos.
2. A todos pertence a utilidade econômica da coisa.
3. O direito de cada condômino, em face de terceiros, abrange a totalidade dos poderes referentes ao direito de propriedade. Assim, o condômino, ainda que minoritário, pode mover ação de despejo contra um inquilino, mesmo ante a omissão ou declarada oposição dos demais. O condômino só pode reivindicar o imóvel contra terceiro e não contra os demais condôminos.
4. Cada condômino tem seu direito delimitado pelo dos outros, na medida de suas quotas.

5. As quotas-partes ideais são apenas elementos aferidos do valor econômico pertencente a cada condômino, para que possa dispor da coisa.

Direitos do condômino

Art. 1.314, CC

- Usar livremente da coisa conforme sua destinação e sobre ela exercer todos os direitos compatíveis com a indivisão.
- Reivindicá-la de terceiros e defender sua posse.
- Alhear a respectiva parte indivisa, respeitando o **direito de preferência** dos demais consortes. A venda feita pelo condômino a estranho com preterição dos demais só será definitiva após o decurso do prazo de decadência de 180 dias (contado a partir do momento em que cada condômino teve conhecimento da venda).
- Gravar a parte indivisa. Não pode gravar (ex.: hipotecar) em sua totalidade sem a anuência dos demais comproprietários; no entanto, pode dar em garantia real a parte que tiver.
- A qualquer tempo requerer a divisão da coisa.

Deveres do condômino

Arts. 1.314, parágrafo único, e 1.315, CC

- Concorrer, na proporção de sua quota, para as despesas de conservação ou divisão da coisa.
- Suportar, na proporção de sua quota, os ônus a que a coisa está sujeita (ex.: hipoteca, servidão).
- Não alterar a coisa comum sem o consentimento dos outros.

CONDOMÍNIO POR MEAÇÃO DE PAREDES, CERCAS, MUROS E VALAS

As paredes, cercas, muros e valas que dividem uma propriedade pertencem, em condomínio, aos proprietários confrontantes. É espécie de **condomínio necessário** ou **forçado**.

Assim, cada proprietário tem o dever de concorrer com metade das despesas para sua construção ou conservação. Se um dos proprietários tiver interesse em executar a obra divisória, tem de comunicar o fato ao vizinho para conseguir um acordo. Caso não obtenha a anuência do vizinho, deve ingressar em juízo. Se houver omissão dessas formalidades e, apesar disso, o interessado construir o tapume, há presunção que o fez a sua custa.

CONDOMÍNIO EM PRÉDIOS DE APARTAMENTOS

Arts. 1.331 a 1.358, CC, e Lei 4.591/64

O condomínio em prédios de apartamentos (ou **horizontal** ou **edilício**) se apresenta como uma propriedade comum ao lado de uma privativa. Cada condômino é titular da unidade autônoma (apartamento, escritório, garagem) e de partes ideais das áreas comuns (terreno, estrutura do prédio, escadas, corredores, salão de festas, etc.).

Institui-se o condomínio edilício por ato entre vivos ou testamento, registrado no Cartório de Registro de Imóveis, devendo constar desse ato, além do disposto em lei especial:

- a discriminação e individualização das unidades de propriedade exclusiva, estremadas umas das outras e das partes comuns;
- a determinação da fração ideal atribuída a cada unidade, relativamente ao terreno e partes comuns;
- o fim a que as unidades se destinam.

Cada prédio possui sua **convenção**, que é o estatuto básico que rege o condomínio, em que se consignam os direitos e deveres de cada condômino, inclusive na participação das despesas para manutenção do condomínio.

A convenção que constitui o condomínio edilício deve ser subscrita pelos titulares de, no mínimo, dois terços das frações ideais e torna-se, desde logo, obrigatória para os titulares de direito sobre as unidades ou para quantos sobre elas tenham posse ou detenção. Para ser oponível contra terceiros, a convenção do condomínio deverá ser registrada no Cartório de Registro de Imóveis. A convenção determinará:

- a quota proporcional e o modo de pagamento das contribuições dos condôminos para atender às despesas ordinárias e extraordinárias do condomínio;
- sua forma de administração;
- a competência das assembléias, a forma de sua convocação e o *quorum* exigido para as deliberações;
- as sanções a que estão sujeitos os condôminos ou possuidores;
- o regimento interno.

A convenção poderá ser feita por escritura pública ou por instrumento particular. São equiparados aos proprietários, salvo disposição em contrário, os promitentes compradores e os cessionários de direitos relativos às unidades autônomas.

Direitos do condômino

- Utilizar, fruir e livremente dispor de suas unidades.
- Usar as partes comuns, conforme sua destinação e contanto que não exclua a utilização dos demais compossuidores.
- Votar nas deliberações da assembléia e delas participar, estando quite.

Deveres do condômino

- Contribuir para as despesas do condomínio, na proporção de suas frações ideais.
- Não realizar obras que comprometam a segurança da edificação.
- Não alterar a forma e a cor da fachada, das partes e esquadrias externas da edificação.
- Dar a suas partes a mesma destinação que tem a edificação e não utilizá-las de maneira prejudicial ao sossego, salubridade e segurança dos possuidores nem aos bons costumes.

Penalidades

- Condômino que não pagar sua contribuição ficará sujeito aos **juros moratórios convencionados** ou, não sendo previstos, aos de **1%** ao mês e à **multa de até 2%** sobre o débito.
- Condômino que não cumprir qualquer dos deveres estabelecidos pagará a **multa prevista no ato constitutivo ou na convenção**, não podendo ela ser superior a cinco vezes o valor de suas contribuições mensais, independentemente das perdas e danos que se apurarem. Não havendo disposição expressa, caberá à assembléia geral, por no mínimo dois terços dos condôminos restantes, deliberar sobre a cobrança da multa. Por deliberação de três quartos da assembléia, os condôminos podem impor multa de até dez vezes o valor da contribuição mensal ao condômino que, habitualmente, se comportar de modo anti-social, gerando problemas de convivência.

Regras importantes quanto à administração do condomínio edilício

- A administração do condomínio é exercida por três órgãos:
  - **Assembléia geral** – Soberana, é o órgão máximo do condomínio. Suas decisões a todos obrigam (salvo se forem contrárias à lei ou à convenção). Anualmente é realizada a assembléia geral ordinária, que aprecia a ordem do dia, bem como verbas para as despesas de condomínio, entre outros assuntos. Já a assembléia geral extraordinária pode ser convocada por condôminos que representem um quarto do condomínio, sempre que exijam os interesses gerais. Os votos são proporcionais às frações ideais. Qualquer alteração da convenção e do regimento interno depende de aprovação de dois terços dos condôminos.

- **Síndico** – É eleito pela assembléia geral por período de dois anos com direito a reeleição. O cargo pode ser assalariado, exercido por condômino ou estranho, pessoa física ou jurídica. O síndico exerce a administração geral, fazendo cumprir a convenção, contrata empregados, impõe multas, representa o condomínio em juízo. A assembléia pode eleger um subsíndico, que o auxilia nas funções e eventualmente o substitui.
- **Conselho consultivo** – Eleito pela assembléia geral e constituído de três condôminos com mandato de no máximo dois anos (permitida a reeleição), assessora o síndico, não tendo poderes executivos. Pode cumular as funções de fiscalização (dá parecer sobre as contas do síndico), chamando-se, então, conselho consultivo e fiscal.

- O locatário poderá votar na assembléia sobre despesas ordinárias, se o condômino-locador não comparecer.
- O condomínio em edifícios é uma universalidade de fato e não uma pessoa jurídica, uma vez que a lei não lhe deu o atributo da personalidade. Alguns autores o chamam de "quase pessoa jurídica", porque, apesar de não ter personalidade, é capaz de alguns direitos e obrigações. O condomínio é representado em juízo pelo síndico, ativa e passivamente, em situação análoga à do espólio e da massa falida.
- Além da convenção, há, também, o regulamento interno (ou regimento), que contém regras minuciosas sobre o uso das coisas comuns (salão de festas, piscina, etc.), complementando a convenção.
- É obrigatório o seguro de toda a edificação contra risco de incêndio ou destruição total ou parcial. Poderá o síndico ser responsabilizado ou mesmo destituído caso não tenha feito tal seguro.

DIVISÃO DO CONDOMÍNIO - EXTINÇÃO

O condomínio pode perdurar indefinidamente, como nos casos em que a lei não permite divisão (condomínio forçado) ou esta é impossível (paredes, tapumes divisórios, etc.).

Em se tratando de condomínio ordinário, é **transitório o estado de comunhão** e a qualquer condômino assiste o direito de exigir a divisão da coisa comum, que pode ser:

- **Amigável** – Por escritura pública, desde que **todos** os condôminos sejam absolutamente capazes.
- **Judicial** – Por sentença do juiz, quando não houver acordo ou um dos condôminos for incapaz. O objetivo é a obtenção da autonomia de cada quinhão, de modo a constituir um todo independente, perfeita-

mente individuado, livre de ingerência dos demais condôminos. A ação divisória é imprescritível, pois a qualquer tempo pode ser promovida a divisão (art. 1.320, CC). Há uma **preferência** dos demais condôminos em relação a estranhos.

Direitos de vizinhança

Arts. 1.277 a 1.313, CC

Como já mencionado, o direito de propriedade sofre inúmeras restrições, muitas delas decorrentes do **direito de vizinhança**.

Os direitos de vizinhança emanam da lei e constituem limitações impostas pela boa convivência social, que se inspira na lealdade e na boa-fé. São obrigações *propter rem*, acompanhando a coisa e vinculando quem quer que se encontre na posição de vizinho e transmitindo-se a seu sucessor.

USO NOCIVO DA PROPRIEDADE

Arts. 1.277 a 1.281, CC

O proprietário ou o possuidor de um prédio tem o direito de fazer cessar as interferências prejudiciais à segurança, ao sossego e à saúde dos que o habitam, provocadas pela utilização de propriedade vizinha. Só serão atendidas as reclamações relativas a danos considerados insuportáveis ao homem normal (*homo medius*). Para saber quando a utilização ou exercício é normal ou anormal, é preciso considerar os seguintes fatores:

- **Grau de tolerabilidade** – Se o incômodo for tolerável, é desprezada a reclamação, pois a convivência social, por si só, cria a necessidade de cada um suportar um pouco.
- **Usos e costumes locais** – Não se pode ter o mesmo critério em uma zona residencial e industrial; em uma cidade de veraneio e do interior, etc.
- **Natureza do incômodo.**
- **Pré-ocupação** – verificação de quem chegou no local em primeiro lugar.

Se houver prejuízos do exercício anormal de um direito, ultrapassando os limites impostos à zona de garantia de cada um, cabe ao prejudicado o direito de reação. O artigo 1.280 do Código Civil autoriza o proprietário ou o possuidor a exigir do vizinho a demolição ou reparação necessária de seu prédio quando este ameace ruína ou a prestar caução que o garanta contra a possibilidade de dano iminente.

À municipalidade também se aplica o mesmo dispositivo, em razão de seu poder de polícia e de seu dever de zelar pela segurança pública. São exemplos:

- ofensas à segurança pessoal ou dos bens – indústrias que produzem trepidações excessivas, ameaça de ruína, fábricas perigosas (explosivos), árvores que ameaçam cair, poço aberto, etc.;
- ofensas ao sossego – ruídos excessivos, festas noturnas, gritarias, alto-falantes, etc.;
- ofensas à saúde – poluição de águas, emissão de fumaça ou fuligem, gases tóxicos, criação de animais com mau cheiro, etc.

ÁRVORES LIMÍTROFES

Arts. 1.282 a 1.284, CC

A árvore cujo tronco estiver na linha divisória (árvore meia) pertence aos donos dos prédios limítrofes. Nenhum deles poderá cortá-la sem a anuência do outro e os frutos pertencem a ambos (condomínio forçado).

No caso de árvore pertencente a um dos vizinhos cujos ramos se estendem por sobre a linha divisória, os frutos, enquanto pendentes, pertencem ao dono da árvore; ao se desprenderem **naturalmente**, ao vizinho. Raízes e ramos que ultrapassam a linha divisória, causando incômodo, podem ser aparados pelo vizinho (dono do imóvel; jamais pelo possuidor, como inquilino).

PASSAGEM FORÇADA

Art. 1.285, CC

Também chamada de **servidão legal**, é o direito que tem o proprietário de prédio rústico ou urbano que se encontra **encravado** em outro, sem saída para a **via pública**, de reclamar do vizinho que lhe deixe passagem. É um direito natural e absoluto, fundado no princípio da **solidariedade social** que preside as relações de vizinhança e no fato de ter a propriedade uma função econômico-social que interessa à coletividade. No entanto, o proprietário do prédio deve receber **indenização**.

Não havendo acordo entre os interessados, a fixação da passagem será feita judicialmente. O juiz impõe o menor ônus possível ao prédio serviente. Concede-se precariamente a passagem, sem título. Se houver título legítimo, será caso de **servidão** – direito real sobre coisa alheia *(veja o tópico "Servidão predial", p. 214)*. Não constituem passagens forçadas atravessadouros particulares, por propriedades também particulares, que não se dirigem a nascentes, pontes ou lugares públicos, privados de outra serventia (Súmula 415, STF). Essas travessias são concedidas por mera tolerância, de forma precária, sendo insuscetíveis de usucapião. No entanto, se se dirigirem a locais públicos, é possível invocar usucapião.

PASSAGEM DE CABOS E TUBULAÇÕES

Arts. 1.286 e 1.287, CC

O proprietário é obrigado a tolerar a passagem, através de seu imóvel, de cabos e tubulações, mediante recebimento de indenização.

ÁGUAS

Arts. 1.288 a 1.296, CC

O dono do prédio (imóvel) inferior tem o dever de receber as águas que correm naturalmente do superior (rios e águas da chuva), não podendo construir barragens; deve facilitar o escoamento natural das águas com a abertura de canais e valetas.

LIMITES ENTRE PRÉDIOS E DIREITO DE TAPAGEM

Arts. 1.297 e 1.298, CC

Todo proprietário pode obrigar seu confinante a proceder com ele à demarcação entre os dois prédios, a aviventar rumos apagados e a renovar marcos destruídos ou arruinados, repartindo-se proporcionalmente entre os interessados as respectivas despesas. Quando há confusão de limites, a ação apropriada é a **demarcatória**, que é imprescritível e irrenunciável. Se o autor pretende também obter a restituição de áreas invadidas ou usurpadas, deve cumulá-la com a possessória ou reivindicatória.

A lei concede ao proprietário o direito de cercar, tapar ou murar seu prédio (urbano ou rural). Entende-se por “tapume”: muros, cercas, sebes (cercas vivas), gradis ou quaisquer outros meios de separação dos terrenos. Os tapumes, quando divisórios, presumem-se **comuns**, obrigando os proprietários a concorrer, em partes iguais, para sua construção e conservação, como no caso de tapume destinado a evitar passagem de animais de grande porte (boi, cavalo, etc.). No entanto, a construção e preservação de tapumes **especiais** para evitar, por exemplo, a passagem de animais de pequeno porte (aves domésticas, carneiros, porcos, etc.) cabem unicamente ao proprietário interessado, ou seja, ao dono dos animais. Se ele não construir e seus animais causarem danos na propriedade alheia, será obrigado a indenizar.

DIREITO DE CONSTRUIR

Arts. 1.299 a 1.312, CC

O proprietário pode construir em seu terreno o que lhe aprouver (salvo direitos de vizinhos e regulamentos administrativos).

Devassamento

O proprietário tem o direito de embargar a construção de prédio em que, a menos de um metro e meio (contando-se da linha divisória) do seu, se abra janela ou se faça eirado, terraço ou varanda. A finalidade é preservar a intimidade da família.

O proprietário que erguer qualquer construção com infringência da norma, causando danos a outrem, tem **responsabilidade** pelo fato e é obrigado a repará-los. Para **defender-se** contra edificações irregulares, o prejudicado pode, dentro do prazo decadencial de um ano e um dia após a conclusão da obra, exigir que se desfaça janela, sacada, terraço ou goteira sobre seu prédio (**ação demolitória**), assim como ingressar com nunciação de obra nova, que deve ser deferida durante a construção; se não for proposta nesse prazo, o infrator adquire servidão de luz, de modo que o lesado não poderá erguer construção que vede essa abertura.

Águas e beirais

O proprietário deve construir de maneira que o beiral de seu telhado não despeje água sobre o prédio vizinho. As águas pluviais têm de ser despejadas no solo do próprio dono do prédio e não do vizinho. Embora esteja este obrigado a receber as águas que correm naturalmente para seu prédio, não é obrigado a suportar as que ali fluam artificialmente por meio de calhas (isso é chamado de **estilicídio**).

Paredes divisórias (ou paredes-meias)

Parede divisória é aquela que integra a estrutura da construção, na linha de divisa; não se trata de muro divisório, que se rege pelas regras dos tapumes. Muro é elemento de vedação, enquanto parede é elemento de sustentação e vedação. Não é lícito encostar na parede do vizinho chaminés, fornos de forja, fornalhas, fossas, canos de esgoto, etc. Quanto a fogão de cozinha normal, não há proibição.

Uso de prédio vizinho

Todo proprietário é obrigado a consentir que o vizinho entre em seu prédio, mediante prévio aviso, para dele temporariamente usar, quando seja indispensável à reparação, limpeza, construção ou reconstrução de sua casa. Mas, se lhe provier dano, terá direito a indenização.

Propriedade resolúvel

Arts. 1.359 e 1.360, CC

Propriedade resolúvel é a que se extingue com a ocorrência de uma condição resolutiva ou de um termo (ex.: faço testamento, deixando o sítio São José a meu amigo Benedito, que será proprietário enquanto for empregado de meu filho Jorge; dou minha fazenda a Carlos até abril de 2010, quando então a propriedade será de meu filho Antônio).

Propriedade literária, científica e artística

INTRODUÇÃO

Pode-se afirmar que o **direito de autor** é um **direito de propriedade**. A Lei 9.610/98, em seu artigo 3.º, e o próprio Código Civil, em seu artigo 83, inciso III, afirmam que os direitos autorais, para os efeitos legais, reputam-se como **bens móveis**.

A Constituição Federal de 1988, sob a rubrica "Dos direitos e garantias individuais", assegura no artigo 5.º, inciso XXII, o direito à propriedade; no IX, prevê a liberdade de expressão da atividade intelectual, artística e científica e de comunicação, independentemente de censura ou de licença; no XXIX, o privilégio temporário para a utilização, por parte dos autores, de seus inventos industriais. No entanto, no inciso XXVII estabelece que:

> Aos autores de obras literárias, artísticas e científicas pertence o direito exclusivo de utilizá-las. Esse direito é transmissível por herança, pelo tempo que a lei fixar.

Acrescenta o inciso XXVIII, alínea "b", o direito de fiscalização do aproveitamento econômico das obras criadas.

Antônio Chaves define o direito de autor como "o conjunto de prerrogativas de ordem não patrimonial e de ordem pecuniária que a lei reconhece a todo criador de obras literárias, artísticas ou científicas, de alguma originalidade, no que diz respeito à sua paternidade e ao seu ulterior aproveitamento, por qualquer meio durante toda a sua vida, e aos seus sucessores, ou pelo prazo que ela fixar" ("Direito de Autor", *Enciclopédia Saraiva de Direito*).

CONTEÚDO

O artigo 7.º da Lei 9.610, de 19 de fevereiro de 1998, fornece o conceito de obras intelectuais:

I – os textos de obras literárias, artísticas ou científicas;
II – as conferências, alocuções, sermões e outras obras da mesma natureza;
III – as obras dramáticas e dramático-musicais;
IV – as obras coreográficas e pantomímicas, cuja execução cênica se fixe por escrito ou por outra qualquer forma;
V – as composições musicais, tenham ou não letra;
VI – as obras audiovisuais, sonorizadas ou não, inclusive as cinematográficas;
VII – as obras fotográficas e as produzidas por qualquer processo análogo ao da fotografia;
VIII – as obras de desenho, pintura, gravura, escultura, litografia e arte cinética;
IX – as ilustrações, cartas geográficas e outras obras da mesma natureza;
X – os projetos, esboços e obras plásticas concernentes à geografia, engenharia, topografia, arquitetura, paisagismo, cenografia e ciência;
XI – as adaptações, traduções e outras transformações de obras originais, apresentadas como criação intelectual nova;
XII – os programas de computador;
XIII – as coletâneas ou compilações, antologias, enciclopédias, dicionários, bases de dados e outras obras, que, por sua seleção, organização ou disposição de seu conteúdo, constituam uma criação intelectual.

A mesma lei estatui, em seu artigo 14:

É titular de direitos de autor quem adapta, traduz, arranja ou orquestra obra caída no domínio público, não podendo opor-se a outra adaptação, arranjo, orquestração ou tradução, salvo se for cópia da sua.

Lógico que, para traduzir uma obra, é necessária a anuência de seu autor (art. 9), salvo se a obra já caiu no domínio público.

E estabelece o artigo 12:

Para se identificar como autor, poderá o criador da obra literária, artística ou científica usar de seu nome civil, completo ou abreviado até por suas iniciais, de pseudônimo ou qualquer outro sinal convencional.

DIREITO DO AUTOR

Pertencem ao autor os direitos morais e patrimoniais sobre a obra que criou.

- **Direitos morais** – Estão ligados à própria personalidade do autor, não possuindo caráter econômico, embora possam ser convertidos em dinheiro para efeito de indenização, no caso de desrespeito (reivindicar a qualquer tempo a autoria da obra, ter seu nome figurando como autor e outros direitos previstos no artigo 24 da Lei 9.610/98); são direitos absolutos, inalienáveis, irrenunciáveis e perpétuos.

- **Direitos patrimoniais** – São aqueles de conteúdo econômico; dizem respeito à utilização, fruição e disposição da obra, bem como à autorização de uso a terceiro. Podem ser **cedidos** a título provisório ou definitivamente. A cessão será sempre por **escrito** e presume-se **onerosa**. Tais direitos não se comunicam (mesmo no regime da comunhão universal de bens), salvo disposição em contrário no pacto antenupcial.

DURAÇÃO

A duração do direito autoral (moral ou patrimonial) é o **tempo de vida do autor** da obra intelectual. Com seu falecimento, seus herdeiros e sucessores terão o direito de reproduzir sua obra por **70 anos**, a contar de 1.º de janeiro do ano subseqüente a sua morte. Após esse termo legal, a obra cai no **domínio público**, passando a fazer parte do patrimônio da coletividade.

Também será de 70 anos o prazo para a proteção aos direitos patrimoniais sobre obras anônimas ou pseudônimas, obras audiovisuais e fotográficas, bem como de autores falecidos que não tenham deixado sucessores.

VIOLAÇÃO

O titular cuja obra seja fraudulentamente reproduzida, divulgada ou utilizada de qualquer forma poderá requerer a apreensão dos exemplares reproduzidos ou a suspensão da divulgação, sem prejuízo da indenização cabível. Trata-se de **contrafação**.

Quem editar obra literária, artística ou científica sem autorização do titular perderá para este os exemplares que se apreenderem e pagar-lhe-á o preço dos que tiver vendido. Não se conhecendo o número de exemplares que constituem a edição fraudulenta, pagará o transgressor o valor de 3 mil exemplares, além dos apreendidos.

Direitos reais sobre coisas alheias

Como visto no início deste capítulo, os direitos reais sobre coisas alheias são divididos em três espécies:

- **Direitos reais de gozo** (ou **fruição**): enfiteuse (em extinção), superfície, servidão predial, usufruto, uso e habitação.
- **Direitos reais de garantia:** penhor, hipoteca, anticrese e alienação fiduciária em garantia.
- **Direito real de aquisição:** compromisso ou promessa irretratável de venda.

Direitos reais de gozo ou fruição

O titular tem autorização de usar a coisa e fruir dela ou tão-somente de usar a coisa alheia.

ENFITEUSE

Conceito

Inicialmente, deve-se esclarecer que o **Código Civil atual proíbe a enfiteuse** (também chamada de **aforamento** ou **emprazamento**), bem como a **subenfiteuse** (art. 2.038, CC), sob o argumento de ser inútil e de prejudicar a livre circulação de riquezas. É proibida, também, a cobrança de laudêmios nas transmissões do bem aforado. Contudo, as enfiteuses já existentes (instituídas sob a égide de lei anterior) **ficam mantidas**, subordinando-se às disposições do antigo Código e de leis especiais, até sua paulatina extinção. Portanto, é necessária sua análise sob a ótica da lei anterior.

Como já visto, a propriedade se distingue em duas partes: **nua propriedade** (titularidade da propriedade) e **domínio útil** (direito de usar, gozar e dispor da coisa).

Dispunha o Código Civil de 1916:

> Art. 678 – Dá-se a enfiteuse, aforamento, ou emprazamento, quando por ato entre vivos, ou de última vontade, o proprietário atribui a outrem o domínio útil do imóvel, pagando a pessoa que o adquire, e assim se constitui enfiteuta, ao senhorio direto uma pensão, ou foro, anual, certo e invariável.
> Art. 679 – O contrato de enfiteuse é perpétuo. A enfiteuse por tempo limitado considera-se arrendamento, e como tal se rege.

Partes

- **Enfiteuta** (ou **foreiro**) – É aquele que tem o domínio útil (uso, gozo e disposição da coisa – venda, doação e transmissão por herança).
- **Nu-proprietário** (ou **senhorio direto** ou **proprietário direto**) – É aquele que tem o título da propriedade.

Objeto

- Terras não cultivadas.
- Terrenos destinados à construção.
- Terrenos de marinha (margeiam o mar, rios e lagoas onde exista influência das marés e pertencem ao domínio direto da União).

Constituição

Adquiria-se a enfiteuse por ato *inter vivos* (contratos) ou *causa mortis* (ato de última vontade – testamento). Em qualquer das hipóteses, era necessária transcrição de escritura no Cartório de Registro de Imóveis.

Perpetuidade

Art. 679, CC/1916

A enfiteuse é perpétua porque, uma vez constituída, se estabelece para sempre, podendo, então, ser transmitida para terceiro pelos atos normais de transmissão da propriedade.

Alienação - direito de preferência

Ao enfiteuta assiste o direito de alienar o imóvel enfitêutico. O senhorio direto também pode vender o domínio direto (ou propriedade) do bem imóvel. Porém ambos devem oferecer antes o bem à outra parte, para que esta possa exercer seu **direito de preferência**. O prazo é de 30 dias. Não há preferência no caso de doação, porque tal dispositivo visa a favorecer determinada pessoa.

***Canon*, foro ou pensão**

É a quantia que foi estipulada no ato constitutivo, sendo certa e invariável e solvida (paga) uma vez por ano. Mesmo que o imóvel se valorize ou se desvalorize, o valor continua fixo.

Laudêmio

Consiste no pagamento da importância de 2,5% sobre o preço da alienação, se não houver disposição em contrário, ao senhorio direto, pelo alienante, por ocasião de venda ou dação em pagamento. Na doação não é devido. Pelo novo Código Civil (art. 2.038, § 1.º, I), é **proibida** a cobrança do laudêmio, mas a enfiteuse de **terrenos de marinha** continua regida por **lei especial** (art. 2.038, § 2.º, CC). O enfiteuta é obrigado a satisfazer todos os impostos e os ônus reais que gravarem o imóvel.

Pena de comisso

É a penalidade de perda da enfiteuse ao senhorio direto se o enfiteuta deixar de pagar o foro ou pensão anual durante três anos consecutivos.

Não se opera de pleno direito, exigindo-se sentença judicial. Tem sido entendida de forma restritiva. Dispõe a Súmula 122 do Supremo Tribunal Federal que "o enfiteuta pode purgar a mora enquanto não decretado o comisso por sentença".

Extinção

Extingue-se a enfiteuse:

- pela deterioração do prédio;
- pela pena de comisso;
- pelo falecimento do enfiteuta sem herdeiros (salvo o direito dos credores);
- por usucapião de terceiros (não pode haver usucapião do foreiro contra o senhorio direto e vice-versa);
- por desapropriação (não cabe laudêmio nesse caso);
- por consolidação (na hipótese de o enfiteuta ou o nu-proprietário exercerem o direito de opção, passando a ter a propriedade plena).

SUPERFÍCIE

Arts. 1.369 a 1.377, CC

Conceito

Originária do Direito romano e regida pelo Código Civil e pelo Estatuto da Cidade (arts. 21 a 24), a superfície é um direito real pelo qual o proprietário concede a outrem, por tempo determinado, gratuita ou onerosamente, o direito de construir ou plantar em seu terreno (sempre bens **imóveis**), mediante escritura pública, devidamente registrada no Cartório de Registro de Imóveis. O direito de superfície não autoriza obra no subsolo, exceto se for inerente ao objeto da concessão.

Partes

- **Proprietário** – É aquele que cede o uso do bem imóvel para outrem.
- **Superficiário** – É aquele que recebe o imóvel, a fim de efetivar a construção ou plantação.

Características

- Se a superfície for concedida onerosamente (há presunção de que seja gratuita), as partes poderão convencionar se o pagamento será feito de uma só vez ou em parcelas.
- O superficiário deve zelar pelo imóvel como se fosse seu, respondendo pelos encargos e tributos que incidem sobre o bem.

- Pode haver transferência da superfície a terceiros, bem como sua transmissão aos herdeiros do superficiário, com seu falecimento, não se permitindo, porém, a estipulação de pagamento de qualquer quantia pela transferência.
- Se ocorrer alienação do imóvel ou do direito de superfície, o superficiário ou o proprietário terão, reciprocamente, direito de preferência em igualdade de condições.
- A superfície pode extinguir-se antes do termo final se o superficiário der ao terreno destinação diversa daquela para a qual lhe foi concedida. Com a extinção, o proprietário passa a ter a propriedade plena sobre o terreno, construção ou plantação, acessões e benfeitorias, independentemente de indenização, se as partes não tiverem estipulado o contrário.
- Em caso de desapropriação, a indenização cabe ao proprietário e ao superficiário, no valor correspondente ao direito de cada um.
- A extinção deverá ser averbada no Cartório de Registro de Imóveis.

Observação

*Segundo Maria Helena Diniz (*Curso de Direito Civil brasileiro*), a superfície foi instituída em lugar da enfiteuse, substituindo-a vantajosamente, por sua grande utilidade econômica e social, por não ter o inconveniente da perpetuidade, por diminuir a crise habitacional, por incentivar a agricultura, etc. Além disso, a superfície pode ser gratuita ou onerosa (a enfiteuse é sempre onerosa), temporária ou não (a enfiteuse é perpétua).*

SERVIDÃO PREDIAL

Arts. 1.378 a 1.389, CC

Conceito

Servidão predial é o dever que tem o proprietário de um prédio de suportar o exercício de alguns direitos, em favor de outro prédio (ex.: direito de aqueduto; transmissão de energia elétrica; esgoto; levar o gado para beber água em terra alheia; transitar em terra alheia). No dizer de Clóvis Beviláqua (*Código Civil comentado*), servidões são restrições às faculdades de uso e gozo que sofre a propriedade em benefício de alguém.

Partes

- **Prédio dominante** – É o que tem o direito à servidão, o favorecido.
- **Prédio serviente** – É o que serve ao outro prédio, o prestador.

Objeto

Só podem ser objeto de servidão predial os bens **imóveis** e, por isso, precisa ser transcrita no Cartório de Registro de Imóveis. Levando em consideração que é perpétua, acompanha sempre o imóvel quando este for transferido.

Características

- Os prédios (dominante e serviente) devem pertencer a pessoas diferentes. Não pode haver servidão sobre a própria coisa.
- A servidão não se presume; deve ser expressa, registrada.
- Interpreta-se restritivamente.
- É indivisível.
- É inalienável; o dono do prédio dominante não pode vendê-la a terceiros.
- Deve ser apenas na medida da necessidade; não pode ser ampliada para outros fins.

Classificação

a) **Quanto à natureza:**
   - **Rústica** (ou **rural**) – Ocorre fora do perímetro urbano (ex.: tirar água de prédio vizinho onde há poço, trânsito/comunicação com a via pública, condução de gado).
   - **Urbana** – Ocorre dentro dos limites urbanos (ex.: escoar água do telhado, não criar obstáculo à entrada de luz, não construir além de certa altura).

b) **Quanto ao modo de exercício:**
   - **Contínua** – Existe de *per si*, independentemente da atividade humana, e, em geral, de forma ininterrupta (ex.: servidão de passagem de tubulação de águas, energia elétrica).
   - **Descontínua** – O exercício é condicionado a algum ato humano atual (ex.: trânsito, passagem, retirada de água).

c) **Quanto à exteriorização:**
   - **Aparente** – Manifesta-se visivelmente (ex.: passagem de rede elétrica).
   - **Não aparente** – Não é visível por obras exteriores (ex.: passagem de tubulação subterrânea, não edificar além de certa altura).

Constituição

A servidão não se presume; para ter validade, precisa ser comprovada e ter o título transcrito no Cartório de Registro de Imóveis. No entanto, pode materializar-se por:

- **Contrato** – Geralmente é oneroso, porque o proprietário do prédio serviente é indenizado pela restrição que é imposta a seu domínio, mas nada impede que seja gratuito.

- **Testamento** – O testador deixa a propriedade para uma pessoa, porém institui a servidão em favor de outra.
- **Sentença judicial** – No caso de as partes não entrarem em acordo, poderão ingressar em juízo para dirimir o conflito. Em geral, a ação é para estabelecer o *quantum* da indenização a ser paga ao proprietário do prédio serviente.
- **Usucapião** – Dispõe o artigo 1.379 do Código Civil:

> O exercício incontestado e contínuo de uma servidão aparente, por dez anos, nos termos do art. 1.242, autoriza o interessado a registrá-la em seu nome no Registro de Imóveis, valendo-lhe como título a sentença que julgar consumado a usucapião.
> Parágrafo único. Se o possuidor não tiver título, o prazo da usucapião será de vinte anos.

Remoção da servidão - direito de mudança

Uma vez fixada, a servidão deve ser, em regra, conservada sempre no mesmo lugar. Entretanto, o dono do prédio serviente pode mudar a servidão, mesmo contra a vontade do proprietário do prédio dominante, desde que o faça a suas custas e não diminua as vantagens do prédio dominante.

Extinção

Enquanto não cancelada no Cartório de Registro de Imóveis, a servidão predial ainda subsiste. Extingue-se a servidão:

- pela renúncia do dono do prédio dominante;
- pela construção de estrada pública que dá acesso ao prédio dominante;
- pelo resgate da servidão pelo dono do prédio serviente (renúncia onerosa);
- pela reunião dos dois prédios no domínio da mesma pessoa (opera-se a confusão);
- pela supressão das obras por efeito de contrato ou outro título expresso;
- pelo não uso durante dez anos contínuos.

Distinção entre Servidão de Passagem e Passagem Forçada

Servidão de passagem (ou de trânsito) é **direito real sobre coisa alheia**; passagem forçada pertence ao **direito de vizinhança**.

A servidão de passagem nasce, geralmente, de um contrato, não correspondendo obrigatoriamente a um imperativo determinado pela situação do imóvel, mas à conveniência e comodidade do dono de um **prédio não encravado** que pretende uma comunicação mais fácil e próxima; já a passagem forçada decorre da lei e tem a finalidade de impedir que um imóvel fique sem destinação econômica, por estar **encravado**.

USUFRUTO

Arts. 1.390 a 1.411, CC

Conceito

É um direito real sobre coisa alheia de gozo ou fruição, que atribui a seu titular o direito de usar a coisa alheia (móvel ou imóvel) e/ou retirar os frutos por ela produzidos, sem alterar-lhe a substância (Beviláqua, Clóvis, *Código Civil comentado*).

Refere-se também a direito de terceiros sobre o domínio útil do imóvel, sobre o direito de usar e gozar (ou fruir = retirar os frutos), permanecendo com o dono da propriedade o direito de dispor da coisa e a mera propriedade.

Partes

- **Usufrutuário** – É aquele que tem o direito de usar a coisa e servir-se dela; fica com a posse, o uso, a administração e os frutos da coisa.
- **Nu-proprietário** – É o dono da coisa, o senhor da propriedade.

Objeto e características

O usufruto pode recair em um ou mais bens, móveis ou imóveis. Se recair sobre bens fungíveis ou consumíveis, receberá o nome de *quase usufruto* ou *usufruto impróprio*.

Trata-se de um direito real sobre coisa alheia, temporário, intransmissível e inalienável. É um direito impenhorável, em razão de sua inalienabilidade, não podendo ser penhorado em ação executiva movida contra o usufrutuário. Entretanto, seu exercício poderá ser objeto de penhora, desde que tenha expressão econômica, recaindo a penhora não sobre o bem, mas sobre a percepção dos frutos e utilidades do bem (Monteiro, Washington de Barros, *Curso de Direito Civil*).

Classificação

a) **Quanto à extensão:**
   - **Universal** – Recai sobre todos os bens do patrimônio de alguém, móveis e imóveis.
   - **Particular** – Recai apenas sobre alguns bens, sobre parte do patrimônio de certa pessoa.

- **Pleno** – Refere-se a todos os frutos e utilidades do objeto dado em usufruto.
- **Restrito** – Diz respeito a apenas alguns frutos e utilidades da coisa dada em usufruto.

b) **Quanto à duração:**

- **Vitalício** – Perdura enquanto viver o usufrutuário; não se transmite aos herdeiros.
- **Temporário** – Vigora por certo tempo; portanto, é submetido a "termo".

Constituição

- **Por disposição legal** – É o determinado pela lei em favor de certas pessoas (ex.: usufruto legal dos pais sobre os bens dos filhos menores; usufruto dos silvícolas sobre as reservas indígenas – art. 231, § 2.º, CF).
- **Por convenção ou contrato** – É o estabelecido por ato *inter vivos* (ex.: compra e venda, doação, dação em pagamento).
- **Por ato de última vontade ou ato *causa mortis*** – É o que resulta de testamento.

Registro

Todo usufruto sobre imóvel precisa ser transcrito no Cartório de Registro de Imóveis. No entanto, quando emanar de disposição legal envolvendo direito de família (pátrio poder), não será necessário o registro, mesmo no caso de imóveis.

Direitos do usufrutuário

- Posse, uso, administração e percepção dos frutos (tanto naturais como civis – aluguéis e rendimentos) e produtos.
- Alugar ou arrendar a coisa recebida em usufruto.

Obrigações do usufrutuário

- Zelar pela conservação da coisa.
- Prestar caução, se exigida, exceto no caso de doação com reserva de usufruto e dos pais em relação aos filhos menores.
- Devolver o bem, findo o usufruto.
- Assumir as despesas ordinárias de conservação do bem.
- Pagar os impostos, foros, seguros, etc.
- Defender a coisa usufruída.

Direitos do nu-proprietário

- Exigir a conservação do bem.
- Exigir que o usufrutuário preste caução.
- Administrar o usufruto cuja caução não for prestada.
- Receber remuneração por essa administração.
- Reclamar a extinção do usufruto quando o usufrutuário alienar, arruinar ou deteriorar a coisa frutuária.

Obrigações do nu-proprietário

- Não obstar uso da coisa, nem lhe diminuir a utilidade.
- Fazer reparações extraordinárias necessárias à conservação da coisa.

Inalienabilidade

O usufruto é, em regra, inalienável. Apenas se permite que seja alienado para o próprio nu-proprietário, daí decorrendo ser impenhorável. Todavia, pode ser cedido seu exercício, por título gratuito ou oneroso (ex.: pode ser alugada ou dada em comodato a coisa recebida em usufruto).

Usufruto simultâneo

O Código Civil **não permite o usufruto sucessivo** (usufrutuário que falece e passa o direito a terceiro). No entanto, **não proíbe o usufruto simultâneo**. Neste, o instituidor estabelece o usufruto em favor de várias pessoas, que a um só tempo gozam da coisa usufruída. A extinção se dá à parte, gradativamente, em relação a cada um dos que falecerem, salvo se, por estipulação expressa, o quinhão destes couber aos sobreviventes (direito de acrescer).

Extinção

Extingue-se o usufruto:

- pela morte do usufrutuário ou extinção da pessoa jurídica usufrutuária – não existe transmissão por herança desse direito; a morte do nu-proprietário não extingue o usufruto;
- decorridos 30 anos, se em favor de pessoa jurídica (art. 1.410, III, CC);
- pelo advento do termo de sua duração, isto é, fim do prazo, salvo se o usufrutuário falecer antes;
- pela cessação da causa de que se origina (ex.: filha que se torna maior);
- pela destruição da coisa infungível, sem sub-rogação em indenização por seguro;
- pela aquisição da coisa pelo usufrutuário (consolidação);

- pela prescrição (não uso e fruição) – prevalece o entendimento de que o prazo é o mesmo aplicável para o usucapião de bens imóveis ou móveis;
- por culpa do usufrutuário quando se deteriorar a coisa;
- pela renúncia ou desistência;
- pelo implemento de condição resolutiva.

DIREITO REAL DE USO

Arts. 1.412 e 1.413, CC

Conceito

É o direito real sobre coisa alheia, a título gratuito ou oneroso, pelo qual alguém utiliza coisa alheia, temporariamente, na medida de suas necessidades e das de sua família. (cf. Monteiro, Washington de Barros, *Curso de Direito Civil*). Prescreve o artigo 1.412 do Código Civil:

> O usuário usará da coisa e perceberá seus frutos, quanto o exigirem as necessidades suas e de sua família.

As necessidades pessoais são avaliadas conforme a condição social do usuário e o lugar onde ele vive e abrangem: as de seu cônjuge, as de seus filhos solteiros e as das pessoas de seu serviço doméstico.

Características

- É um direito real que incide sobre bens corpóreos ou incorpóreos, móveis ou imóveis. Se recair em bem móvel, este deve ser infungível e inconsumível.
- É temporário.
- Restringe-se ao direito de usar, não podendo o usuário tirar frutos (fruir) da coisa.
- É indivisível, intransmissível (ou incessível) e personalíssimo. Nem o exercício pode ser cedido. O uso é feito pelo usuário pessoalmente ou por sua família.
- O uso limita-se às necessidades do usuário e de sua família, incluindo os empregados. Portanto, nem todo uso compete ao usuário, mas só o necessário.

Distinção entre Uso e Usufruto

O uso distingue-se do usufruto pela intensidade do direito: o usufrutuário retira toda a utilização do bem frutuário, enquanto o usuário só pode utilizá-lo limitado a suas necessidades e às de sua família.

Norma subsidiária

Aplicam-se subsidiariamente ao uso as regras do usufruto, no que não contrariar sua natureza, em especial os modos de constituição e extinção (art. 1.413, CC).

DIREITO REAL DE HABITAÇÃO

Arts. 1.414 a 1.416, CC

Conceito

É o direito real, temporário, personalíssimo que consiste no direito de habitar gratuitamente casa alheia com sua família. Seu objeto só pode ser um imóvel, casa ou apartamento, com a destinação de proporcionar moradia gratuita (cf. Monteiro, Washington de Barros, *Curso de Direito Civil*).

Características

- Restringe-se ao direito de morar pessoalmente e com sua família.
- É temporário e gratuito.
- Não pode ser cedido a terceiro, tampouco seu exercício. Portanto, não pode ser alugada nem emprestada a moradia recebida em habitação.
- O bem não pode ser utilizado para outro fim, como comércio, indústria, etc.
- Precisa ser transcrito no Registro de Imóveis.
- Prescreve pelo não uso como moradia.
- Ao habitador incumbe o pagamento dos tributos.
- Não tem o habitador o direito de indenização pelas benfeitorias, exceto as necessárias.

Vários titulares

Se o direito real de habitação for conferido a mais de uma pessoa, qualquer delas que habite sozinha a casa não terá de pagar aluguel à(s) outra(s), mas não pode inibi-la(s) de, se desejar(em), exercer o direito, que também lhe(s) compete, de habitá-la.

Direito de habitação do cônjuge

O cônjuge sobrevivente, qualquer que seja o regime de bens (sem prejuízo da participação que lhe caiba na herança), tem o direito real de habitação, enquanto viver, sobre o imóvel destinado à residência da família, desde que seja o único imóvel residencial a inventariar.

Norma subsidiária

Aplicam-se subsidiariamente à habitação as regras do usufruto, no que não contrariar sua natureza (art. 1.416, CC).

Direitos reais de garantia

Segundo Maria Helena Diniz (*Curso de Direito Civil brasileiro*) e Caio Mário da Silva Pereira (*Instituições de Direito Civil*), na história antiga não existia o direito real de garantia. O devedor insolvente respondia com a própria pessoa pelo pagamento de suas dívidas. Assim, no Egito, ele passava a pertencer ao credor; entre os hebreus, era reduzido à condição de escravo do credor, com sua mulher e filhos; em Roma, o credor podia encarcerá-lo, vendê-lo ou até matá-lo (Lei das XII Tábuas).

No ano 326 a.C., com a edição da lei *Paetelia Papiria*, transferiu-se ao patrimônio material do devedor a garantia do adimplemento de suas obrigações, ou seja, os bens do devedor passaram a responder por suas dívidas. No entanto, essa garantia não se mostrou suficiente, dando origem a fraudes e simulações. Para corrigir esses defeitos, foram criadas duas espécies de garantia:

- **Pessoal ou fidejussória** – Terceiro (alheio à relação obrigacional principal) se responsabiliza pela dívida, caso o devedor principal deixe de cumprir a obrigação (ex.: fiança, aval).
- **Real** – O próprio devedor (ou alguém por ele) destina todo o seu patrimônio ou parte dele para assegurar o cumprimento da obrigação contraída.

Surgiram, assim, o penhor, a hipoteca, a anticrese e, posteriormente, a alienação fiduciária em garantia. De acordo com Orlando Gomes (*Introdução ao Direito Civil*, "Direitos reais"), o direito real de garantia é o que confere a seu titular o poder de obter o pagamento de uma dívida com o valor ou a renda de um bem específico.

Características gerais

- **Vínculo real** – Os direitos reais de garantia criam vínculo real, ou seja, o próprio bem garante a dívida, estabelecendo-se preferência desse credor sobre todos os outros.
- **Crédito real** – O crédito real tem preferência sobre o crédito pessoal, ainda que privilegiado. O produto da arrematação do bem dado em garantia será destinado primeiramente ao pagamento do credor do crédito real (embora existam outros créditos preferenciais, como os trabalhistas e tributários). As sobras, se houver, serão rateadas entre os outros credores.

- **Quem pode dar garantia real** – Só pode dar garantia real quem pode alienar.
- **Indivisibilidade** – Em regra, o pagamento de uma ou mais prestações da dívida não importa em exoneração correspondente da garantia, ainda que esta compreenda vários bens, salvo disposição expressa no título de quitação.
- **Acessoriedade** – Pressupõe-se sempre a existência de um direito de crédito a que serve de garantia.
- **Proibição de pacto comissório** (art. 1.428, CC) – Pacto comissório é o que permite ao credor pignoratício, hipotecário ou anticrético ficar com o objeto da garantia se a dívida não for paga no vencimento. Tal pacto não deve ser realizado. Caso seja convencionado, é considerado **nulo**. Protege-se o devedor contra a usura.
- **Direito de excussão** – Quando o débito vencido não for pago no vencimento, os credores pignoratício e hipotecário, como não podem ficar com o bem do devedor, têm o direito de promover a **venda judicial** do bem dado em garantia em hasta pública, por meio do processo de execução judicial.
- **Vencimento antecipado da dívida** – A lei antecipa o vencimento das dívidas com garantia real, dando maior garantia ao credor, se (art. 1.425, CC):
  a) deteriorando-se ou depreciando-se a coisa dada em segurança, desfalcar a garantia e o devedor, intimado, não a reforçar ou substituir;
  b) o devedor cair em insolvência ou falir;
  c) as prestações não forem pontualmente pagas, toda vez que desse modo se achar estipulado o pagamento; nesse caso, o recebimento posterior da prestação atrasada implica renúncia do credor a seu direito de execução imediata;
  d) o objeto dado em garantia perecer e não for substituído;
  e) se a coisa dada em garantia for desapropriada; nesse caso, será depositada a parte do preço que for necessária para o pagamento integral do credor.

PENHOR

Conceito

É o direito real que consiste na **tradição** de uma coisa móvel ou mobilizável, suscetível de alienação, realizada pelo devedor ou por terceiro ao credor, a fim de garantir o pagamento do débito (Beviláqua, Clóvis, *Código Civil comentado*).

Partes

- **Devedor pignoratício** – É aquele que contrai o débito e transfere a posse do bem como garantia ao credor.
- **Credor pignoratício** – É aquele que empresta o dinheiro e recebe o bem empenhado.

Observação

Não confundir penhor com penhora.

- ***Penhor*** *(Direito Civil) é a entrega da coisa, por acordo de vontades, para garantia de uma dívida. A coisa é* ***empenhada****.*
- ***Penhora*** *(Direito Processual Civil) é o ato judicial pelo qual se apreendem os bens de um devedor para que se cumpra o pagamento. A coisa é* ***penhorada****.*

Características

- Em regra, refere-se a **coisas móveis** (jóias, metais preciosos, quadros, etc.), fungíveis e infungíveis, corpóreas e incorpóreas (direitos autorais). Entretanto, nem sempre recai o penhor sobre coisa móvel, pois há penhores especiais, que incidem sobre coisas imóveis por acessão física, como o penhor rural (ex.: safra futura – colheita pendente).
- Necessita, em regra, da tradição, ou seja, da entrega do bem ao credor. Contudo, há penhores especiais que dispensam a entrega da coisa (ex.: penhor agrícola, pecuário, industrial).
- É contrato solene, pois a lei exige que seja constituído por escrito (instrumento público ou particular). Para valer perante terceiros, precisa ser registrado no Cartório de Títulos e Documentos (no caso de penhor rural, no Cartório de Registro de Imóveis).

Classificação

- **Penhor convencional** – As partes estipulam a garantia conforme seus interesses, por instrumento público ou particular. São suas espécies: civil, mercantil, rural e industrial.
  - **Penhor rural** – Subdivide-se em:
    - **a) Agrícola** (arts. 1.442 e 1.443, CC) – Constitui-se sobre culturas, frutos pendentes, máquinas. O devedor permanece com a posse dos bens empenhados. O prazo máximo é de dois anos, prorrogável por mais dois.
    - **b) Pecuário** (arts. 1.444 a 1.446, CC) – Recai sobre animais. A lei não permite que o devedor venda os animais sem autorização do credor. No caso de morte dos animais, devem ser substituídos por outros da mesma espécie, que ficam sub-rogados no penhor. O prazo máximo é de três anos, prorrogável por igual período.

- **Penhor industrial** (arts. 1.447 a 1.450, CC) – Recai sobre máquinas e aparelhos utilizados em indústria. Também se dispensa a tradição.

- **Penhor de direitos e títulos de crédito** (arts. 1.451 a 1.460, CC) – O penhor pode incidir sobre coisas (regra) e também sobre direitos. Assim, podem ser gravados com ônus de penhor os bens incorpóreos, como patentes e invenções, direitos autorais e direitos de crédito.
- **Penhor de veículos** (arts. 1.461 a 1.466, CC) – Podem ser objeto desse tipo de penhor os veículos empregados em qualquer espécie de transporte (pessoas ou mercadorias) ou condução por via terrestre, pelo prazo de dois anos (prorrogável por mais dois), mediante instrumento público ou particular, registrado no Cartório de Títulos e Documentos do domicílio do devedor.
- **Penhor legal** (arts. 1.467 a 1.472, CC) – É o que surge por imposição da lei. O credor pode apossar-se dos bens do devedor, retirando-os de sua posse, para, sobre eles, estabelecer o direito real. Visa a proteger certas pessoas, em determinadas situações. Exemplos:
  - Os hospedeiros, estalajadeiros ou fornecedores de pousada ou alimentação são credores pignoratícios, sobre as bagagens, móveis, jóias ou dinheiro que seus fregueses ou consumidores tiverem consigo nas respectivas casas ou estabelecimentos, pelas despesas ou consumo que aí tiverem feito. O dono do hotel, por exemplo, apreende as bagagens e depois pede ao juiz que homologue o penhor, apresentando a conta pormenorizada.
  - O locador pode, se não receber os aluguéis, reter os bens móveis existentes no interior do prédio locado, abrangendo também jóias, quadros, roupas, etc., depois de requerer ao juiz a homologação do penhor, juntando documentos como contrato de locação, prova de não pagamento, etc.

Extinção

Extingue-se o penhor:

- extinguindo-se a obrigação principal (pagamento do débito – remição) – o penhor, sendo acessório, se extingue com a extinção do principal;
- perecendo a coisa – nesse caso, extingue-se o penhor, mas a dívida continua a existir como crédito quirografário;
- se o devedor perder a propriedade da coisa empenhada;
- confundindo-se na mesma pessoa as qualidades de credor e de dono da coisa;
- ocorrendo a adjudicação judicial, a remição ou a venda amigável do penhor, com autorização do devedor e do credor; sendo o bem levado à praça, pode o credor adjudicar, ou seja, comprar o bem por preço igual ao do maior lance, se não houver licitante, pelo valor da avaliação.

HIPOTECA

Conceito

É o direito real de garantia, de natureza civil, que grava coisa imóvel pertencente ao devedor ou a terceiro, sem transmissão de posse ao credor, conferindo a este o direito de vender judicialmente a coisa (Diniz, Maria Helena, *Curso de Direito Civil brasileiro*).

Partes

- **Devedor hipotecante** – É aquele que oferece o bem como garantia do pagamento da dívida.
- **Credor hipotecário** – É a pessoa cujo crédito está garantido por hipoteca, que empresta o dinheiro.

Características

- É contrato acessório (a dívida é o principal).
- É indivisível (subsiste mesmo que paga parte da dívida).
- Exige publicidade e especialização. Requer registro no Cartório de Registro de Imóveis e o bem hipotecado deve ser atual e determinado.
- A hipoteca é sempre de natureza civil, qualquer que seja a obrigação que garante.
- O devedor hipotecante continua na posse do bem onerado.

Especialização e Publicidade

Especialização é a descrição pormenorizada, no contrato, dos bens dados em garantia, da declaração do valor da dívida, do prazo para pagamento e da taxa de juros, se houver. A **publicidade** é dada pelo registro do título constitutivo no Cartório de Registro de Imóveis.

Sub-hipoteca

O Código Civil permite que um mesmo bem seja gravado de várias hipotecas (art. 1.476), mencionando-se sempre a existência das anteriores, a menos que o título anterior o proíba. Mesmo havendo pluralidade de hipotecas, o credor primitivo não fica prejudicado, porque goza do direito de preferência. Pode ocorrer que o valor da soma das hipotecas seja superior ao do valor do bem. Nesse caso, o sub-hipotecário não passa de um credor quirografário em relação aos anteriores, que não serão prejudicados. A lei permite a prerrogativa de remir a hipoteca anterior, a fim de evitar sua execução.

Objeto

Podem ser hipotecados:

- os bens imóveis;
- os bens acessórios dos imóveis conjuntamente com eles;
- o domínio direto (a nua propriedade);
- o domínio útil (o usufruto, o uso, etc.);
- as estradas de ferro;
- as minas e pedreiras independentemente do solo em que se acham;
- os navios e aeronaves.

Observação

Embora os navios e aeronaves sejam bens móveis, é admitida a hipoteca, por conveniência econômica. O navio acha-se vinculado a determinado porto, tem denominação própria e nacionalidade e está sujeito a um registro especial, tendo identificação e individualização. Oferece condições necessárias para assegurar o pagamento de uma dívida. Para sua validade, exige-se ***outorga*** *(marital ou uxória). Isso também vale para a hipoteca aérea, pois a aeronave possui os mesmos atributos referentes ao navio.*

Efeitos

- **Em relação ao devedor hipotecante:**
  - Conserva os direitos, mas não pode praticar atos que desvalorizem o bem.
  - Não pode alterar a substância da coisa, acarretando diminuição de seu valor.
  - Pode alienar o bem, mas a hipoteca continua gravando o bem.
  - Pode defender a posse do bem.
  - Pode hipotecar o bem mais de uma vez, mediante novo título, quer em favor do mesmo credor, quer de outra pessoa (sub-hipoteca), desde que o valor do bem seja superior e não haja cláusula proibitiva. O credor sub-hipotecário pode resgatar a primeira hipoteca, subrogando-se nos direitos do credor.

- **Em relação ao credor hipotecário:**
  - Pode exigir a conservação do bem.
  - Pode vender judicialmente a coisa mediante executivo hipotecário (direito de excussão), o qual pressupõe exigibilidade da dívida, ou seja, vencimento e inadimplemento.

– Pode exigir o reforço da garantia se o bem se desvalorizar, sob pena de vencimento antecipado.

Inscrição

Todas as hipotecas devem ser inscritas (registradas) no Cartório de Registro do lugar do imóvel. Sem a inscrição não vale a hipoteca contra terceiros, mas apenas entre os próprios contraentes.

Observações

- *Casados necessitam de outorga para hipotecar.*
- *Menores só poderão ter os bens hipotecados se forem representados, com autorização judicial e prova da necessidade ou urgência da medida.*
- *Falidos não podem hipotecar, pois lhes faltam administração e disposição.*
- *Concordatários só poderão hipotecar mediante autorização judicial.*

Espécies

- **Convencional** – Consiste no acordo de vontades entre credor e devedor (contrato).
- **Legal** – Há casos em que a hipoteca sobre bens de determinadas pessoas decorre da lei. Todavia, mesmo assim, a hipoteca só existe depois de especializada e registrada no Cartório de Registro de Imóveis. São casos de hipoteca legal:
  - em favor dos descendentes, sobre os imóveis dos ascendentes que lhes administram os bens;
  - em favor dos filhos, sobre os imóveis do pai ou da mãe, que, viúvo, se casar novamente sem fazer o inventário do casamento anterior;
  - em favor do tutelado ou do curatelado, sobre os bens do tutor ou do curador.
- **Judicial** – Ocorre quando a sentença judicial condena o réu a entregar determinada quantia ou a pagar indenização.

Direito de remição

Trata-se aqui do resgate da hipoteca, mediante a quitação da dívida da obrigação principal. O direito de remição cabe:

- ao próprio devedor;
- ao credor de segunda hipoteca;
- ao terceiro adquirente do imóvel.

Perempção

É a extinção da hipoteca pelo decurso do tempo. O contrato de hipoteca deve mencionar o prazo para seu vencimento, que pode ser prorrogado até atingir **30 anos**, quando ela automaticamente se extingue.

O prazo estabelecido não comporta suspensão nem interrupção, porque é de natureza fatal. Se for estipulado prazo superior, não há nulidade do contrato nem do ônus real, apenas opera-se a redução do prazo ao limite legal.

Perempta a hipoteca pelo decurso do prazo, a contar da inscrição, ao credor não mais se permite excuti-la. A perempção só diz respeito às hipotecas convencionais. A hipoteca legal prolonga-se enquanto perdurar a situação jurídica que ela visa a proteger, mas a especialização deve ser renovada ao completar-se o período de 30 anos.

Extinção

Extingue-se a hipoteca:

- pelo desaparecimento da obrigação principal, por ser acessória;
- pela destruição da coisa ou resolução do domínio (a hipoteca fica sem objeto);
- pela sentença passada em julgado que declarar nula ou rescindir a hipoteca;
- pela prescrição do ônus hipotecário propriamente;
- pela arrematação ou adjudicação em processo de execução da hipoteca;
- pela perempção.

Observação

*Extinta a hipoteca, será **averbado** seu cancelamento no Cartório de Registro de Imóveis a vista da respectiva prova ou a requerimento de ambas as partes.*

ANTICRESE

Conceito

É o direito real sobre coisa alheia em que o credor recebe a posse da coisa, ficando autorizado a perceber-lhe os frutos e a descontá-los do pagamento da dívida (Diniz, Maria Helena, *Curso de Direito Civil brasileiro*). A anticrese autoriza o credor a reter o imóvel, para perceber seus frutos e rendimentos, com a finalidade de compensar o débito dos juros e amortizar o capital da dívida, não tendo o direito de promover a venda judicial do bem dado em garantia.

Partes

- **Credor anticrético (anticresista)** – É aquele que retém o imóvel, retira os frutos, mas não pode vender judicialmente.
- **Devedor anticrético** – É aquele que recebe o dinheiro e cede o imóvel.

Modo de constituição

A anticrese depende de escritura pública e inscrição no Cartório de Registro de Imóveis. Sua celebração pressupõe, como em todo ato jurídico, capacidade das partes, objeto lícito e forma prescrita ou não defesa em lei. Não pode o cônjuge convencioná-la sem outorga (uxória ou marital).

Objeto

Somente podem ser objeto de anticrese os bens **imóveis**. Estes devem ser alienáveis e achar-se no comércio.

Efeitos

- **Em relação ao credor anticrético:**
  - Retém a posse até o prazo de 15 anos, se outro menor não for pactuado.
  - Pode arrendar o bem para terceiros ou fruí-lo pessoalmente.
  - Deve prestar contas ao devedor e responder pelos danos causados por sua culpa.
  - Findo o prazo do contrato (ou paga a dívida), deve restituir o bem ao devedor.

Observação

O artigo 1.506, § 2.º, do Código Civil permite a coexistência da anticrese e da hipoteca, pois prevê que, "quando a anticrese recair sobre bem imóvel, este poderá ser hipotecado pelo devedor ao credor anticrético, ou a terceiros, assim como o imóvel hipotecado poderá ser dado em anticrese". Se houver venda judicial do imóvel por parte do outro credor, o anticresista não terá direito de preferência em relação ao dinheiro obtido na venda, mas continuará na posse do bem (direito de retenção).

- **Em relação ao devedor anticrético:**
  - Permanece como proprietário.
  - Pode exigir conservação.
  - Pode vender a terceiros

Extinção

Extingue-se a anticrese:

- pelo pagamento da dívida;
- pelo término do prazo legal – ocorre a caducidade transcorridos 15 anos de sua transcrição (o credor passa a ser quirografário);
- pelo perecimento do bem;
- pela desapropriação;
- pela renúncia.

Direito real de aquisição

Tem-se entendido, por nossa sistemática jurídica, que o instituto do compromisso (ou promessa) irretratável (ou irrevogável) de venda é um novo direito real (cf. Diniz, Maria Helena, *Curso de Direito Civil brasileiro*). Uma vez que tal contrato não é um direito real pleno ou ilimitado, como a propriedade, trata-se de direito real sobre coisa alheia. Assim, o compromisso de venda não é direito real de gozo nem de garantia, mas sim de aquisição, pois equivale a um direito real limitado, assecuratório, de um contrato futuro, não só em relação às partes contratantes, como a todos (efeito *erga omnes*).

COMPROMISSO OU PROMESSA IRRETRATÁVEL DE VENDA

Conceito

O Código Civil consagrou a promessa irretratável de venda, devidamente registrada no Cartório de Registro de Imóveis, como um direito real à aquisição de imóvel em seus artigos 1.417 e 1.418. Além disso, esse instituto também está previsto em leis especiais (Decreto-lei 58/37, Decreto 3.076/38, Lei 649/49 e Lei 6.014/73, art. 1.º).

De acordo com Maria Helena Diniz (*Curso de Direito Civil brasileiro*), o compromisso irretratável de venda pode ser conceituado como o contrato pelo qual uma das partes obriga-se a vender a outra determinado imóvel, pelo preço, condições e modos avençados, outorgando-lhe a escritura definitiva assim que ocorrer o adimplemento da obrigação. A pessoa que compra, ao pagar o preço e satisfazer todas as condições estipuladas no contrato, tem direito real sobre o imóvel, podendo reclamar a outorga da escritura definitiva ou sua adjudicação compulsória havendo recusa daquele que vende.

Partes

- **Compromissário-comprador** – É a pessoa que se obriga a pagar o preço e satisfazer todas as condições estipuladas no contrato; não recebe o domínio da coisa, mas passa a ter direitos sobre ela. Por outro lado, tem direito real sobre o imóvel, podendo reclamar a outorga da escritura definitiva ou, se houver recusa da outra parte, requerer a adjudicação compulsória.
- **Compromitente-vendedor** – É a pessoa que recebe o dinheiro e tem a obrigação de transferir o imóvel.

Característica fundamental

Segundo Orlando Gomes (*Introdução ao Direito Civil*), o compromisso ou promessa irretratável de venda aproxima-se do pré-contrato ou contrato preliminar (*pactum de contrahendo*), porque seu resultado prático é adiar a transferência da propriedade do bem até que o preço seja totalmente pago. O compromisso contém os elementos da compra e venda, mas os contratantes, por conveniência ou oportunidade, ou por falta de algum documento, não efetuam, de imediato, o contrato definitivo. No entanto, a grande diferença é que nesse tipo de contrato é possível a **adjudicação compulsória**, enquanto o pré-contrato não admite tal transferência.

Se o compromissário-comprador deixar de cumprir sua obrigação, atrasando o pagamento das prestações, poderá o vendedor pleitear a rescisão contratual, cumulada com pedido de reintegração de posse. Antes, porém, terá de constituir o devedor em mora, notificando-o (judicial ou extrajudicialmente).

Objeto

Pode recair sobre bem imóvel, loteado ou não loteado, rural ou urbano, edificado ou não. É necessário que esteja no comércio.

Requisitos

- **Irretratabilidade do contrato pela ausência de cláusula de arrependimento** – A simples omissão dessa cláusula torna o contrato irretratável e o vendedor não poderá arrepender-se. Todavia, o contrato pode ser resolvido por inadimplemento ou por dissolução por mútuo acordo.
- **Pagamento** – O preço pode ser a vista ou em prestações periódicas. Portanto, não é condição para a constituição do direito real a quitação no ato.
- **Capacidade das partes** – As partes devem ter pleno gozo de capacidade civil ou ser devidamente representadas.

- **Outorga** – Como a promessa de venda gera um direito sobre um bem imóvel, não poderá faltar a outorga (uxória ou marital) do compromitente-vendedor, tratando-se de pessoa casada, exceto no regime da separação absoluta de bens.
- **Inscrição no Cartório de Registro de Imóveis** – Antes da inscrição, existem meros direitos obrigacionais. Com a averbação, o compromissário passará a ter direito real oponível a terceiros (*erga omnes*), impedindo a transcrição de qualquer venda posterior. Tal direito transmite-se aos herdeiros, caso o comprador faleça antes do registro definitivo.

Execução

O contrato de promessa ou compromisso irretratável de venda pode ser executado por:

- **Escritura definitiva** – As partes cumprem estritamente as cláusulas contratuais, sendo feita a transcrição no Cartório de Registro de Imóveis.
- **Sentença constitutiva de adjudicação compulsória** – Recusando-se o compromitente-vendedor a entregar o imóvel ou a outorgar a escritura definitiva, pode o compromissário-comprador propor ação específica, notificando o vendedor a lhe outorgar a escritura no prazo de dez dias. Se nesse prazo nada alegar, o juiz adjudicará ao requerente o imóvel, cuja sentença valerá como título para a transcrição.

Extinção

Extingue-se o compromisso ou promessa irretratável de venda:

- pela execução voluntária do contrato (a transcrição da escritura acarreta o cancelamento da averbação);
- pela execução coativa ou compulsória (adjudicação no Registro de Imóveis);
- por distrato (mútuo consentimento);
- por resolução, que não poderá ser feita sem a intervenção judicial, posto que as partes não podem rescindir unilateralmente. A causa mais comum é a mora do compromissário no pagamento das prestações. Depois de 30 dias de constituído em mora o devedor, estará rescindido o contrato, operando-se a devolução ao devedor das prestações que pagou (acrescidos os juros) e o ressarcimento dos danos causados ao vendedor, prefixado em cláusula penal obrigatória. A devolução das prestações e a cláusula penal demandam intervenção judicial. O compromissário deve restituir a posse do imóvel; se não o fizer, pode o compromitente intentar ação de reintegração para reavê-lo;

- por impossibilidade superveniente (destruição total do imóvel, desapropriação, etc.);
- por vício redibitório *(veja p. 130)*;
- por evicção *(veja p. 132)*.

Observação
Dissolvido o compromisso por qualquer dessas circunstâncias, extingue-se o direito real pelo cancelamento de seu registro.

Em Resumo

Direito das Coisas
Arts. 1.196 a 1.510 do Código Civil

Introdução – Os direitos podem ser classificados em:

a) **pessoais:** relações entre pessoas, abrangendo o sujeito ativo, o passivo e a prestação que o segundo deve ao primeiro (ex.: contratos);
b) **das coisas:** relação entre o homem e a coisa que se estabelece diretamente (ex.: propriedade), contendo três elementos: o sujeito ativo, a coisa e a relação (ou o poder) do sujeito ativo sobre a coisa (domínio).

Conceito – Conjunto de regras que regulamentam as relações jurídicas entre o homem e as coisas.

Conteúdo do direito das coisas

1. Posse.
2. Direitos reais:
   a) propriedade;
   b) direitos reais sobre coisa alheia.

Posse (arts. 1.196 a 1.227)

Conceito (art. 1.198) – Exercício pleno ou não de alguns dos poderes inerentes à propriedade.

Teorias

- **Subjetiva** (Savigny): *corpus* (poder físico sobre a coisa) *e animus* (intenção de ter a coisa para si).
- **Objetiva** (Ihering): apenas *corpus.*

O Código Civil adota a teoria objetiva.

Fâmulo de posse – Detém a coisa em virtude de dependência econômica ou vínculo de subordinação (art. 1.198).

Elementos – Sujeito capaz; objeto lícito e possível; forma livre; relação dominante entre sujeito e coisa.

Objeto – Todas as coisas que puderem ser objeto de propriedade.

Classificação

a) **Direta** (exercida por quem detém materialmente a coisa) ou **indireta** (posse exercida por meio de outra pessoa – ex.: proprietário que tem a coisa por meio do inquilino).
b) **Justa** (adquirida sem vícios) ou **injusta** (adquirida com violência – esbulho; às escondidas – clandestina; ou com abuso de confiança – precária).
c) **De boa-fé** (o possuidor ignora os vícios que impedem sua aquisição

legal) ou **de má-fé** (o possuidor tem ciência dos vícios).

d) Nova ou **velha** (menos ou mais de um ano e um dia).

Aquisição – Apreensão da coisa, exercício de direito, disposição da coisa, tradição e constituto possessório (art. 1.205).

Quem pode adquirir – A própria pessoa, representante (procurador) e terceiro (gestor de negócios).

Efeitos

1. Invocar interditos (ações)

a) ameaça – interdito proibitório;
b) turbação – manutenção de posse;
c) esbulho – reintegração de posse;
d) nunciação de obra nova – impedir obras;
e) dano infecto – caução de futuros e eventuais danos.

2. Percepção de frutos

a) Possuidor de boa-fé – Tem direito aos frutos percebidos, ao uso e gozo da coisa, às despesas de produção; não tem direito aos frutos pendentes quando cessa a boa-fé.
b) Possuidor de má-fé – Responde pelos prejuízos, pelos frutos colhidos e percebidos e pelos frutos que por sua culpa se perderam, mas tem direito às despesas de produção.

Defesa

1. Judicial:

a) interdito proibitório;
b) manutenção de posse;
c) reintegração de posse;
d) nunciação de obra nova;
e) dano infecto;
f) embargos de terceiro

2. Direta, pessoal:

a) legítima defesa da posse para manter-se (na turbação);
b) desforço imediato para restituir-se (no esbulho).

Perda da posse – Abandono, tradição, perda ou destruição, posse de outrem e constituto possessório (arts. 1.223 e 1.224).

Composse – Pluralidade de sujeitos e coisa indivisa:

a) *pro indiviso* – cada um tem a parte ideal do bem;
b) *pro diviso* – divisão de fato do bem.

Propriedade (arts. 1.228 a 1.368)

Conceito (art. 1.228) – Direito que a pessoa física ou jurídica tem de usar, gozar (ou fruir), dispor de um bem ou reivindicá-lo de quem injustamente o possua. Reafirma-se a **função social da propriedade** acolhida no artigo 5.º, XXIII, da Constituição Federal.

Restrições ao direito de propriedade – Constitucionais, administrativas, militares e civis.

Classificação

a) **Plena** – Quando presentes todos os elementos da propriedade (uso, gozo, disposição e reivindicação).

b) **Limitada** – Quando recai sobre ela algum ônus (ex.: hipoteca) ou é resolúvel.

Propriedade imóvel

1. **Aquisição**

a) **Acessão:** formação de ilhas; aluvião (acréscimo paulatino de terras às margens do rio mediante lentos depósitos naturais ou desvio de águas); avulsão (repentino deslocamento de uma porção de terra por força natural violenta, desprendendo-se de um prédio e juntando-se a outro); álveo abandonado (rio que seca ou desvia totalmente seu curso); e acessões artificiais (acréscimos feitos pelo homem: plantações e construções).

b) **Usucapião:**

- extraordinário: 15 anos (o prazo cai para dez anos se o possuidor estabelecer moradia ou realizar obras de caráter produtivo).
- ordinário: dez anos e prova de boa-fé (o prazo cai para cinco anos se o imóvel foi adquirido onerosamente, estabelecendo moradia ou investimento de caráter econômico);
- constitucional: cinco anos; o limite na área rural é 50 hectares (arts. 191, CF, e 1.239, CC) e na urbana, 250 m^2 (arts. 183, CF, e 1.240, CC).

c) **Modos derivados:** sucessão hereditária (*causa mortis*) e registro de transferência (*inter vivos*).

2. **Perda:** alienação, renúncia, abandono, perecimento, desapropriação e usucapião.

Propriedade móvel

- **Aquisição e perda: originária** – ocupação e usucapião (extraordinário, cinco anos; ordinário, três anos); **derivada** – especificação (transformação de coisa móvel em espécie nova), confusão (mistura entre coisas líquidas), comistão (mistura entre coisas sólidas), adjunção (justaposição de uma coisa sobre a outra), tradição e herança.

Condomínio – Pluralidade de pessoas, unidade de bem, propriedade em comum.

a) Convencional (arts. 1.314 a 1.330).
b) Edilício – prédio de apartamentos (arts. 1.331 a 1.358, CC, e Lei 4.591/64).

Direitos de vizinhança (arts. 1.277 a 1.313) – Uso nocivo da propriedade, árvores limítrofes, passagem forçada, águas, limites entre prédios e construção (devassamento, águas e beirais, paredes divisórias e tapagem).

Propriedade resolúvel – É a que se extingue com a ocorrência de uma condição resolutiva ou de um termo final.

Direitos reais sobre coisas alheias (arts. 1.369 a 1.510)

Direitos reais de gozo ou fruição

Servidão predial (arts. 1.378 a 1.389)

Conceito – O proprietário de um prédio deve suportar o exercício de alguns direitos em favor do proprietário de outro prédio.

Partes: a) prédio dominante: tem direito à servidão; **b)** prédio serviente: deve servir ao outro prédio.

Características:
a) os prédios devem pertencer a proprietários diferentes;
b) serve à coisa e não ao dono;
c) não se presume, deve ser expressa;
d) é indivisível e inalienável.

Classificação:
a) quanto à natureza: rural ou urbana;
b) quanto ao modo de exercício: contínua ou não;
c) quanto à exteriorização: aparente ou não.

Constituição – Contrato, testamento, usucapião ou sentença judicial.

Extinção – Renúncia do dono do prédio dominante, resgate, confusão, não uso durante dez anos consecutivos.

Usufruto (arts. 1.390 a 1.411)

Conceito – Direito real de fruir das utilidades e dos frutos de uma coisa, temporariamente, sem alterar a substância.

Partes: a) usufrutuário: aquele que tem direito de usar a coisa; **b)** nu-proprietário: dono da coisa.

Objeto – Móveis e imóveis.

Classificação:
a) quanto à extensão: universal ou particular;
b) quanto à duração: temporário ou vitalício.

Constituição – Contrato, testamento ou por força de lei.

Extinção – Morte do usufrutuário, término do prazo (30 anos se em benefício de pessoa jurídica), destruição da coisa, consolidação, prescrição, renúncia ou desistência. A nua propriedade pode ser alienada; o usufruto, em regra, é inalienável (só pode ser alienado ao próprio nu-proprietário).

Uso e habitação (arts. 1.412 a 1.416) – Regras semelhantes às do usufruto.

Enfiteuse – O atual Código proíbe a constituição de enfiteuse, assim como a subenfiteuse e a cobrança de laudêmios nas transmissões do bem aforado. As atuais enfiteuses ficam mantidas, subordinando-se às disposições do antigo Código (arts. 678 e seguintes) e leis especiais, até sua paulatina extinção (art. 2.038).

Superfície (arts. 1.369 a 1.377) – Substitui a enfiteuse. O proprietário concede, por tempo determinado, gratuita ou onerosamente, a outrem (superficiário) o direito de construir ou plantar em seu terreno. Deve ser registrada. Não autoriza obra no subsolo, exceto inerente ao objeto da concessão.

Direitos reais de garantia

Penhor (arts. 1.431 a 1.472)

Conceito – Transferência da posse de coisa móvel ou mobilizável realizada pelo devedor ao credor, para garantir o pagamento de um débito.

Partes: a) credor pignoratício: empresta o dinheiro e recebe a coisa; **b)** devedor pignoratício: entrega o bem.

Características:

a) em regra, recai sobre coisas móveis;
b) é acessório, uno e indivisível;
c) exige, em regra, a entrega da coisa (tradição).

Classificação:

a) convencional: civil, mercantil, rural (agrícola ou pecuário), industrial;
b) de direitos (arts. 1.451 a 1.460);
c) de veículos (arts. 1.461 a 1.466);
d) legal (arts. 1.467 a 1.472).

Extinção – Pagamento, perecimento da coisa, renúncia, confusão, adjudicação judicial.

Hipoteca (arts. 1.473 a 1.505)

Conceito – Direito real de garantia que grava coisa imóvel pertencente ao devedor sem transmissão de posse ao credor.

Partes: a) credor hipotecário: empresta o dinheiro; **b)** devedor hipotecante: oferece o bem em garantia.

Bens hipotecáveis – Imóveis, acessórios em conjunto com imóveis, nua propriedade e domínio útil, estradas de ferro, recursos minerais, navios e aeronaves.

Espécies – Convencional, legal e judicial.

Características:

a) é contrato acessório e indivisível, sempre de natureza civil;

b) exige registro;

c) devedor continua na posse do bem.

Sub-hipoteca – A lei permite que o mesmo bem seja hipotecado mais de uma vez, se não houver proibição expressa.

Perempção – Extinção da hipoteca pelo decurso de 20 anos.

Extinção – Desaparecimento da obrigação principal, destruição da coisa, renúncia do credor, adjudicação, consolidação.

Anticrese (arts. 1.506 a 1.510)

Conceito – Direito real de garantia pelo qual o credor retém o imóvel do devedor e recebe seus frutos até o valor emprestado.

Partes: a) credor anticrético: empresta o dinheiro e recebe a posse do imóvel; **b)** devedor anticrético: recebe o dinheiro e entrega o bem.

Características:

a) exige capacidade das partes, escritura, registro e entrega real da coisa;

b) não confere direito de preferência na venda.

Efeitos – O credor pode arrendar a terceiros ou fruir pessoalmente e reter a posse até 15 anos.

Extinção – Pagamento da dívida, término do prazo (máximo 15 anos), renúncia do credor, perecimento do bem, desapropriação.

Direito real de aquisição (arts. 1.417 e 1.418)

Compromisso ou promessa irretratável de venda

Conceito – Contrato pelo qual uma pessoa se obriga a vender a outra bem imóvel, outorgando-lhe a escritura após o cumprimento das obrigações.

Partes: a) compromissário-comprador; **b)** compromitente-vendedor.

Objeto – Bens imóveis.

Requisitos:

a) ausência de cláusula de arrependimento (irretratável);

b) outorga (uxória ou marital);

c) inscrição no Registro de Imóveis.

Execução – Escritura definitiva ou sentença constitutiva de adjudicação compulsória.

Extinção – Execução voluntária do contrato, execução compulsória (adjudicação no registro imobiliário), distrato (mútuo consentimento), resolução judicial.

Referências Bibliográficas

Bandeira de Mello, Celso Antônio. *Curso de Direito Administrativo*. 11. ed. São Paulo: Malheiros, 1999.

Batalha, Wilson de Campos Souza. *Lei de Introdução ao Código Civil*. São Paulo: Max Limonad, s/d.

Beviláqua, Clóvis. *Código Civil comentado*. 12. ed. Rio de Janeiro: Livraria Francisco Alves, 1960.

Bittar, Carlos Alberto. *Direito das obrigações*. 2. ed. São Paulo: Forense Universitária, 1990.

Ceneviva, Walter. *Lei dos Registros Públicos comentada*. 7. ed. São Paulo: Saraiva, 1991.

Cunha Gonçalves, Luiz da. *Tratado de Direito Civil*. 2. ed. São Paulo: Max Limonad, 1957.

Diniz, Maria Helena. *A ciência jurídica*. 4. ed. São Paulo: Saraiva, 1996.

__________. *As lacunas do Direito*. 2. ed. São Paulo: Revista dos Tribunais, 1991.

__________. *Código Civil anotado*. 9. ed. São Paulo: Saraiva, 2004.

__________. *Conceito de norma jurídica como problema de essência*. 4. ed. São Paulo: Saraiva, 2003.

__________. *Curso de Direito Civil brasileiro*. 19. ed. São Paulo: Saraiva, 2004. 7 v.

__________. *Tratado teórico e prático dos contratos*. São Paulo: Saraiva, 1993. 5 v.

Enciclopédia Saraiva do Direito. São Paulo: Saraiva, 1977.

Fiuza, César. *Novo Direito Civil – Curso completo*. 8. ed. São Paulo: Del Rey, 2004.

Fiuza, Ricardo (coord.). *Novo Código Civil comentado*. São Paulo: Saraiva, 2002.

Franco Montoro, André. *Introdução à ciência do Direito*. São Paulo: Martins, 1983.

Gomes, Orlando. *Introdução ao Direito Civil*. 9. ed. Rio de Janeiro: Forense, 1997.

Maximiliano, Carlos. *Hermenêutica e aplicação do Direito*. 8. ed. São Paulo: Freitas Bastos, 1965.

Meirelles, Helly Lopes. *Direito Administrativo brasileiro*. 19. ed. São Paulo: Malheiros, 1994.

MONTEIRO, Washington de Barros. *Curso de Direito Civil*. 26. ed. São Paulo: Saraiva, 1986. 6 v.

PEREIRA, Caio Mário da Silva. *Instituições de Direito Civil*. 18. ed. Rio de Janeiro: Forense, 1996.

PIVA, Rui Carvalho. *Bem ambiental*. São Paulo: Max Limonad, 2001.

PONTES DE MIRANDA, Francisco Cavalcanti. *Tratado de Direito Privado*. 2. ed. Rio de Janeiro: Borsoi, 1954.

RADBRUCH, Gustav. *Introducción a la filosofía del derecho*. México: Fondo de Cultura, 1955.

RODRIGUES, Silvio. *Direito Civil – Parte geral*. 24. ed. São Paulo: Saraiva, 1994.

SANTOS, Gildo dos. *Locação e despejo: comentários à Lei 8.245/91*. 4. ed. São Paulo: Revista dos Tribunais, 2004.

SERPA LOPES, Miguel Maria de. *Curso de Direito Civil*. 7. ed. Rio de Janeiro: Freitas Bastos, 1989.

SILVA, De Plácido e. *Vocabulário jurídico*. 3. ed. Rio de Janeiro: Forense, 1991.

VENOSA, Sílvio de Salvo. *Direito Civil*. 5. ed. São Paulo: Atlas, 2005.